ミュリエル・ガーディナー編著

狼男による狼男

フロイトの「最も有名な症例」による回想

馬場謙一訳

みすず書房

THE WOLF-MAN BY THE WOLF-MAN

The Double Story of Freud's Most Famous Case

by

Sergius Pankejeff

edited by

Muriel Gardiner

First published by Basic Books, New York, 1971

狼男による狼男　目次

凡例

一、本書は *The Wolf-Man by The Wolf-Man: The double story of Freud's most famous case.* (Basic Books, 1971) の邦訳である。但し、原書に含まれるジグムント・フロイトの From the History of an Infantile Neurosis (「ある幼児期神経症の病歴より」) は、本書では割愛した。

一、本文中に「　」付きで示した引用文は、既訳がある場合もすべて訳者による原書からの直接訳である。

一、本文中に〔　〕付きで示した箇所は、訳者による補足である。

一、手紙他、引用文中に［　］で示した箇所は編著者による補足である。

序文

ミュリエル・ガーディナー

本書がユニークな書物であると言っても決して誇張ではないが、それにはいくつかの理由がある。本書には医学史上有名な症例の本人によるきわめて個人的な感銘深い自伝と、同じ人物の二つの精神分析の記録が掲載されている。私たちの文学史は名高い人々の伝記や自伝で溢れているが、苦闘する情熱的な個人の人間的な物語を、彼自身の見地からと、精神分析の創始者の見地からと、双方から伝えてくれる書物は他にない。

その上、本書には狼男についてのフロイトの症例史とともに、狼男自身によるフロイトの思い出が載せられている。これは前例のないことであり、また二度とありえないことでもある。なぜなら、フロイトの有名な五つの症例史の中で、実際にフロイトが分析したのは三例だけで、この三例のうち生き残っているのは狼男だけだからである。精神分析の文献の中で、狼男の症例はまたユニークでもある。彼がフロイトとルース・マック・ブランスウィックの治療を受け、二人がそれぞれ症例史を執筆したからだけでなく、彼は幼年期から老人になるまで、ずっと経過を追跡された唯一の症例だからでもある。

そのこととは別に、狼男の生活史は、現在とは対照的な、変転する時代の中の八十年間の歴史を反映している。第一次世界大戦前の四分の一世紀の間、私はヨーロッパの大国の富裕階級に、政治的社会的な変化が起こるはずはないと思っていた。裕福なロシア地主の息子である狼男は、ヨーロッパの宮廷を想わせる立派な邸宅の建つ、両親の広大な領地で生育した。四歳の少年が狼恐怖、狼に対する非現実的な誇張された恐怖を抱くに至ったのは、ここでのことだったし、彼の幼児期神経症を理解する鍵になり、彼に狼男という名を与えるもととなった狼の夢をみたのも、ここでのことだった。十八歳から、狼男はオーストリア゠ハンガリー帝国や、皇帝ヴィルヘルムII世のドイツを、豪華な旅をして歩いた。彼は旅行におつきの医師や男性の従者を連れて歩き、フロイトの話では、一九一〇年に分析を受け始めたとき、彼は「まったく何もできず、完全にまわりの人に頼り切っていた」。狼男やその他のヨーロッパの富裕層は、自分たちの富と地位は揺らぐことはないと思っていたに違いない。二〇世紀初頭の政治的平穏が第一次世界大戦と帝制ロシアの革命によって崩壊したときに、狼男は家と財産を失い、オーストリアで国籍のない亡命者となった。

一九一九年に続く半世紀間のヨーロッパは、狼男の物語の悲劇的な背景、もしくはよくみても予兆的な背景をなしている。第一次大戦後、飢えと貧困と失業と、破局的なインフレがオーストリアを襲った。ついで政治的混乱の時代が訪れて、ナチスが権力を獲得した。狼男は、個人的な問題に圧倒されてこそいなかったが、生活に追われていて、世の中の動きには直接的な関心をほとんど持っていなかった。しかし、世界史的な事件は、彼の生活に影響し、彼の思考や行動を変化させずにおかなかった。

一九三八年三月にドイツがオーストリアを併合すると、それを合図にユダヤ人と精神分析家たちが、可能なかぎり、国外脱出を始めた。私は、その後も数カ月間ウィーンに滞《とど》まった、ごく少数の精神分析家の一人だった。私は狼男とはその十一年前から知り合っていたが、本当に親しくなったのは、まさしくこの狂気の時代、オーストリアにとっては破滅的で、狼男にとっては個人的な悲劇の故に破局的な時代においてであった。

一九三八年に私はウィーンを離れたが、まもなく第二次世界大戦がヨーロッパを覆った。四年間、狼男との文通は途絶えた。戦争が終わると、手紙が来始めたが、さらに四年経って初めて私たちは再会して、その折に彼と母親が経験した餓死寸前の生活について、彼から直接話を聞いた。戦後、ロシア占領軍はなおも十年間オーストリアに滞まって、国民全般の不安や懸念のもととなっており、当然狼男もその影響下にあった。

この移り変わる背景に抗して、時にはかすかにその暗示を受けて、狼男は大胆な暗い筆致で自らの個人的運命を描き出し、そして多くの場合くすんだ色で、しかし時には豊かな明るい色合いで、いろんな色彩を使って自分の内的生活を絵に描いた。彼の絵には、心の深部に向かうあがきと探究の跡が見て取れるが、これは彼の八十年以上の生涯にわたって、消えることがなかった。それはすでに、狼男の幼児期神経症についてのフロイトの報告の中で触れられている。事実、狼男が自分のパーソナリティについて私たちに語ったり示したりしたことの大部分は、フロイトが「ある幼児期神経症の病歴より」の中で描いた子どもに認められるものである。この論文は、フロイト全集の標準版の編集者であるジェームズ・ストレイチィによれば、「フロイトの執筆したすべての症例史の中で、最も精緻なものであって、最も重要なものであることは疑いえない」。フロイトの伝記を書いたアーネスト・ジョーンズは、次のように述べている。「この論文が著作の中で最高のものであるのは確かである。フロイトは、当時、力が最もみなぎっていた状態にあって、自信をもって自らの方法を駆使しており、信じられぬほど複雑な素材を解釈してまとめ上げる技能は、すべての読者の讃嘆の的になるに違いない」

完全かつ詳細な典拠や、広範に及ぶ多数の資料から得られた私たちの記録を読めば、科学者はもちろん、一般の人にも、精神分析が重い精神障害者をどの程度まで援助できるものであるかを判断できるはずである。精神分析のおかげで、狼男は相次ぐショックとストレスを乗り越えて生き延びることができた――確かに苦悩しつつではあったが、期待以上の強さと回復力をもって。狼男自身、もし精神分析を受けなかったら、自分は一生惨めな生活を送る運命だったろう、と確信していた。

前文

アンナ・フロイト

精神分析の文献の読者として、私たちはさまざまな国の言葉で書かれたたくさんの論文や書物や定期刊行物に、強い印象を受けている。それらは広い範囲の話題をカバーしており、臨床と技法と理論はもちろんのこと、分析的洞察を、精神医学や一般医学や小児科学や教育や文化や宗教や文学や美術や法律などの分野に応用したものにまで及んでいる。それにもかかわらず、私たちは同時に、それとは対照的に、ある特殊な方向の出版物、つまり的確に記録された完全な症例史が、顕著に不足していることに気づかざるをえない。

臨床に携わる分析家がまさに没頭している領域のアウトプットに欠陥があるのは、分析家たちが自分の患者を知らなすぎる事実によるものではなく、逆に——分析家たちがあまりに多くを知りすぎていることによる。自由連想、夢解釈、抵抗と転移の解釈、といった分析治療の技法は、患者の生活史や、患者の性質の健康な側面と病的な側面について、たくさんの資料を産み出す。この資料は厖大であるために、かさばって扱い難く、もし不消化なかたちで書かれていたりすると、とても読めないものになってしまう。この生の素材を扱って、それらが一方で個々人の生き生きとしたイメージを生み出し、他方で各心理的障害の詳細な像を生み出すように記述するのは、並みたいていの仕事ではない。一つの文学的達成として、たいがいの科学的著述家たちの力を遥かに越えている。したがって、現在公刊されているのは、ある理論的概念を説明するための臨床素材の断片か、せいぜい、患者を生々しいパーソナリティを備えた人間として読者に伝えるのに失敗した、一方的な臨床的説明に過ぎない。したがって、私たちの各研究所の講師やゼミナールの指導者たちが、教育上の目的から、私たちの所有する少数の古典的な症例史に頼る習慣を身につけ、それらを最大限に利用しているのも、驚くには当たらない。こうしてアンナ・Oを始めとする『ヒステリー研究』の各症例、少年ハンス、ねずみ男、狼男、シュレーバー、ドラは、転換ヒステリー、恐怖症、強迫状態、幼児期神経症、パラノイア、同性愛等々に関して、それらの症例から学び取られるレッスンとともに、次の世代の各分析家たちに広く知られるところとなったのである。

他方、素材を要約し、濃縮し、選択し、総合するのに成功したことは、これらの物語を著しく読みやすくしたが、思いがけない結果も生み出した。分析家たちがこれらの患者たちに抱き始めた他ならぬ親近感が、空想の中であたかも彼らを自分たち自身の患者であるかのように扱いたい気持ちを目覚めさせ、彼らのすべてを知りたい、与えられた解釈を吟味したい、引き出された結論のさらに先を検証したい、そしてもし可能なら、著者が抽象を行った源資料をもう一度再構成してみたい、といった気持ちを惹き起こしたのである。こうして古典的な症例史の主人公たちは、分析家たちの思索と議論の焦点となり、分析家たちは経過観察を行ってこれらの各治療をまず縦断的研究に拡大しようとしたが、この作業は明確な同一性を前提とするのに、この同一性が治療者の分別によって多少とも偽装されているため、困難なものとなった。

ドラ・エディンガーとエレン・イェンゼンのアンナ・Oに関する論文を読むと、彼女の後の人生、仕事、名声を知ることができ、そのことから、治療者への転移が解釈されないままだったにもかかわらず、彼女の〝お話し療法〟が重症の病いから跛行症状を除去する上で十分効果があったと結論できるのである。カタリーナに対して行われた〝乱暴な分析〟は、はたして彼女の外傷となった誘惑と観察の影響を中和して、彼女を正常な生活へと連れ戻すことができたのか、私たちは知りたいと思う。しかし、彼女の場合、誰一人として彼女の同一性の謎を突き破ることに成功した者はいなかった。エミー・フォン・N夫人については、彼女の後年の生活と個人的反応に関して、ある程度の情報が発掘されている。少年ハンスの同一性は、彼女と同程度にあいまいなことはなく、現在では堅固で立派な社会的地位についていることが知られている。つまり、幼児期神経症が彼のパーソナリティに何らかの深い傷痕を残したかどうか、明白な像は伝えられていないが、彼は外見上はいかなる恐怖症状によっても妨害されていない。シュレーバー症例のように、分析のもととなった資料が完全に入手できる場合には、さらに研究を進めて、再解釈や、批判的検討をすることができる。にもかかわらず、これらの諸研究では多大の努力が払われたが、その実際の結果は貧しく、不毛で、それゆえにすべての心ある分析家にとって満足できるものではなかった。

したがって、本書こそが現代の知識の間隙を見事な方法で満たしうる出版物なのである。狼男は、並みいる症例の主人公たちの中で、自分自身の症例の再構成と予後研究に自ら積極的に協力できる唯一の患者であるという事実によって、抜きん出ている。彼はカタリーナのように謎のベールに包まれていないし、アンナ・Oのように、以前に受けた治療に疎遠感や反感を持ったりしていない。また、成人した少年ハンスのように、控えめで評判になるのを恐れたりもしていない。彼の分析的思考に対する感謝に満ちた尊敬とすばやい理解力は、彼自身の証言によれば、すでに最初の治療を受けているときから、彼を患者の立場から、分析家の若き同僚の立場へと持ち上げてくれたのだった。すなわち、"最近になって発見された新しい大陸の研究に出発する経験豊かな探検家〟の共同研究者の立場へと。さらにまた、彼は最初の分析時の抵抗をくぐり抜けさせてくれたこの精神をうまく保持し続け、その後の性格変化と治療の期間に一時的に失うことはあったにしても、再びどうにかそれを取り戻して、革命や戦争や物資の欠乏や外傷的な対象喪失によって妨害された人生の混乱に耐えることができたのであった。彼は、分析家が自分を第一級の知性の持ち主と認めてくれた、と誇らし気に報告しているが、この経験は一生を通じて彼を支えてくれただけでなく、精神分析のコミュニティ全体に比類のないかたちで貢献する上でもあずかって力があった。

ルース・マック・ブランスウィックには、幼児期神経症の最初の物語に、さらに分析後の精神的混乱の説明を加えていただいたことに、感謝しなければならない。ミュリエル・ガーディナーには、これと同等ないしより大きな感謝を捧げたい。彼女は二人の先輩たちがやり残した仕事を引き継ぎ、狼男を三十年以上にわたって助け、抑うつ症の彼を支え、心配や疑いや不安に辛抱強く耳を傾け、自己表現と自伝的な著述をするように勧め、最後に彼が書いた前後関係の錯綜した文書を集めて編集して下さった。

彼女の苦労の成果は、私たちが眼前にしている通りである。本書は、分析患者の内的および外的生活が目の前で展開するのを見る、ユニークな機会を提供してくれる。それは患者自身の幼年期記憶と幼児期神経症から始まって、成年期の大小の事件を通り抜けて、そこから、ほとんど途切れることなく、結末の「老いゆく狼男」の時期へと至るのである。

ロンドン、一九七一年

第一部

狼男の回想録《メモワール》

子ども時代の思い出

序　文

精神分析家にとって、この狼男の回想録の第一章は特に興味深いものがある。それは、フロイトの論文「ある幼児期神経症の病歴より」で扱われた年代と重なっているからである。幼い少年の最初の記憶は、マラリアに罹患して、夏の庭に横たわっているというものだった。この実際の記憶は、同じ夏に原光景を目撃したその再構成だったように思われる。フロイトが言及している二つの隠蔽記憶も含め、ここでは英国人の女性家庭教師の記憶が語られ、次に雇われたもう一人の女性家庭教師がいたことも知らされる。英国人の女性家庭教師が辞めた後、少年が四歳になる数カ月前頃にエリザベート嬢が雇われたが、彼女はグリムの童話をよく朗読してくれた。これらの物語は、狼男の動物恐怖症の選択に大きな役割を果たすことになったのだが、狼男とナンヤはそれに夢中になって聞き入った。少し経つと、エリザベート嬢は少年をシャルルマーニュ大帝の物語の世界に引き入れた。少年は、優しい気持ちから贈り物をなんでも自分の揺りかごにしまいこんでしまった大帝に、自分が似ていると思った。彼は「幸運の被りもの」胎帽を被って生まれてきたので、幼児期を通してずっと自分には悪いことなんて起こるはずが

読者カード

みすず書房の本をご愛読いただき，まことにありがとうございます.

お求めいただいた書籍タイトル

ご購入書店は

・新刊をご案内する「パブリッシャーズ・レビュー　みすず書房の本棚」（年4回 3月・6月・9月・12月刊，無料）をご希望の方にお送りいたします.

（希望する／希望しない）

★ご希望の方は下の「ご住所」欄も必ず記入してください.

・「みすず書房図書目録」最新版をご希望の方にお送りいたします.

（希望する／希望しない）

★ご希望の方は下の「ご住所」欄も必ず記入してください.

・新刊・イベントなどをご案内する「みすず書房ニュースレター」（Eメール配信・月2回）をご希望の方にお送りいたします.

（配信を希望する／希望しない）

★ご希望の方は下の「Eメール」欄も必ず記入してください.

・よろしければご関心のジャンルをお知らせください.
（哲学・思想／宗教／心理／社会科学／社会ノンフィクション／教育／歴史／文学／芸術／自然科学／医学）

（ふりがな） お名前　　　　様	〒
ご住所　　都・道・府・県　　市・区・郡	
電話　　（　　　）	
Eメール	

ご記入いただいた個人情報は正当な目的のためにのみ使用いたします.

ありがとうございました. みすず書房ウェブサイト http://www.msz.co.jp では刊行書の詳細な書誌とともに，新刊，近刊，復刊，イベントなどさまざまなご案内を掲載しています. ご注文・問い合わせにもぜひご利用ください.

郵便はがき

料金受取人払郵便

本郷局承認

5942

差出有効期間
平成26年11月
1日まで

113-8790

505

東京都文京区
本郷5丁目32番21号

みすず書房営業部
行

通信欄

（ご意見・ご感想などお寄せください．小社ウェブサイトでご紹介させていただく場合がございます．あらかじめご了承ください．）

ない、自分は幸運に生まれついた特別な子どもなんだと思いこんでおり、彼の成人期神経症が始まったのはまさにこの「運命によって自分が護られているという希望を放棄しなければならなくなった」ときだった、というフロイトの文章を想起すると、彼が自分を英雄になぞらえていたことも理解できるのである。

狼男の幼児期をとりまく重要人物は、もちろん彼の両親と姉であり、大好きなナンヤ（両親よりも彼女を愛していたと私に話していた）であり、男や女の家庭教師であり、召使いや親戚の人たちであった。父方の祖父母とその息子たちの記録からは、フロイトの指摘する家族病理、狼男が重荷に感じていた遺伝上の問題が示唆される。すでに知られているように、狼男の父親は入院が必要なほどの重いうつ病にかかったことが何回もあったし、うつ病でない時期の「正常なパーソナリティ」は軽躁状態で、彼の診断名は躁うつ病だった。四十九歳で訪れた突然の死については、事情はまったく明らかでないが、ヴェロナールの過剰服薬が原因だった可能性がある。

父親の末の弟は、フロイトの表現によれば「重い強迫神経症の徴候をもったエキセントリックな人物」だった。狼男の言葉は、この叔父の異常性を確証だてるとともに、妄想様の症状であったことにも触れている。彼の疾病は、コルサコフによってパラノイアと診断された。父方祖母の自殺と推定される死と、彼女の夫がその後に示した『カラマーゾフの兄弟』の父親もかくやと思われる「信じ難い」行動は、狼男の背負う不幸な遺産の実像をまざまざと示している。

この「思い出」に述べられていることの多くは、たとえば領地の二万頭の羊の間に流行した伝染病の話など、その細部において、フロイト症例を通して一般に知られたこととほぼ一致している。子どもたちが両親と稀にしか接触をもたなかったのも事実だが、しかし病気になれば母親は注意深く看病してくれたし、母親自身が病気のときは子どもたちが看病した。幼い少年が熱心な宗教心をもち、数々の疑念に苦しんでいたのは、その通りだった。狼男は、ここで自分が述べることの内容に解釈を加えようとはほとんどしていない。私たちは、狼男の記憶がいくつかの細部において、フロイトが解釈を加えた出来事と異なっているとしても、それに異を唱えるべきではないだろう。本質的にこれらの「思い出」は、フロイトが執筆した「ある幼児期神経症の病歴より」という力動的で心的な営為に対して描かれた、静かで誠実な背景画なのである。

（M・ガーディナー）

私は今、子どもの頃の思い出を書こうとして机に向かっているが、その私は八十三歳になる亡命ロシア人であり、初期のフロイトから精神分析を受けた患者の一人であり、「狼男」の名で世に知られている。

私は、当時ロシアで使われていたユリウス暦によれば、(原註1)一八八六年のクリスマス・イヴに、(原註2)地方都市ケールソンの北、ドニエプル河畔の父の領地で生まれた。この領地は、周囲の村々では広く知られていたが、それはその一部が市場として使われていて、折々に市が立ったからだった。小さな子どもの頃、私はこれらの田舎の市の一つを見たことがあった。私は庭園を歩いていて、塀越しに生き生きとした叫び声や物音を聞いた。塀の破れめから覗くと、焚火が燃えていて――季節は冬だった――まわりにジプシーや見なれない人々が群がっていた。ジプシーたちは粗野な身ぶりで話し合っていて、皆が同時に大声で何やら叫んでいた。たくさんの馬がいて、人々はどうやらその値段を議論しているようだった。この光景は、言うに言えない混乱の印象を与え、私には地獄の有様もきっとこんなだろうと思われた。

父はこの領地を私が五歳の頃に売却したので、領地の思い出は五歳以前のものに限られる。私のナンヤ（乳母）の話では、私はまだ生まれて数カ月の頃に重い肺炎になって、医師たちもほとんど諦めたことがあったという。ずっと幼い頃に、マラリヤに罹ったことがあったが、その折の発作の記憶が今も残っている。ぼんやりした記憶では、それは夏のことで、私は庭で横になっていて、痛みは何もないのに、たぶん高い熱のためにひどく惨めな気持ちになっていた。

聞いたところでは、幼い頃私は金褐色の赤毛だったらしい。しかし初めて調髪してもらった後、髪の色が暗褐色に変わってしまい、母がとても残念がったという。母は一種の〝形身〟のようにして、一生カットした金褐色の赤毛の小さな巻毛を付けていた。幼い頃、私はほとんどしゃべらない、冷淡と言っていいような子どもだったらしいが、そんな性格はイギリス人家庭教師のオーブン嬢が来てから一変した。彼女はわずか数カ月いただけだったが、私はとても神経質でいら立ちやすくなり、激しいかんしゃく発作を起こすようになった。

オーブン嬢が私たちのところに来てまもなく、両親は外国旅行に出かけ、姉のアンナと私はナンヤとオーブン嬢の世話に任された。アンナは私より二歳半年上で、オーブン嬢は私より明らかに姉の方にたくさんの時間をさいていた。両親はオーブン嬢と私のナンヤの監督を、母方の祖母に任せて行ったが、残念ながら祖母はこの責任をとってはくれなかった。祖母はオーブン嬢が私に悪い影響を与えているのを知っていながら、彼女をやめさせることもせず、両親が帰国するのを待っていた。この帰国は何回も延期され、その結果、重い精神病質かアルコール依存症のオーブン嬢は、何カ月にもわたって危害を及ぼし続けることとなった。

事態がどう動いていったか、正確に知るのは難しい。ただ思い出すことができ、祖母も認めているのは、ナンヤと私、ナンヤとオーブン嬢の間で、激しい言い争いがよく起こったことである。オーブン嬢はいつも私をいじめていて、どうやったら私がかんしゃくを起こすか知っていたが、そうやって彼女は一種のサディスティックな満足を得ていたに違いない。

私たちは、私が生まれた領地には冬の間しか住まなかった。毎年春になると私たちはチェルニーに引っ越し、荷物を積んだ何台もの荷馬車が後に続いた。チェルニーには、美しい公園の中に私たちの大きな屋敷があった。鞍をつけた仔馬が引き出されて、誰かが私をそれに乗せてあたりを引いて回ってくれたのを思い出す。しかし、仔馬を乗り回した楽しさも、父が私を抱き上げて自分の鞍の前に乗せてくれ、軽快なトロットで走ったときの楽しさに比べたら、たいしたことはなかった。私はまるで大人になって、大きな「本当の」馬に乗っているような気がしたものだった。

ドニエプル河畔の領地とチェルニー間の小旅行は、時には夏の間に行われることもあった。オーブン嬢についての最も早い、完全に無邪気な思い出は、この時期の小旅行と関係している。私はオーブン嬢と幌を下ろした馬車に乗っていた。彼女は私にとても優しくしてくれて、英語の単語をいくつか教えようとして"boy"という単語を何度も繰り返した。

この私につらく当たった女性の最初の記憶のほかに、いくつかの出来事を思い出す。長くてまるでステッキのようなキャンディがあった。オーブン嬢は、そのキャンディは実をいうと切り刻んだ蛇の切れ端なんだと言った。オーブン嬢が負けを喫したちょっとしたエピソードもあった。小さなボートに乗ってドニエプル川で遊んでいたときに(原註3)、オーブン嬢の帽子が風で飛ばされて、水面に鳥の巣のように浮んで、私とナンヤを大喜びさせた。私はオーブン嬢と庭を散歩したときのことも思い出す。彼女は私たちの前をスカートを後ろになびかせて走って行き、よろめいて行ったり来たりしながら、「ほら、私のシッポを見て、私のシッポを見て」と何度も叫んだ。

1894年頃の狼男と姉　7歳と9歳

私と違って、アンナはオーブン嬢とうまくやっていて、オーブン嬢が私をいじめるときも一緒に楽しんでいるように見えた。アンナがオーブン嬢の真似をして、私をいじめ出すこともあった。彼女の話では、あるとき、きれいな少女の素敵な写真を私に見せようとしたことがあったらしい。私はその写真をとても見たがったが、アンナが紙で覆って隠してしまった。やっと紙を取り除いて見ると、そこにはきれいな少女の代わりに狼が一匹後足で立っていて、口を大きく開けて「赤頭巾の少年騎士」を呑みこもうとしていた。私は大声で叫び出し、本当のかんしゃく発作に襲われた。この怒りの爆発の原因はたぶん狼が怖かったというより、アンナがいじめたことにがっかりして腹を立てたことにあったと思われる。

幼い子どもの頃、アンナは小さな女の子というより、腕白な男の子のように振る舞っていた。人形と遊ぶようなことは一度もなく、それは私にとっては大きな驚きだった。私は、もし自分が女の子だったら、人形と遊ぶのが大好きだっただろうに、と考えた。私は男の子だったので、人形遊びは恥ずかしかったのだ。やがて私は鉛の兵隊と遊ぶのが好きになったが、これは人形遊びの代理だったようだ。

アンナのいわゆる疾風怒濤の時期は、長くは続かなかった。まだ最初の領地にいた頃から、彼女はだんだんとおとなしくまじめになって行き、読書に耽り出した。私に対する態度も変化して、姉と遊んだり、弟に勉強を教えたりし始めた。たとえば私に時刻の呼び方を教えたり、地球は本当は丸い球なんだよと話してくれたりした。その頃私はよく父と並んで馬車に乗って、野原や草原を走ったが、そのときにどっちを見ても地平線が丸い曲線を描いているのに気づいた。でも丸い球だって？　そんなことはありえないと思われた。私のイメージでは、地球はむしろ円盤のようなものだった。

オーブン嬢が解職になった後で、新しい家庭教師のエリザベート嬢がやってきた。彼女は四〇歳くらいで、どっちかというと黒ずんだ顔色をしていた。ロシア生まれだったが、本当はブルガリア人だった。

飾り気のない人柄で、私やナンヤとはとてもうまく行った。ブルガリア人がトルコの圧制から解放された、ロシア＝トルコ戦争の記憶がまだ生々しかった頃なので、彼女は私たちによくトルコ人がブルガリア人に加えたいろんな残虐行為の話をしたものだった。エリザベート嬢について思い出すことといえば、あとは彼女が一日中絶えず煙草を吸っていたことくらいしかない。

私のナンヤは、まだ農奴制のあった時代の、お百姓生まれの女性だった。彼女はこの上なく正直で、黄金のハートを備えた献身的な人だった。若い頃に結婚して男の子を生んだが、その子どもは幼い頃に死んでしまった。そのため彼女は、明らかに母性愛のすべてを、この死んだ息子から私に転移していた。

その頃私たちが読んだのは、ほとんどがドイツの童話のロシア語訳だった。夕方になるとエリザベート嬢がグリムの童話を読んでくれて、ナンヤと私はそれに夢中になって聴き入った。私たちは、白雪姫やシンデレラなどの物語を、ロシア語で知ったのだった。エリザベート嬢がどうして私たちに『アンクルトムの小屋』を読んでくれる気になったのか、今でも私には理解できない。この本には、ニグロを迫害する恐ろしい様子が詳しく書かれていて、子どもに適した読み物とはとても思えなかった。ニグロに懲罰を加える描写は、夢に現れて眠りを妨げた。

両親はよく出かけたので、姉と私はほとんど他人に世話してもらっていたし、両親が在宅するときも、両親と接触する機会はあまりなかった。私は、父がロシア語のアルファベットを教えてくれ、ロシア語の読み方を教えてくれたのをよく覚えている。そしてしばらくの間、父は毎晩子ども部屋に来て、私たちと一緒に〝男子、怒るなかれ〟というゲームをして遊んでくれた。ゲーム板を広げるとヨーロッパ・ロシアの地図が描いてあり、皆がチェスの駒に似た木でできた人形を一つずつ手に持つ。ゲームの参加者はサイコロを投げて、地図の上でどこまで動けるか、どのルートで進んだらいいかを決める。そして旅の目的地に一番早く着いた者が勝ちとなるのである。このゲームはとてつもなく楽しいものだったが、それは当時、心から愛して尊敬していた父が一緒に遊んでくれたことにも一因があったと思われる。不幸なことに、まもなく父は多忙のため子ども部屋にやってくることはなくなった。父と一緒にこのゲームに興じていた頃、父はよく地図に載っている方々の都市や地域の話をしてくれたので、父がいなくなるとゲームは面白くなくなり、やがて私たちはこのゲームをまったくやめてしまった。

母は落ち着いた静かな人で、いわゆる「天性の知恵」を備えた女性だった。不愉快な状況に巻きこまれてもそのユーモラスな面を見て、あまり深刻に受け取らない性質は、いろんな困難や災難に出会っても、それを乗り越える上で一生助けになっていた。

母はどちらかというと東方派カトリックを信ずる家族の出身で、感情をあまり外に表わさない人だったが、父の狂暴な性質や父の兄弟たちの奇矯な振る舞いには辟易していて、冗談混じりに彼らを「カラマーゾフの兄弟」と呼んでいた。母はうつ病になったことはなかったが、若い頃は心気的な傾向があって、実際にはどこも悪くないのにあちこち病気に罹っていると想像した。実際母は八十七歳というかなりの年齢まで生きた。大人になるにつれて心気症は消えて、年を取ってからは全財産を失ったにもかかわらず、若い頃よりずっと元気になった。死ぬ前の数年間、母は自室に一日中閉じこもるようになっていたが、その頃に心気症が再発した。しかし、若い頃よりはずっと軽いものだった。

母は若い頃は自分の健康にかまけていて、私たちの世話をする時間があまりなかった。しかし、姉や私が病気になると、母は献身的に看護してくれた。母はほとんど一日中私たちにつきっ切りになって、規則的に体温を計ったり、定時に薬をのませたりに心を配った。子どもの頃、私は病気になりたい、そうすれば母にそばにいて看病してもらえるのに、と何度も望んだのを思い出す。

（左）少女時代の狼男の母
（下）狼男の父，1907年

その他は、母は私に宗教について初めて教えてくれた。私はたまたま、チェコの宗教改革者フスが十字架で火あぶりになる絵が表紙に載っている本を手にして、その絵の意味を母に訊ねたことがあった。母は私の質問を機に、キリスト教の最も大切な教義を話してくれた。私にはキリストの受難と磔刑の話が、そのどこをとってもひどく印象的だった。私のナンヤはとても信心深い人で、時々聖人たちや殉教者たちの物語をしてくれたので、私はだんだんに信心深くなって、キリスト教の教えに関心をもつようになった。しかし、まもなく私は、神がそんなにも全能で、神の子の磔刑が必要なものだったとしたら、なぜ神が全能であるにもかかわらず世界にはかくも多くの悪が満ち溢れているのだろう、と疑問に思い出した。私はこれらの疑問を抑えようとしたが、それらは繰り返し幾度も心に浮かんできた。私はこのように疑うのは恐ろしい罪だと感じて、ひどく苦しんだ。

姉と私は、絵を描くのが好きだった。最初の頃私たちはよく木を描いたが、アンナの描く小さな丸い葉の群は、とても素敵で魅力的だった。しかし、彼女の真似をしたくなかったので、私はまもなく木を描くのをやめた。私は馬の写生を試み出したが、残念ながら私の描く馬は、本当の馬というより犬か狼に似ていた。私はむしろ人間を描くのがうまくて、〝酔っ払い〟や〝守銭奴〟といったキャラクターをよく描いた。訪問客があって、ちょっと風変わりなところに気づくと、私はその身振りを真似したり、滑稽な口調や言葉を繰り返したりした。両親は面白がって、私に役者の才能があると考えたようだった。しかし、私の関心を一番惹きつけたのは、お芝居とはまったく別のことだった。それは、私が四歳頃に、おそらくクリスマス・プレゼントとしてもらった、小型のアコーディオンだった。私は文字通りこの楽器のとりこになり、アコーディオンがこんなに美しいのに、なぜ他の人たちがピアノやヴァイオリンを必要とするのか、まったく理解できなかった。

冬になって、日が暮れると、私は誰にも邪魔されない、誰にも演奏の聞こえない部屋に行って、作曲をした。私は人っ子一人いない冬の野原を、馬にひかれたそりに乗って、雪をかき分けて走って行く情景を空想した。私はこの空想の情感とよく合った曲を、アコーディオンを弾いて作曲しようと努力した。

不幸なことに、このような音楽上の試みは、まもなく終わりを迎えた。あるとき、偶然父が隣室にいて、私の作曲を耳にしたことがあった。翌日、私は父にアコーディオンを持って父の部屋に来るように言われた。入って行くと、父が見知らぬ紳士と話をしていて、私が作曲をしていて、それがなかなか面白いなどと言っているのが聞こえた。父は私の姿を見ると、前日に弾いていた曲をもう一度弾くようにと言った。作曲した曲を〝要求に応じて〟もう一度繰り返すなんて、とてもできることではなかったので、このリクエストを聞いて私はひどく狼狽した。演奏は惨めな失敗に終わり、父は怒って私に部屋から出て行くように言った。この辛い失敗の後、私は大好きな楽器への関心をまったく失ってしまい、楽器を部屋のどこかに置いたまま、二度とそれに触れることはなかった。この事件によって、私と音楽との関係は完全に断ち切られた。後になって父は、私にヴァイオリンを習わせようと思いついたが、私はこの楽器が大嫌いだったので、父がそんなことを思いついたのは不幸だったとしか言いようがない。自分のたてるキィキィいう雑音が神経に障り、嫌悪感はやがて憎しみに変わって、私は長いこと左腕を伸ばせなくなった。私は先生がいないと練習しなかったので、進歩といえるほどのものはもちろん認められなかった。けれども、父がヴァイオリンの先生に、レッスンを続ける価値があるかどうか訊ねると、先生は——授業料を失うのが嫌で——いつも「今やめるのはとても残念です」と答えるのだった。六年後にようやく、父は音楽のレッスンを続けても無意味だと悟り、私をこの厳しい試練から解放してくれた。

私たちは領地で農作物の栽培をしていただけでなく、たくさんの羊も育てていた。かつて大変な事件が発生して、全ロシア中の専門家の間にセンセーションを巻き起こしたことがあった。危険な伝染病が、突然私たちの羊の群を襲ったのだ。まだ健康なうちにワクチンを接種した方がよいとすすめられて、約二十万頭の羊に接種が行われた。しかし、その結果は破局的だった。間違った血清が配布されたために、接種したすべての羊が死んでしまったのだ。人々はこの事件を、父に対する報復ではなく、接種を計画した医師に対する報復だと噂した。捜査命令が出されたが、原因はまったくわからず、結局事件はミステリーのまま残された。

五歳のときに、私たちはオデッサに引っ越した。当時はまだ、私たちの領地とオデッサの間に鉄道は敷かれていなかった。そのため、まず小さな河船に乗って、ドニエプル川をケールソンまで、一晩かけて下らなければならなかった。それから一日と一晩ケールソンで過ごし、翌朝早く、今度は黒海で嵐に遭っても凌げるように、もっと大きな船に乗って、オデッサへの旅を続けた。

オデッサに旅したのは、私たちがチェルニーに住んでいた夏のことだった。チェルニーを離れたのは夕方で、あたりはもう暗かった。出発してまもなく、激しい嵐が襲ってきた。姉と私は幌を閉じた馬車に乗っていたが、外では嵐が荒れ狂い、雨が馬車の屋根に烈しく降りつけた。風が吹きすさんで、馬車は時に前に進めなくなった。しかし、私たちは何とか間に合って波止場にたどり着いた。このチェルニーから波止場までの旅は、私が生まれた領地での最後の経験となった。

オデッサで暮らし始めてすぐ、父が私たちの領地を売り払ったことを知った。私は泣き出してしまい、これで自然と親しんだ領地での生活が終わってしまい、これからは大きな見知らぬ街に慣れなければならないのだと考えて、ひどく不幸な気持ちになった。後に母から聞いた話では、この私たちの領地が数年後に一つの市になったのを知って、父も売り払ったことを後悔していたという。この自分が失敗を犯したという認識は、父の最初のメランコリー発作を惹き起こしたと言われている。

父はオデッサで、黒海の浜辺まで広がる市立公園に面したヴィラを買い求めた。このヴィラは、イタリア人建築家の建てた、イタリア・ルネサンス様式の建物だった。ほとんど同じ頃に、父は南ロシアに広い領地を購入した。父はこのヴィラと領地を、母に与えた。

数年後、父は白ロシアに一万三千エーカーある二番目の領地を買い入れた。それはドニエプル川の支流のプリペット川と境を接していた。白ロシアはロシアの西部に位置していてポーランドやリトアニアと接していたが、当時はまだ南ロシアと比べたらずっと遅れた地域だった。太古の森、池、大小の湖、無数の沼沢が、人間に触れられていない自然の残影となって私たちの心に深い印象を与えた。森には狼がいた。毎年夏になると、近隣の農夫たちによって、何度か狼狩りが行われた。狩りの終わりには、父がお金を援助して、いつも宴会が催された。村の音楽家たちが現れ、少年や少女が民族舞踊を踊った。高校時代、私は白ロシアにあるこの領地で夏休みの何日かを過ごしたが、その都度、数百年昔の時代へと移り住んだような気がした。この土地は、フロイトのいわゆる〝文明とその不満〟から回復するのに絶好の場所だった。父はこの領地を、一九〇五年に売り払った。

父と母には、たくさんの兄弟姉妹がいたが、大部分は子どもの頃や青年時代に死んでしまっていた。生きていたのは、母の二人の姉妹と二人の兄弟、父の三人の兄弟だけだった。

母の兄アレクセイは病気がちの人で、最初の結婚は壁につき当たって離婚に終わった。その後彼はポーランド人女性と結婚して二人の息子を得た。この二度目の結婚は、とても幸福なものだった。アレクセイ伯父さんは静かで謙虚な人柄で、領地の見回りと大好きなチェスで忙しく過ごしていた。彼はこのチェスを、完全に科学的と言っていいようなやり方でやっていた。後で私は、母のもっとエネルギッシュな弟ワシーリーについて述べるつもりである。

父の三人の兄弟のうち、長兄はエピファネスという名前だった。姉と私は、彼を「ピンヤ伯父さん」と呼んでいた。ピンヤ伯父さんや彼の子どもたちを知ったのは、オデッサに移ってからのことだった。父の他の二人の兄弟、ニコライとピョートルは、それまでも私たちの領地によく訪ねてきていた。

父の三人の兄弟は、いずれも非常に変わった性格の持ち主だった。長兄のエピファネスは、頭がよくて学歴の高い人だったが、どちらかというと粘着質の性格だった。彼はオデッサ大学で数学の学位を得たが、その後は自分の農地の見回りに没頭して、公的な面で成功しようという野心はまったく持っていなかった。父はピンヤ伯父さんが一番好きだと言っていたが、この伯父さんがオデッサを離れてモスクワに移住してからは、接触はなくなった。

私が大好きだったのは、四人兄弟の末の弟ピョートル叔父さんだった。彼が訪ねてくると聞くと、私はひどく幸福な気持ちになった。彼はいつも私の部屋に来たり、私を自分の部屋に呼んだりして、まるで同年輩の子どものように一緒に遊んでくれた。彼はワクワクするようないろんなトリックやジョークを考え出して、私を大いに楽しませてくれた。

母によると、ピョートル叔父さんはいつも陽気で幸福ないわゆる〝快活男《クニーボーイ》〟で、どこのパーティーや社交の場でも最も歓迎される客だった。高校卒業後、彼は当時農業大学として有名だったモスクワのペトロフスキー・アカデミーに入学した。社交的な人だったので、ピョートル叔父さんは大学でたくさんの友人を作り、夏になると彼らを私たちの領地に招待した。母が話してくれたところでは、彼は一度若い皇子トルベツコイ――あるいはオボレンスキー皇子だったかも――をつれてきたことであって、皇子が母の三人の妹のうちで一番美人だったユージェニアに求婚したことがあったらしい。しかし彼女はこのプロポーズを謝絶して、ピョートル叔父さんの学友の、リトアニアの古い貴族出身の青年と結婚した。まもなく、不思議なことにこの陽気なピョートル叔父さんが、ひどく変わった行動をしたり、奇妙としかいえないようなことを口走ったりするようになった。最初彼の兄弟たちは単純に面白がって、この変わった行動を深刻には受け取らず、害のない気紛れにすぎないと考えていた。しかしまもなく、彼らもこれが重大な問題だと悟らざるを得なくなった。有名なロシアの精神科医コルサコフの診察を受けた結果、叔父さんは純粋パラノイアの初期と診断された。こうしてピョートル叔父さんは、閉鎖病院に閉じこめられた。けれども彼はクリミア地方に広大な領地を持っていたので、兄弟たちが最後は彼をそこに引き取る手配をして、彼はその地で何年も隠者のような生活を送ることになった。ピョートル叔父さんは農業を専攻したが、やがて歴史研究にだけ専念したいと望むようになっていた。しかし、これらの計画は、迫害妄想のために、もちろんすべて無に帰してしまった。

私の父は高学歴の知的な人で、併せて並はずれた組織力をもっていたが、ここで述べた二人の兄弟もすぐれた知性を備えていた。それに対してニコライ叔父さんにはこれといった才能はなく、知能もごく一般的と思われた。けれども彼は、信頼性や義務感や謙遜といったいわゆる〝中流階級の徳性〟を高度に備えていた。彼は始めに軍隊に入って将校になったが、やがて軍役を離れて、大家族を伴って小都市ケールソンに居を定め、その街で最も尊敬される人物の一人になった。彼は、一九一七年の革命前のロシア議会であるドゥーマの議員に選ばれて、さまざまな仕事を任されたが、政治的に特別な立場に偏ることはなかった。

父方の祖父は、私が生まれる約一年前に死んだが、妻のイリーナ・ペトローヴナは何年も前に死んでいた。聞いた話では、この祖母は背の高いがっちりした体格の人だったらしいが、写真や肖像画で見ると美しい人ではなかった。祖父の方は美男で、体格も普通だった。イリーナ・ペトローヴナは大変賢い女性で、夫に大きな影響力を持っていたようだ。彼女が死んだ後で、祖父はひどく参ってしまって酒に浸り始めたらしい。彼の心が本当にすさんでしまったのは、次のエピソードからもうかがえる。

ニコライ叔父さんが結婚を決めたときに、祖父は息子と争って、息子が選んだ花嫁を奪おうというとんでもない考えを持った。花嫁はニコライ叔父さんとでなく、その父親と結婚すべきだというわけだった。ドストエフスキーの『カラマーゾフの兄弟』とよく似た状況が生じた。しかし、選ばれた花嫁は――ドストエフスキーの小説と同様に――父親よりも息子の方を愛していたので、ニコライ叔父さんと結婚した。それを知ると父親はひどく腹を立てて叔父さんを勘当してしまった。祖父の死後、三人の兄弟たちはニコライ叔父さんに遺産の取り分を与えたので、彼は勘当されたにもかかわらず、兄弟たちほど金持ちではなかったにしても、豊かな生活を続けることができた。このような不幸はあったにせよ、ニコライ叔父さんの生活は最も調和がとれていたが、それは彼が四人の兄弟の中で一番バランスのとれた正常な人柄だったからだと思う。

私の祖父は、当時の南ロシアで最も裕福な地主の一人だった。彼は、使われていないただ同然の土地を広大に買いこんでいた。しかし、その後それらの土地で農作物の生産が始まると、土地の値段は急騰した。この地方はこの上なく肥沃な土地で、ロシアの穀倉地帯と呼ばれていた。私の母によると、これらの土地を買ったり経営したりする主導権は、すべて祖父ではなくて、優れた実務家である妻のイリーナ・ペトローヴナが握っていた。息子たちが知的な面で優秀だったことに限って言えば、彼らがその知性を父親からでなく、彼女から受け継いだのは明らかだった。しかし、これらの優れた資質には、逆の面もあった。私は、子孫にみられる情緒的な異常や病気のことを指しているのである。

イリーナ・ペトローヴナには、たくさんの子どもが生まれたが、長いこと男の子ばかりだった。最後に女の子が生まれたが、その子はリューバという名のとても可愛らしい子だった。しかし、悲しいことに、彼女は八歳か九歳になるかならぬうちに、猩紅熱で死んでしまった。イリーナ・ペトローヴナはリューバをとても愛していたので、リューバの死後抑うつ症になって、人生への関心をすべて失ってしまった。祖母は幸運に恵まれていて、望むことは何でも完全に満たすことができたが、娘が死んだ後、また以前のように息子たちだけになって、娘がいなくなった事実に耐えられなかったようだ。イリーナ・ペトローヴナの死因は、結局明らかにされなかった。彼女は何か危険な薬をたくさん飲んだという話だったが、事故か意図的なものかは誰にもわからなかった。しかし、少なくとも母は、祖母が自分の意志で服薬したのだと信じていた。

オデッサに引っ越してまもなく、新しい家庭教師が来たが、今度はフランス人女性だった。彼女はスイスのジュネーヴ生まれだったが、スイス人というより本当のフランス女性のように思っていて、何かにつけ愛国的な考えを述べ立てる人だった。彼女は厳格なカトリック信者で、とても保守的だった。独身の中年女性がたいがいそうであるように、彼女は支配的な傾向を持っていた。彼女と一緒に暮らすようになってから、アンナと私はほとんど一日中彼女の影響下に置かれた。夕方になると、「マドモアゼル」——そう私たちは呼んでいたし、他の皆もそう言っていた——は私たちにフランスの子どもの本を読んでくれた。

マドモアゼルは、娘時代にロシア領ポーランドに来て、いくつかの名門家族に雇われて家庭教師をした。ポトツキー伯爵家、サモイスキー伯爵家、ミニシェク伯爵家等々（ミニシェク伯爵は、一六〇五年にボリス・ゴドノフの後を継いだ僭王〝偽のドミトリ〟家の子孫だった(原註4)。マドモアゼルにとって、教育の主要目標は生徒によいマナーやエチケットを教えこむことだった。ポーランド人家族と十年、二十年と暮らすうちに、彼女はポーランド語とロシア語の単語の入り混じった言葉を話すようになったが、まわりの人々に自分の考えを理解させるにはそれで十分だった。もちろんマドモアゼルは、私たちにフランス語も教えてくれた。何かを説明し出すと、一つの主題から他の主題に跳び移って、やがて彼女の娘時代の思いにとめどなく耽り始めるのだった。

マドモアゼルが私たちに朗読してくれた最初の本の中に、セルバンテスの『ドン・キホーテ』があったが、もちろんそれは子ども向けの版だった。この本から私は途方もなく強い印象を受けたが、ドン・キホーテが阿呆だなんてとても考えられなかったので、私は喜びよりむしろ苦痛を感じていた。ドン・キホーテが少なくとも死ぬ前に自分の愚かさに気づいていてくれたら、私も甘んじて彼の阿呆ぶりを受け入れられるのだが、と私は思った。私はこれを確かめ、本の末尾にカトリックの牧師さんがドン・キホーテの告解を聴いている絵を見せられて、心が安らぐのを覚えた。牧師さんがただの阿呆の告解を受けるなんてありえない、と考えたからだった。

その後にやってきたのは、子ども向けのフランスの偉人伝だった。一人の著者が、なんとフランス人の間でシャルルマーニュと呼ばれて尊敬されている、カール大帝の子ども時代について書いていた。私はこの本もとても好きだった。シャルルマーニュ大帝の誕生にまつわるミステリーや、大帝の揺り籠《かご》に、考えうるすべての贈り物や才能を落としてくれた三人の慈悲深い妖精の話に、私は特に魅きつけられた。たぶん私は自分のことを考えて、自分もクリスマス・イヴという特別な日に生まれたことを思い出していたのだった。マドモアゼルはフランス語の雑誌『青春ジャーナル』を購読していて、私たちにその雑誌に載っているとてもロマンチックな物語を読んでくれた。これらの物語は私の想像力をとても刺激したが、時には刺激的すぎることもあった。

姉のアンナは、まもなくマドモアゼルの支配的な傾向に気づき、彼女の過大な影響を巧みに避けるようになった。マドモアゼルは、アンナのこういう態度を許さなかったが、代償的にアンナより私の方にもっと注意を払うようになって、私にはそれがまったく気に入らなかった。これはたとえば「セルジュ〔狼男の愛称〕の言い分の方が正しいと思いますよ（"Serge a le jugement juste."）」といった彼女の言葉からも明らかだった。

マドモアゼルが朗読してくれた物語の数々は、私のロマンチックな傾向の基礎になった――少なくともそれを強化したと思う。この〝ロマンチシズム〟は、後に描き始めた風景画の中にも表れた。いずれにせよ、マドモアゼルから大きな影響を受けたことは、否定できない。たとえば当時私は、カトリックの方が正教の信仰より正しいに違いない、なぜならキリストの言葉によれば、ペテロが岩を指し示して、その上にキリストがキリスト教を築いたのだから、と考えるようになっていたのを思い出す。

ここで少し先に跳んで、数年後に起こった当時の特徴をよく示すエピソードについて触れておこう。カーニバルの時期に、アンナと私は子どもたちの仮装パーティに招かれ、アンナが少年の服装で出かける計画をした。その頃アンナが何歳だったか記憶にないが、いずれにせよマドモアゼルがアンナの娘としての評判を心配するような年齢ではあった。たぶん彼女はこの機会に、アンナに対する失った支配力を取り戻そうと考えたのだろう。アンナの衣装をめぐって、ある日の昼食の席で議論が交わされた。父は、アンナが少年の服を着てパーティに行ってはいけないなんて、理由がまったくわからないと言った。それに対してマドモアゼルは、〝しつけのいきとどいたお嬢さん（une jeune fille comme il faut）〟がズボンをはいて人前に出るなんてみっともない、と主張した。かくして父とマドモアゼルの間で議論が白熱して、とうとうマドモアゼルは決然として、たとえお父様が許しても、アンナの家庭教師として私は、アンナが少年の服装でパーティに出席するなんて決して許しません、と宣言した。マドモアゼルは今や限界を踏み越えてしまい、父から激しい叱責を受ける破目になった。彼女は泣きながらテーブルを離れ、自分の部屋に引っこんだ。アンナと私は急いで後を追って慰めようとしたが、マドモアゼルはお父様にあれだけ非難された以上、もうこの家にはいられない、と言い張った。しかし結局、この事件は全体としてコップの中の嵐に過ぎなかった。マドモアゼルは落ち着きを取り戻し、まもなくまた父について「お父様はとても繊細な方ね（Monsieur est si délicat）」などと言い始めて、母を少なからず驚かせた。

マドモアゼルは私たちの家庭教師を辞めた後も、いわゆる間借り人として、死ぬまでヴィラの階下の部屋に住み続けた。私たちは時折彼女の部屋を訪れたが、彼女はいつもとても気嫌がよかった。不幸な様子や、孤独な様子はまったく見られず、彼女はいつも細々したことに忙しく、それに没頭していた。一度、理由はわからないが突然彼女の部屋に発生した蟻たちと、ひどい戦争になったことを思い出す。

私のナンヤも、死ぬまで私たちの南ロシアの領地に間借りしていた。最後の数年間は、彼女は老衰状態だった。彼女にとって、時間はいわば静止してしまい、私はもう大人だったが、彼女はあいかわらず私を子どもと思っていた。マドモアゼルとナンヤは、二人ともたいそう高齢になるまで生きた。

七歳のとき、私は男性の家庭教師につくことになった。どんな風貌の人か、私は興味津々だった。私は当時流行だったあごひげのある、初老の真面目な紳士を想像していた。しかし、私のあらゆる期待に反して、やってきたのは三十代半ばの若々しい男性で、ひげはきれいに剃り、鉤鼻の鋭い顔つきをしていた。彼は近眼で、鼻眼鏡をかけていた。

狼男の乳母ナンヤ，1903年頃

左から右へ．狼男の伯母，母，オルガ（狼男の姉の世話役），乳母ナンヤ，家政婦．

信心深いマドモアゼルと対照的に、このアレクサンドル・ヤコヴロヴィッチ・ディックは、完全に現世的な人だった。彼が宗教について語るのは、一度も聞いたことがなかった。愉快で気楽な人柄で、いつも人生の楽しくて滑稽な側面に目を向けていた。そのため遊びやゲームを考え出すのがとてもうまかった。苗字のディックが示すように、A・Jの先祖はオランダ人だったが、彼はロシア生まれで母親がロシア人だったので、ロシア語を完璧に話し、その上ドイツ語とフランス語も完璧だった。彼はアンナにドイツ語を教えていたが、私と話すときはフランス語だった。

A・Jは何事も真面目に受けとらず、すべてを滑稽なことやグロテスクなことに変えてしまう傾向があった。彼に老婦人と言ってからかわれていたマドモアゼルは、彼のそうした性癖をひどく嫌って、「あんたは家庭教師じゃなくて道化よ」と言ってしっぺ返しをしていた。

A・Jは大変才能のある人だった。ピアノの演奏がとてもうまくて、——少なくとも彼の話では——他にもたくさんの楽器が弾けるということだった。絵も描いていて、その一枚は私たちの部屋にかけられていた。それはヴェニスが背景の船の絵で、おそらく模写したものだった。彼の描いた絵は、他には見たことがない。

A・Jの薦める書物は、まずヴィルヘルム・ブッシュの『マックスとモーリッツ』のロシア語訳から始まった。その次に読んだのは、ジュール・ヴェルヌの『グラント船長の子どもたち』で、この本は私に強い印象を与えた。

A・Jは、私たちのヴィラの一室を体操室に作り変えた。さらに工房で使うような木工台を注文して、その上で小型の船を建造した。彼は小さな薄い木板をねじで張り合わせるやり方を心得ていて、それがとてもうまかったので、どんな工房でも彼が作った船にはかなわないほどだった。この作業はとても複雑だったので、私は自分でやるより、ほとんどの時間A・Jのやることを観察していた。彼はこの仕事をとても楽しんでいた。この船を組み立てる趣味は、たぶんオランダ人の先祖から受け継いだものだったのだろう。

A・Jは独身で、世界の方々を旅していた。私たちのところへ来る前に、彼はインドと極東への旅を終え、彼の地からたくさんの珍しい物を持ち帰っていた。彼は自分の家がまるで小さな博物館のようだと言っていた。もちろんアンナと私は、遠い国々から運ばれたそれらの珍しい品々がとても見たかった。A・Jは私たちの願いを聞き入れて、自宅に招いてくれた。そこで私たちは、ガラスで蓋われた箱の中に、ロシアの私たちの地方には棲息していない、大きな蝶々が並んでいるのを見た。他にも異国的なものがたくさんあって、私たちはひどく興味をかき立てられた。

A・Jは、こういった旅行をどういう資格や身分で企てたのか、打ち明けてくれたことはなかったし、自分の若い頃や両親について話したこともなかった。朝食のときに衣服にしみを作ったりすると、彼はフランス語で「不潔なところは親父に似てしまったな (Je suis un saligaud comme mon père)」とよく言ったものだ。これが彼の父について聞いたことのすべてだった。

A・Jが初めて南ロシアの私たちの領地に来て、一緒に公園を散歩していたとき、彼は突然、当時とても流行していたクリケット・ゲームに適した場所を発見した。すぐさまクリケットの道具が注文され、ウィケット〔クリケットのゴール〕が組み立てられた。

数年後、A・Jは現れたときと同じように、突然私たちの前から姿を消した。彼が免職されたのか、自分から申し出て辞めたのかはわからなかった。

その後、オーストリア人のリーデル氏が私たちの南ロシアの領地で、引き続いて数年の夏を一緒に過ごすことになった。Ａ・Ｊと同様独身の彼は、四十代の初めだった。小さな灰色の目をした丸鼻の男で、尖ったあごひげを蓄えていた。リーデル氏は私の勉強の担当ではなかったが、ほとんど一日中一緒にいたので、私はまもなくドイツ語がスラスラ話せるようになった。彼は高等教育を受けた真面目な人物で、四十歳を過ぎていたが、ウィーン大学で歴史学の教授になることを望んでいた。彼は私を年下の友達のように扱ってくれ、私たちはとてもよく理解し合っていた。彼にとって、最大の徳は自己制御だった。政治的にはむしろ急進的な思想の持ち主だったが、ほとんど理論的なものにとどまっていた。

ある日のこと、リーデル氏と姉と私で野原を散歩しているときに、リーデル氏はアンナにカント哲学の原理を説明しようと試みた。次の日、また三人で散歩しているときに、無神論者だった彼は、今度は宗教について話し始めて、キリスト教信仰を鋭く批判した。私はアンナとリーデル氏のそばを走り回っていて、リーデル氏がアンナに話していることを時々耳にする程度だった。しかし、話題が子ども時代に私の心を占めていたのと同じ疑問についてだったので、彼の話は私に強い印象を与えた。私は無意識的にせよ、リーデル氏が宗教について話したことすべてを受け入れて、私自身驚いたことに、信仰が失われたのを発見した。宗教の反対者になったのではなく、私はいわば宗教を棚上げしたのだった。いずれも証明できない以上、信仰するか否かは個人に任されるべきである。このような考え方は、私に安心を与えてくれ、この後、私はもう若い頃の疑念について、自分を責めないですむようになった。

しかしそれにもかかわらず、私の側で何の努力もせずに、宗教をいとも簡単に棄てることができたのは、むしろ不思議なことだった。問題は、こうして作り出された真空状態を何が満たしたか、ということである。私は若い頃の宗教感情のある部分を、文学の領域に転移したらしい。なぜなら、私は十三歳にして、トルストイやドストエフスキーやツルゲーネフの小説を耽読し始めたからである。私はこれら

高校生の制服を着た17歳頃の狼男

狼男の家族の領地．狼男は1894年以降この地に住んでいた．
17歳の狼男が画家のＧと一緒に写っている．

の作家はもちろんのこと、偉大なロシアの詩人たち、プーシキンやとりわけレールモントフをほとんど聖人のごとく崇め尊んだ。もう少し年がゆくと、私は宗教感情を絵画に転移したようだ。自然のもつ美しさや調和に喜びを見出す傾向は、宗教と関係があるものかもしれない。しかし、うつ病の間に苦しんだ疑念や自責感が、私に宗教的な疑念や非難を思い出させるのもまた真実である。たぶん、私が宗教を失ったことを軽く考えすぎたのは失敗であって、そのため真空状態が作り出されて、それが部分的かつ不適切なかたちでしか満たされない結果となったのだろう。

リーデル氏の私たちの領地への滞在は、まったく予想もつかぬうちに終わりとなった。彼は思春期を迎えたアンナの知的な発達に強く惹きつけられ、アンナがまだ十五歳かせいぜい十六歳というのに、彼女を愛するようになった。これが賞めそやされていた彼の自己制御力の終末だった。彼は敏感な人だったので、アンナに対する愛情がまったく希望のないものだということを、初めから十分に察しているべきだった。アンナは彼の学識や天性の知的才能をとても評価していたが、これと愛情の世界とは何の関係もなかった。それにもかかわらず、リーデル氏はアンナに愛情を宣言し、惨めな結末を迎える結果となった。その後、彼が私たちの領地に招待されることはなかった。(原註5)フロイト教授は私の病歴の中で、私の宗教に対する態度にリーデル氏が影響を与えていることや、レールモントフと同一化していることを(原註6)扱っている。

私はこの頃までに子ども時代に別れを告げ、ようやく思春期に入ろうとしていた。

一九〇五―一九〇八年　無意識の悲哀

私は、一九〇五年から一九〇六年にかけての冬を、外国で過ごした。一九〇五年の春、大学の入学試験に合格した後、母と姉のアンナと私はベルリンに行った。この旅には、母の妹であるユージェニア叔母さんと、姉の付き添いとしてドイツ生まれの中年の独身女性が同行した。

母と姉、それに姉の付き添いの女性は、その冬中ずっとベルリン近郊のサナトリウムで過ごしたが、私はこの長い外国滞在を利用して、二回面白い小旅行を企てた。一九〇五年の秋にはイタリアに旅行し、次の年の二月には、ちょうどロシアからベルリンの私たちのところに来ていた従弟のグリゴリーと一緒に、私はパリとロンドンを訪れた。同年の五月、私はベルリン経由でロシアに戻ったが、今年の夏はロシア南部にある領地で過ごそうと考えていた。

その後まもなく、母と姉、それとあと二人の女性は、ドイツを離れて、母の弟ワシーリーが十五年前から住んでいるミラノに行き、それから地中海に面したリヴォルノに行った。

七月に、私は私たちの領地から二五マイルほど離れた領地に住む、母の兄に当たる伯父一家を訪ねた。そこで私は一人の若い娘に出会ってすっかり楽しくなり、一目で好きになってしまった。彼女は伯父の妻の姪に当たるポーランド人で、たまたま彼女の叔母を訪ねて来ていたところだった。

私はマルタ――これがその娘の名前だった――がとても綺麗で魅力的だと思った。彼女は金髪碧眼で、バラ色の頬をしていて、朗らかで気のおけない性格も魅力的だった。私は二日間で彼女に夢中になった。私に対するマルタの態度から、この恋が決して私の側だけのものでなく、彼女もまたそれに応えて私を好きになってくれていることがわかった。叔母は私が夢中になっているのにすぐに気づくと、何くれとなく気遣って私たちの仲をとりもってくれた。私の家族に悲劇的な事件が起こって、私たちのロマンスが突然断ち切られていなかったら、この恋はどんな結末を迎えていたことだろう。

母はしばらくイタリアに滞在していたが、アンナと彼女の付き添い女性は、八月半ばにロシアに戻った。家で短期間過ごした後、アンナはコーカサス地方にある母の姉クセニアの領地に行った。アンナとは私たちの領地で二週間一緒に暮らしたが、その期間に彼女の行動には何も変わったところは見当たらなかった。けれども、私がオデッサ大学の法学部に入学して、講義がちょうど始まろうとしていることがわかっているのに、彼女がコーカサスに一緒に行こうと言い出したのには奇妙に感じた。私がそのことを話すと、アンナはそれ以上言い張ることはなかったが、彼女が家を離れたら一週間後に必ず手紙を書くように約束をさせられた。これもいくらか奇妙なことに思われたが、私はこの彼女の依頼に何も特別な意味を見つけることはなかった。

私は、アンナと付き添いの女性を船まで見送った。その船は彼女たちを北コーカサス地方のノヴォロシースクまで運んでくれるはずだった。別れるとき、私たちはいつもより特別に温かい言葉を交わし合った。蒸気船が桟橋を離れるとき、アンナは船尾に立って、姿が見えなくなるまで手を振っていた。私はしばらくの間桟橋に立ったまま、蒸気船が港を出て広い大海の彼方へと消えて行くのを眺めていた。

19歳の姉アンナ　家族の領地で

アンナが出発したちょうど一週間後、私は約束した手紙を書いた。二、三週間後に、私たちはアンナが重い病気に罹ったというニュースを受け取ったが、その後まもなくして彼女が死んだという報せが届いた。

後になって私たちは、姉が服毒したことを知った。服毒した後、彼女は二日間ひどく苦しんだが、それでも自分のしたことを誰にも話さなかった。苦しみが極限に達したときに、初めて彼女は医者を呼んで欲しいと頼んだ。医者が来ると、彼女はしゃれこうべの危険印の貼ってある、水銀入りの小びんを見せた。明らかにその小びんは、アンナが自然科学の勉強のために家に作った実験室から持って行ったものだった。自殺を試みた後になって、アンナはもう一度生きたいという気持ちになった。死と直面してから人生への関心を取り戻し、もう一度生きたいと願う場合だって確かにあるのだ。最初は医者たちもアンナを救えたように思って、危険な状態は脱したとさえ言っていた。しかし、二週間後に心不全が併発して、それが死因となってしまった。

姉はオデッサのいわゆる「古墓地」にある、私たちの家族の墓に埋葬されることになった。母はその頃まだ外国に滞在していたし、父はアンナの悲しい死の報せを個人的なメッセンジャーに託して伝えたいと考えた――これは葬儀に間に合わなかった――ので、家族の中で在宅したのは、父と私だけだった。私たち二人がアンナの遺体の入った柩を受け取って「古墓地」に運ぼうとして、蒸気船のとまる桟橋に行くと、たくさんの知人たちが集まっていた。かなり大勢の見物人たちも、好奇心にかられて桟橋につめかけていた。

私の思考と感情は、麻痺したようだった。目の前で起こることは、すべてが現実ではなくて、悪夢のように思えた。

古墓地は、市街の反対側のはずれにあった。伝統的なやり方に従って、葬列につき従う宣教師たちは、進む方向が変わるたびごとに、つまり葬列が違う道に曲がる辻々で立ち止まり、長いお祈りを捧げた。そのため、行列が墓地に着くまでには、数時間かかった。ちょうど柩が墓穴に降ろされたとき、すでに地平線に低く傾いていた太陽が沈み、最後の光が葉叢からさしこんで、金属製の柩を眩しく照らし出した。

私たちが子どもの頃、アンナはよく、女の子でなく男の子に生まれたらよかったのに、と言われていた。彼女は強い意志力と方向感覚を備えていて、いつも女家庭教師の力や権威を巧みに回避していた。成長するにつれて、女性的な特徴が現れ出したが、彼女はそれに対応できずに、病的な劣等感を持つようになった。彼女は古典的な美の理想に心を奪われていて、それと自分を比較していた。そしてまったく事実に反していたが、自分には女性としての魅力がないと思いこみ、男性が結婚を申しこんできたとしてもそれは金のためにすぎない、私は誰が見てもまるで魅力のない女なんだから、と言っていた。

アンナの悲劇は、豊かな知的資質に恵まれていたにもかかわらず、女性的な傾向を抑圧しようとしてそれに失敗したことにあったと言えるだろう。もちろん私は意識的行為についてではなく、彼女の意識的な心から完全に隠されたあるメカニズムについて述べているのである。

父はアンナをとても誇りにして、深く愛していた。父はアンナが望みさえしたら、何でもかなえてやっていたと思う。彼女の自殺から、父や他の人たちとの間がうまくいっていなかったことが明らかになり、父は自分の失敗を感じて自分を責めていた。アンナの喪失は父にとってひどくつらいことだったが、父もまた彼女の行為によって傷つけられて絶望していたのを、感じないわけにいかなかった。

さて、アンナの死後、父はそれまでほとんど私に注意を向けることはなかった——少なくとも私はそう思っていた――が、急に態度を一変させた。父は私の為すこと考えることのすべてにきわめて強い関心を持ち、あらゆる方法で私に助言や保護を与えようとするようになった。父がアンナへの気持ちを私に転移し、今や私のことを深く心配しているのは明らかだった。以前には父ともっとよくわかり合いたいと願ったこともあったが、明らかにアンナの死の悲しみを紛らすための父の変化を見ても、私は白けるばかりだったし、気分が落ちこむことさえあった。

母は、この悲劇的な出来事に対して、父とはまったく異なった反応をした。彼女は数え切れないほどのミサを執り行う手配をして、毎日馬車で墓地に行って、アンナの墓のそばで何時間も過ごした。よく知られているように、近親者が死ぬと、私たちはあらゆる種類の自責感に苦しむものだが、自殺となればそれはなおのことつらい。母の場合が明らかにそうだった。彼女の自分を責め苛む気持ちは私との関係にもひびを入れ、私はアンナの死後、私に対する母の態度が以前よりずっと冷たくなって、私を避けようとさえしていると感じないわけにいかなかった。私はそれ以前は、アンナと母の関係より、私と母の関係の方がもっと親密だと感じていたのだった。

アンナとは人間的・精神的にとても深い関係にあり、いつも私の唯一の友達のように思っていたので、彼女の死後、私は重い抑うつ状態に落ちこんだ。私の精神的な苦しみは、しばしば肉体的な苦痛にまで高まった。このような状態で、私はすべてに興味を持てなくなった。何を見ても嫌悪感に襲われて、たえず自殺を考えてばかりいたが、やり遂げるだけの勇気はなかった。

私はこの状態と戦おうと努め、時折何とか大学の講義に出席したが、講義の内容にはほとんど集中できなかった。他の人たちとの関係は、ほとんどなくなった。週に何回か、私は医学生になっている近くに住む以前の学友と、市内を散歩した。時々、最近知り合ったN君と会ったりもしたが、本当の友情が育つことはなかった。抑うつ状態にあった当時を考えると、それはとうてい無理なことだった。

春が近づくにつれて、私はひどくいら立ち始めて、一種の反抗心を覚えるようになった。私の精神状態は冬中とても惨めだったので、私はただこのまま続けるわけに行かなかった。何とかしなければならなかった。私は、自殺する勇気がないなら、自分にできる唯一のことは、この惨めさを克服して生きる勇気を見つけるために最大の努力をすることだ、と自分に言い聞かせた。

私はアンナの死後ひどいメランコリー状態に落ちこんでしまい、人生には何の意味も目的もない、努力に値するものなどこの世に何一つないと感じていた。私は自分の内的状態を外界に投影して、大学での不首尾を学科の選択のせいにした。その結果、私はまず大学のコースを変更しようと決心して、法学部から哲学部、ロシアでのいわゆる「自然科学部」に転科した。

この決心の背後には、フロイト教授も後に考えたように、アンナとの無意識的同一化が隠れていた。アンナは自然科学に情熱を抱いていたが、自殺の一、二年前にはこの領域への関心も失っていた。けれども、オデッサ気象台の所長であるB教授と偶然出会ったことは、当時私はこの出会いにあまり注意を払っていなかったが、私の転科を促す大きな要因になっていたと思う。何年も経って初めて街でたまたま出会ったときに、B教授は私に何学部を選んだか訊ねた。「法律です」と答えると、彼は驚いたように私を見て、賛成できないという口調で言った。「それはがっかりだね。思いも寄らなかったよ。数学か、そうでなければ少なくとも自然科学を選ぶだろうと思っていたからね」

B教授は、私が高校に入る前に、アンナと私に自宅で数学を教えてくれていた。彼の静かな思慮深い態度はいつも私を惹きつけ、私は彼が大好きだった。数学が私の得意科目になったのは、おそらくそのためでもあっただろう。何度か夕方になるとB教授はアンナと私を気象台に連れて行ってくれ、望遠鏡で夜空の星や月を見せてくれた。

B教授は、私が数学の問題を解くと、それを見てとても喜んでくれた（ロシア語のM先生とは対照的で、M先生はいつもアンナだけ賞めそやして、私には概して満足していたのに、私がスペルや書き取りを間違えると、ひどくがっかりした様子を見せた）。あるとき数学の授業中に父が現れて、B教授に勉強の進み具合を訊ねたことがあった。姉についてのB教授の評価はあまりよくなかったが、私については数学の力は相当なものだと力説した。父は、「この子は私の兄の血をひいたんですよ」と答えたが、このピンヤ伯父さんは特に数学が好きで、この科目で学位を取っていた。こうした諸々のことがあって、父は私には工業高校の方が人文系のギムナジウムより適していると考えて、私は工業高校に入学することになった。しかし、中間学校(原註1)の二年生の編入試験を受ける数カ月前の、ギリギリの時期になって、父がギムナジウムを卒業しないと、大学の入学資格が得られないから、やはりギムナジウムの方がよいのではないか、と考え始めたために、すべてが覆えされることになった。

その結果大急ぎでラテン語の先生を見つけて、私は春に行われる人文系ギムナジウムの二年生の編入試験の準備を始めた。私はこの試験に難なく合格したが、数学の評点は〝優秀〟ということだった。しかしその後私が登録して卒業したのは、入学試験を受けたのとは違うギムナジウムだった。

偶然、私が通ったギムナジウムの数学のL先生は、ピンヤ伯父さんの子ども時代の友達で、大学の学友でもあった。L先生はがっちりとした大男で、大きくて膨らんだ鋭い目をして、ナポレオン三世に似たあごひげを蓄えていた。その堂々たる体型は、見る人に畏怖の念を抱かせた。授業中の態度はいつも的確だったが、控え目で冷静で、学生との関係は厳密に言って教えている科目だけに限られていた。L先生以外の教師たちは皆ニックネームをつけられていたが、最も腕白な連中でも――これは成績の悪い子どもたちの中にたくさんいたが――あえてL先生をからかう者はいなかったし、他の教師にするようにL先生について冗談を言う者もいなかった。〝数学好き〟の伯父さんを介して、先生と父は一種のコネがあったので、私はいつも畏怖の念に押しひしがれていた。L先生に威圧されて頭が麻痺してしまい、私は最初の筆記試験で散々の成績をとった。すべてのリンゴやクルミや、その他何であれ問題が皆頭の中で絶望的にごた混ぜになって私は途方にくれてしまい、B教授とならもっと難しい問題だってすらすら解けたのに、やり出した計算も途中でできなくなるありさまだった。もちろん、成績は〝不可〟だった。他の学科は全部〝優〟だったが、数学では〝良〟しか取れなかったので、自分では数学が大得意だと思っていただけに、私はなおのこと傷ついて口惜しい思いをした。ギムナジウムの第五段階(原註2)になったときにようやくこの成績表の汚点は消えて、それ以降は数学を含む全科目で〝優〟をとるようになって、大学の入学試験を受けたときは、優等で合格した。

B教授とたまたま出会って、学科選択について賛成してもらえなかったことは、明らかに無意識の中でL先生とうまくいかない原因になっており、専門課程の変更だけでなく、この変更にまつわる後年の疑惑にも影響していた。しかしこの当時、私はこれらの動機についてはっきりした洞察はしていなかった。

カリキュラムの変更を決心したとほぼ同じ一九〇七年の四月初め頃に、私は美しい景観で有名な、詩人レールモントフの賞讃するコーカサスに旅行しようと考えた。そうすれば憂うつな考えを追い払って、精神状態を改善できると思ったからだった。もちろん私はまずこの計画を、父と相談しなければならなかった。何はともあれ、当時はこういった旅行に必要な資金を持っていなかったからである。父は私の計画に反対しなかったが、ただそんなに遠くまで独りで旅行することには、姉の最後の旅が重大な結末に終わった後だけに、賛成できないと言った。父は、「知り合いのW氏と一緒に行ったらいい」と言った。W氏は、ゴーンという父姓が示すように、フランス生まれの初老の紳士だった。ゴーンさんは窪んだ頰に山羊ひげを伸ばし、骨ばった首の上に精力的なはげ頭を載せていた。彼を見ると、私はいつもセルバンテスの「哀しき表情の騎士」を思い出した。これはしかし、彼の外見にすぎなかった。実際にはW氏は愉快な性質で、人生を心から楽しんでいた。彼は結婚していて、三人の娘と一人の息子がいた。息子の方は移民としてアメリカ合衆国に渡り――これは当時のロシアでは珍しいことだったが――、そこの劇場で舞台の絵を描いたり、典型的なアメリカ風のやり方であらゆる種類の臨時仕事を引き受けて、何とか生活していた。

この息子の冒険精神は、明らかに父親から受け継いだものだった。彼の父親は、とても企業心に富んだ人で、彼が中心になって計画したらしい会社の設立の経緯など、重大な業務処理についてよく話してくれた。成功した過去にもかかわらず、W氏の財政状況はどちらかというと質素なものだった。しかし、いずれにしても彼は、まったく働かないですむ多少とも快適な生活を確保するために、それに十分な金をすでに貯めこんで、その状態をフルに楽しんでいた。

数年間にわたって、W氏と娘たちは毎夏を私たちの領地で過ごしていた。理由はわからなかったが、奥さんは一緒ではなかった。この訪問には前史があった。南ロシアでは夏の間いつもひどい干ばつが続き、雨が降るとお百姓たちは天からの恵みが来たと言ったものだった。そこでW氏は、深堀り井戸を掘ってこの災害を克服してやろうと考えた。彼は領地の所有者である私の母を熱心に説得し、まもなく自分がこの領域のエキスパートであって、必要なリサーチを遂行する最適の人間であると納得させた。この調査にはかなりの時間を要すると思われたので、母はW氏にその夏を私たちの領地で過ごしたらどうかと提案した。

W氏と二人の娘たちが私たちのところに来て、二カ月経ったが、彼が調査している形跡はまったく見られなかった。ある日のこと、私は手にロープの輪を持って井戸に向かって歩いている彼に出会った。

「何をしてるんですか」と私は訊ねた。

「測量を始めようと思ってね」と彼はあいまいな口調で答え、当惑して私を見つめた。

これがとにかく井戸の近くで、彼の姿を見かけた最初で最後になったし、彼が深堀り井戸について話すのも、二度と耳にすることはなかった。母もW氏の灌漑計画を真剣に受け取るべきではないと悟ったので、深堀り井戸問題はすべて跡形なく葬られてしまった。しかし、W氏と二人の娘たちの訪問は、毎年夏の恒例の行事となった。

W氏は、私のコーカサス旅行に同行して欲しいという提案を進んで受け入れたが、それは南コーカサス地方のバトゥムの近くに、彼が〝緑の岬〟と名付けた小さな土地を所有していたからでもあった。彼はこの所有地についてしばしば夢中になって話したが、それによるとそこは〝この世の楽園〟のようなところだということだった。私たちは、旅の最後の目的地をバトゥムにする計画を立てたので、W氏は一銭も使わずに彼の愛する〝緑の岬〟を訪れる機会が得られるはずだった。

旅立つ前に、W氏は私にヘルメットか熱帯用帽子を買う約束をさせた。彼が真剣かつ厳粛に指摘したところでは、その帽子がなければ到底一緒にコーカサスになど行けるものではないということだった。私はそれまで、この種の装備がコーカサス旅行に必須だなんて、聞いたことがなかった。しかし、W氏がこの条件をとても重要視しており、それに応ずるのもいとも簡単だったので、私はそれを受け入れた。熱帯用ヘルメットの他に、彼自身はマニラ帽、つまりその名が示すようにフィリピンの人たちが被ると思われる巨大な麦わら帽子を持参した。これらの準備がすべて整うと、私たちはノヴォロシースクに向かう船に乗りこんだ。

ノヴォロシースクから、私たちは汽車でキスロヴォツクに行き、さらに炭酸泉で有名な北コーカサスの当世風の温泉地を訪ねた。そこから馬と二輪馬車に乗って、私たちはコーカサス地方で一番高いエルブルス山が最も美しく見える絶好の地点、ベルマムイトまで小旅行をした。私たちは早朝出発して、雲一つない透明な空の下、夕刻にベルマムイトに到着した。

そこには、木製のベンチがいくつか備えつけてあるだけの、小さな荒れた山小屋があった。この山小屋は、広大で底知れぬ深い峡谷の縁に建っていた。対岸には、雄大なエルブルス山が巨大な円錐形の塔のように空に向かってそびえており、私たちはその目もさめるような偉大な姿を余すところなく嘆賞することができた。エルブルス山と私たちを隔てる谷は、左右に測り知れない遠方まで広がっており、さらには次第に高まって行く雪で覆われた山頂と、険しい岩の断崖が深い谷底に落ちこんでいる風景が望まれた。この景観はすばらしいものだったが、私は抑うつ状態のために真から楽しむことも、感激することもなかった。

ちょうどキスロヴォツクに滞在しているときに、私の心に何かが湧いてきて、そのために以前からあったメランコリックな気分が一層ひどくなってしまった。転科しようと決めたのは、はたして正しかったかどうかという疑念がとても気になった。私は賛否の両面をあれこれ検証し出したが、満足の行く結論に達することはなかった。たえず自分自身の考えに没頭して、外界の印象を受けとるのが難しくなり、見るものすべてが非現実的で夢のように感じられた。

キスロヴォツクの近くには、ピャチゴルスクの硫黄泉の、似た温泉地が他にもあった。翻訳すると、この名称は〝五つの山々〟(pyat—5、gorá—山々)を意味していたが、それはこの保養地が五つの山々のまん中にあったからだった。ピャチゴルスクは、硫黄泉で有名だっただけでなく、そこから遠からぬところで、ロシアの二番目に偉大な詩人レールモントフが決闘で死んだことでも有名だった。私にとっては、これだけがピャチゴルスクを訪ねるに十分な理由だった。

レールモントフはスコットランドの出で、その父姓は先祖の名レーアモント(原註3)のロシア語読みである。詩人は近衛連隊の将校として兵役についていたが、書いた詩が処罰の対象とされて、ピャチゴルスクの連隊に転任になった。レールモントフの陸軍士官学校以来の学友であるマルティノフが、たまたま同地に駐留していた。マルティノフは驚くほどの美貌だったが、同時にとても虚栄心が強かったらしい。ある晩、二人の青年はパーティに招待された。マルティノフは、チェルケス地方の衣装を着て、ベルトに大きな短剣をさげて、遅れてやってきた。彼がオペレッタで見るような服装で部屋に入ってくると、人々の会話が潮が引くように消えてゆき、突然静寂が訪れた。その結果、レールモントフが隣りの令嬢に囁いていた言葉が、思いがけず会場の皆に聞こえてしまった。「モンターニュ派〔負け犬〕が大層な短剣を携えて現れましたよ(〝voilà un montagnard au grand poignard.〟)」。虚栄心を傷つけられたマルティノフは、レールモントフに決闘を挑み、決闘はピャチゴルスクの近郊で行われた。

最初にレールモントフが、ピストルを空に向けて撃ったが、相手は調停を拒否して、狙いを定めて発射した。弾はレールモントフの腹部に命中した。ちょうどその瞬間に激しい雷雨が襲ってきて、致命的な怪我をした詩人をピャチゴルスクに移送するのはひどく困難になって、長時間遅れてしまった。医者は誰一人この恐ろしい嵐の中を家から離れたがらなかったので、治療は遅れてしまった。レールモントフは、重傷を負った三、四日後に死亡した。彼はまだ、わずか二十八歳だった。

W氏と私は、決闘の行われた場所を訪ねた。それは森で覆われた丘の麓にあるありふれた牧場の一つで、そこからマシュク山の孤峰に向かって美しい景観が開けていた。その山は、他の四つの山々から離れて、平原から湧き出た尖った岩のような形で屹立していた。

ピャチゴルスクの名所の中に、レールモントフの洞窟と呼ばれるところがあると聞いて、私たちはそれを見に行った。洞窟の中に、レールモントフに捧げられた詩文を刻んだ、大理石の記念碑があった。石板から読み取ったところでは、この記念碑と詩文は、中央ロシアのある地方に住む領主が献納したものだった。この地主は、自分の詩が詩人の記念のために貢献し、洞窟の特色を出す上でも価値があると考えたに違いない。不幸にして彼の詩は不出来で馬鹿げたものだったので、この男があっぱれな衝動に負けないでくれていたらずっとよかったのに、と思われた。

しかしW氏はこの詩文に感動したらしく、急に物思いに沈みこんだ。子孫に自分がレールモントフの洞窟を訪ねた記念を残さずには、その場を立ち去り難いと思ったらしかった。けれども詩人でなかったので、彼は他人の考えを借りないわけに行かなかった。彼は結局洞窟の壁にプルードンのアフォリズムを書きつけた。「財産とはすべて盗みに他ならぬ（"La propriété c'est le vol"）」

私たちの次の目標は、コーカサス地方で二番目に高いカベク山の麓にある、ウラジカフカス町（原註4）だった。

そこからは、簡単に氷河を見に行けた。この機会を利用して、私たちは到着後すぐに興味深くて簡単な登山に出かけた。氷河までの登り道は、ラバに乗った。ラバは険しい岩だらけの絶壁に沿って進んだが、道は狭く、数百メートルもの深い谷の縁をめぐって続いていた。ラバがもしちょっとでも脚を踏みはずしたら、谷底に落ちてしまうと考えて、私は落ち着けなかった。しかし、ラバはとても注意深くて、ゆっくりと確実な足どりで進むので、私たちは感心しないわけに行かなかった。私は、まるで磁石のように深みに引きこまれる、と感じる人間の一人である。その際の圧倒的な不安は、基本的にこの引きこむ力に対して向けられており、私たちは屈服しないためにその力と戦わなければならないのだ。

私たちのコーカサス旅行の最も興味深い部分は、まだ先に残っていた。いわゆるグルジア軍用道路がそれだった。ウラジカフカスは、黒海からカスピ海に向かって西から東へと連なる、コーカサス山脈の主連峰の山すそにあった。このグルジア軍用道路は、連なる山々を切り拓き、北コーカサスのウラジカフカスから南コーカサスのクタイスまで通じていた。

最初は、ウラジカフカスにはちょっと立ち寄るだけにしようと考えていたが、W氏はその土地に友人や知人がたくさんいて、私たちが食事をするクラブは彼らと会談する絶好の機会を提供してくれた。彼にはそれがとても心地よく感じられたらしく、新しい口実を次々に見つけて出発を延期した。私がそうした彼のやり方を責めて、早く旅行を続けようと散々言い張った後で、ようやく彼も折れてくれた。渋々彼はホテルに請求書を頼み、出発の準備をした。

その頃グルジア軍用道路には、私設にせよ公設にせよ、交通網はまだ作られていなかった。この道を使おうと思えば、馬車を雇わなければならなかった。私たちは馬車を雇い、早朝旅立った。午後二時頃、私たちは夜を過ごすために、小さな山小屋に立ち寄った。次の宿泊地まで、たっぷり一日はかかったからだ。

その日の午後何かしようと思って、私はスーツケースから絵の道具箱と油絵の具を取り出し、近くを流れるテレク川の渓流の岸に行ってみた。二、三歩進むと、目の前にとても美しい風景が広がっていて、格好の絵の題材を見つけるのに時間はかからなかった。私は椅子に腰かけて、急な川の流れとその背後にそびえる壮大なカベク山の印象を、カンヴァスに写し取ろうと試みた。私はできるだけ早く描いて、とにかく早く仕上げようと思った。見慣れない雲の形状のせいで特別な効果を出している光が変化する前に終わらせたかったのだ。一時間半かあるいは多くて二時間後に描き終えると、私はそのときの全般的な気分を、かくも小さな画用紙に、かくも簡単な材料を使ってうまく定着させることができたことに、われながら驚いた。そのときが、私が風景をうまく描き上げた最初であり、私が風景画家として活動を始めたのも、そのときからだった。

次の日、私たちはテレク川に沿って進んだ。谷は次第に狭まってゆき、やがてテレク川が岩や丸石の間を曲がりくねって押し流れる、不気味な深い峡谷が現れた。険しい岩壁はとうてい近づき難いと思われたが、私たちの前にそこを訪れた人々の名前が、あちこちに濃いペンキを使って、大きな文字で書きつけてあった。これらの文字は、しばしば目が眩むような高い岩や切り立った絶壁に書いてあったので、当時可能だったはずもないヘリコプターを使って書いたようにも思われた。夜も更けてから、私たちはようやくのこと、次の宿泊所である、最初の山小屋に似た小さくて惨めな山小屋に到着した。そこでも私たちが口に入れることができたのは、テレク川でとれた鱒だけだった。

翌朝の早朝出発する前に、私は山小屋の近くの散歩に出て、チェルケス人の小さな集落を発見した。家はなくて、岩壁に掘られた質素な入口が、いくつかの洞窟をつないでいた。

テレク峡谷を馬車で行く旅の三日目に、それまでとはまた違ったさびれた道で、興味深い出会いを経験した。ひどく風変わりな姿をした二人の男が馬に乗って、こちらに向かって来た。彼らは一種の中世風のかぶとを被り、それぞれ槍と小さな楯を手に携えていた。

二人の顔色はコーカサス地方で見られるよりずっと明るく、顔立ちも幾分違っていた。彼らは、以前耳にしたことのある小部族の、プシャヴ族かシェヴシュール族の男たちに違いなかった。この部族は、コーカサス地方で行方不明になった十字軍兵士の子孫と考えられていた。私たちに出会うと、二人の騎士は馬を止めて、何の抵抗感もなく、ある種の満足の色さえ浮かべて、私に写真を撮らせてくれた。

少し後で出会ったトルコ人は、まったく違った態度を示した。彼は馬に曳かせた荷車の横を歩いていたが、荷車には、ヴェールを被り白い服を身にまとった妻たちが、五、六人座っていた。私が荷車と乗客たちの写真を撮ろうとすると、トルコ人は怒って大声で罵り始め、私の失敬な行動を防ごうとして、馬に鞭をあてて走り去った。

ウラジカフカスを出て四日目、私たちはテレク峡谷を抜けると、一番容易な地点で山の峰を越えるために、右に向かう道を辿った。登り坂は段々に険しくなって、馬はゆっくり進まなければならなかった。道の跡は、行く手の広大な雪原の中にしばしば完全に途絶えてしまったが、私たちはその雪原をどうしても渡って進まなければならなかった。もう一晩、山の旅館に泊まった後で、今度は恐ろしく急な坂道を下った。その道は、まもなく、四方にとうもろこし畑や麦畑の広がる、豊かな谷間に入った。丘の側面には、ブドウ畑や果樹園が連なっていた。この南部の歓ばしい風景は、私たちが通り抜けてきたばかりの厳しい山の世界とは、鋭い対照をなしていた。同じ日の夕方、私たちはクタイスに着き、よいホテルを見つけた。幾晩も小さくて汚い山小屋で過ごした後だったので、そのことはとてもありがたく感じられた。

一夜をクタイスで過ごすと、翌夕私たちは現在のグルジアの首都トビリシに当たる、ティフリス行きの汽車に乗った。この夜汽車に乗っている間に、この地方で経験したことのない激しい雷雨が襲ってきた。空は文字通り稲妻に切り裂かれ、雨が恐ろしい勢いで汽車に降りつけ、耳を聾するばかりの風のほえ声と雷鳴は、翌朝ティフリスに着くまで止まなかった。

ティフリスには、オデッサにはまだない市街電車がもう走っていた。まったくティフリスは、洒落た現代的な街という印象だった。ただこれは、ヨーロッパ地区と呼ばれる地域にしか当てはまらなかった。当時ティフリスは、ヨーロッパ地区と東洋地区という、二つの地区に分かれていた。東洋地区はオリエントのあらゆる特徴を備えていて、露天売りの商人たちの叫び声と騒乱と、色とりどりの混乱が溢れていた。

ティフリスの暑熱が耐え難くなったので、数日後私たちは、遠からぬ山間の保養地ボルショムに移ることにした。ティフリスを離れる前に、ロープウェイに乗って近くの小さな山の頂に登り、この街と周囲の美しい眺望を楽しんだ。

ボルショムは、温暖な気候で知られていたが、そこで湧き出るミネラルウォーターでも有名だった。この水は、ドイツのゼルツァー水やプレブラウァー水と同じように、ロシア中で飲用水として用いられていた。その土地の風景はとても穏やかで、私はアルプス山麓の村々を思い出さずにいられなかった。山々はほどよい高さで森に覆われ、牧場は緑で、——当時のコーカサス地方では珍しく——道路がよく整備されていた。ティフリスの暑さの後では、ボルショムの新鮮で爽快な空気はこの上なく快適に感じられた。

ボルショムに着いた翌日、W氏の部屋に入ると、彼は持参したマニラ帽を箱から取り出しているところだった。ボルショムの持つアルプス的な特徴にもかかわらず、彼は今こそそれを被って人々の間を練り歩くチャンスと考えたらしかった。「これから少し遊歩道を散歩して見ませんか」と彼は言った。私はこれを受け入れたが、この散歩は、ちょっとしたセンセーションを巻き起こした。人々の注目の的になったり、混み合ったベンチに座る人たちが嘲るような笑いや目付を交わすのを見るのは、まったく愉快ではなかった。私は自分を抑え切れずに言った、「皆があなたのマニラ帽をびっくりして見てますよ」。「いや、感嘆して羨やんでるんだよ」と彼は私の言葉を訂正し、敗北を認めなかった。しかし彼の固い表情と無言の凝視から、彼がマニラ帽の与える奇妙な効果について気づいているのは明らかだった。ホテルに戻ると、マニラ帽は帽子箱の中にしまいこまれ、オデッサに着くまでそのまま手を触れられることはなかった。

　ボルショムで私はまた絵筆を手にして、かなり満足のゆく風景画を何枚か描き上げた。終わりに近づいた私たちの旅は、アバストマン経由でバトゥムに向かった。私たちの予定では、このバトゥムを最後にオデッサに帰ることになっていた。

　バトゥムは、コーカサス地方の南西部にある黒海の沿岸に位置し、当時はトルコとの国境にほど近くて、三方を山で囲まれていた。ユーカリやいちいやてんにんかやさぼてんなどの常緑樹、それにたくさんのやしに似た植物が生えていた。その地域一帯は、多様な植物が繁茂していることで知られていた。私たちがバトゥムに着いたときは、すでに夏は盛りを過ぎていたが、ティフリスやクタイスとは対照的に、酷いむし暑さが支配していた。大気は暑いだけでなく湿気を含んでいて重く、うだるようなもやが、四六時中、異国的な田園風景の上にかかっていた。

ようやく、W氏が激賞していた〝緑の岬〟を、自分の目で見物する機会が訪れた。それは週末用バンガローのある庭園で、私は海に突き出た岬を思い描いていたが、そのような実際の〝岬〟とは何の関係もなかった。私たちは一日二回、黒海で水浴したが、うだるような暑さには耐えられず、さすがのW氏も、最初の計画より幾分早めに帰路につこうという私の提案に、反対しなかった。かくして私たちは一週間後にオデッサに向かって船に乗りこみ、五日間の航路を経てオデッサに着いた。

オデッサに戻ったときは、すでに八月の半ばだった。両親は田舎の領地にいたので、私は到着後すぐに両親の許に行った。大学の講義は始まろうとしていたが、私はまだどっちの学部に登録すべきか、決められないでいた。すでに述べたように、カリキュラムを変更するのが正しいかどうかという疑念は、強迫的な性格を帯びていた。それには気づいていたが、いくら考えても何の結果も得られなかった。これらの疑念は、まもなく悪化して、私はあれこれ思いめぐらしては苦しむようになった。この迷いはコーカサス旅行の間中つきまとって、消えることがなかった。散々つらい思いをして迷った挙句に、やっと一つのことを決定しても、すぐ次の瞬間に、自分の論拠と結論はすべて自分の空想の所産にすぎないのではないか、と疑い出した。そして苦しんだ末にやっと得られた決定は、カードの家のように脆くも崩壊してしまうのだった。

父は、以前は私にあまり注意を向けてくれなかったが、アンナが自殺した後は、私の為すことすべてに積極的な興味を示すようになった。そこで私は、父に秘密を打ち明ける決心をし――こんなことは初めてだったが――、抱いている疑念のすべてを告げた。たぶん私は、父が私の不要な疑念を一掃してくれ、〝正しい〟学部選択の助言をしてくれるものと期待していた。期待通りに、父は私の和解の試みを大変に喜び、あらゆる点で援助を惜しまないと言ってくれた。こうして私たちは、毎日数時間の〝正式会議〟をスタートさせた。しかし、まもなくわかったように、いくら話し合っても問題は明確にならなかった。実際数日経つと、父は私のアンビヴァレンスの持つ圧倒的な力に負けて、それにかぶれさえしているのがわかった。そのため父は、前に完全な確信を持って私に与えた助言が、はたして正しいかどうか、自分でも疑い始める始末だった。こうして私は、自分たちが徐々に出口のない袋小路に入りこんで行くのを確信しないわけにいかなくなった。

しかし、この厄介な事件は、まもなく予想外の結末を迎えた。父と一緒に数日間、あれこれ考えこんだ後で、ある朝目覚めると、迷うことなんて何もないのだ、春に転部したのは抑うつ症から逃れるための〝不適切な手段〟にすぎなかったのであって、自然科学に本当に興味があったわけではなかったのだ、という明確な洞察が頭に浮んできた。今や為すべきことは、一旦退いて、自然科学部から法学部に転部する準備をすることだった。父に私の決心を伝えると、父はがっかりしたような口調で言った。「だが、どうしてそんなに急ぐんだね。もう少し相談した方がよくないかな」。しかし、法学部にいつも乗り気だったのは、むしろ父の方だったのだ。

当時ロシアの大学の授業は、コースごとに組織され、それぞれ二学期間続けられた。法学部を卒業するには、四年間を必要とした。二年生に編入を許可されるには、少なくとも自分で選択した二科目の試験に合格しなければならなかった。私は経済学と統計学を選んで、三週間猛勉強をして、二科目とも首尾よく合格した。

こうして、私の勉学の問題は最終的に決着した。この状況は、勉学への集中や試験に合格したことと並んで、私の精神状態に好影響を与えたが、不幸にしてそれは長くは続かなかった。

誰の発案だったか今では覚えていないが、勉強をオデッサではなく、サンクトペテルブルクで続けることが決定された。母の弟であるワシーリー叔父さんが、たまたまその頃にミラノからサンクトペテルブルクに越していた。彼はかなり大きなアパートメントを借りていたので、私は彼と一緒に住んで共同で家賃を負担することになった。私はこのような細々とした取り決めに興味がなかったので、すべては両親と叔父との間で話し合われた。私にとって大事なのは、サンクトペテルブルクの部屋や食事のことで頭を悩ませたくないということだった。オデッサの両親の家にいると、何を見ても姉の死を思い出してしまうので、サンクトペテルブルクで勉強した方が私のためには望ましいと思われた。つまり私は、生活の舞台を変えることによって、自分の健康状態を改善したいと考えたのだ。サンクトペテルブルクの法学部は、優秀な教授たちが名前を連ねており、ロシア全体で最高とみなされていたことも、利点の一つだった。

しかし私は自分を欺いて、叔父さんが私の抑うつ症を理解してくれるだろうなどとは考えなかった。彼は決定的に外向的な性格で、明白で実際的なことにしか興味や理解を示さず、心を探索するようなことや心理学的な微妙な問題は、何であれ好まなかった。背が高くて、完璧な服装をしていて、外見は抜群だった。低い声でまじめな口調で話すので、いかにも権威ある人物といった風采だった。

父と母と私の三人は、一九〇七年九月末に、そろってサンクトペテルブルクに向かった。父は商用があり、母は弟に会うためだった。途中モスクワに立ち寄ったが、それはモスクワには父が尊敬する知り合いの医者がいて、私の健康状態を診察してもらうためだった。このときの診察については、父と医者が隣室に消え、背後にドアを閉めたことくらいしか覚えていない。ドアを閉めても、父の途切れ途切れの声が洩れてきた。「息子は抑制が強くて……自分でもどうにもならんのです……一番の方法は、恋人でもできてくれたらと思うのですが……」

サンクトペテルブルクに着いたときは、雨が降っていて、バルチック海から、鋭くて冷たい、刺すような風が吹きつけていた。すべてが灰色一色で、街は陰うつでもの寂しい印象を与えた。私は子どもの頃にサンクトペテルブルクを訪ねたことがあったが、そのときは夏で天候も素晴らしかった。そのときは三、四日滞在しただけだったが、今度はこのぞっとするような街に、数年間は暮らす予定だった。そのため私は憂うつになったが、一緒に暮らすはずの叔父さんが、社交の場では快活に振る舞っているのに、家ではむっつりと黙りこんでいて、いつも不機嫌だったので、私は一層気分が暗くなった。これは最初の不幸な印象にすぎず、そのうち新しい未知の環境にも慣れるだろう、と考えて、私は自分を慰めた。

サンクトペテルブルクに着いた翌日、天候が回復して、太陽が顔を出した。叔父さんと私は、サンクトペテルブルクの主要な大通り、ネフスキー通りを散歩した。この日は素敵な秋の天候に恵まれて、ネフスキー通りは人々で混雑し、変化に富んださまざまの光景が見られた。広い大通りには、車が大都市の割には異常に速いスピードで走っていた。立派な自家用四輪馬車や、大型の四輪馬車、元気な黒馬に曳かれたドロスキー〔軽装四輪馬車〕などが目についた。広い歩道には、歩行者の群がぞろぞろ歩いていて、大勢の士官たちの制服姿は、自分が今、偉大なロシア帝国の首都にいること、皇帝の宮殿のある都市にいることを実感させた。

叔父さんは悲しい気分に落ちこんでいるらしく、私はもう四十五歳で、自分にはもう将来に残されたものは何もない、などと言った。「しかし君は」と彼は続けた。「君は二十一歳で、まさに全人生が前途に横たわっているのだ」。そう言うと、彼はKという——ドイツ名の——知り合いの家族の話をした。その家にはナターシャという娘がいて、私と同じサンクトペテルブルク大学の法学部の二年生であることなど。そして彼は、私をこの一家に紹介したいと提案した。私はもちろん承諾し、サンクトペテルブルクには誰一人知人がいないので、とても嬉しいと答えた。毎週K家では招待状なしの自由参加のパーティが開かれていて、ナターシャの大学の友人たちも招かれていた。私たちは、次のパーティにK家を訪れることにした。

叔父さんと私がK家に着くと、大概の客たちはもう集まっていて、私はまず両親とナターシャに紹介され、ついで客たち全員に紹介された。ナターシャは、私が描いていた、蒼ざめたサンクトペテルブルクの繊細な少女、というイメージとは完全に違っていた。代わりに私の前に立っているのは、上品で美しいが、むしろ素朴な丸顔で、表情の発らつとした、がっしりした体格の娘だった。暗褐色の髪と青みがかった灰色の目をしていて、どちらかというと肥り気味だが、背の高さから見ると、それもあまり気にならなかった。彼女の物腰は、楽しげでゆったりしており、とても好ましい感じだった。

客の大部分は男女の若者たちだったが、成人した人たちも何人かいて、その中に二人の有名なサンクトペテルブルクの画家が混じっていた。私たちは主人役に愛想よく迎えられ、お茶とケーキを奨められた。その後、いろいろ話したり、ダンスをしたりした。ほどなく——明らかに二人の画家の発案で——客たちはそれぞれ写生帖と画材を持たされて、能力の及ぶかぎり、出席者の一人の肖像を描くことになった。後で叔父さんが話してくれたところでは、二人の画家たちが私には才能があると認めたが、「熱心に努力」しなければならない、とも付け加えたということだった。同じ夜、私はK氏の義兄弟である地主のM氏とも会った。彼はとても静かな愉快な人で、私の叔父さんの親友でもあった。こうして私は、公開パーティから幾分か気分もよくなって帰宅したが、心にはサンクトペテルブルクの人々と親密な関係を築いて、人生への関心と喜びを取り戻せそうな希望が湧いていた。

大学の講義はすでにだいぶ前に始まっていたが、私はまずサンクトペテルブルクに慣れることが大切だと自分を正当化して、市内の重要な名所や建造物を見物して歩き、講義への出席を一日延ばしに延ばしていた。しかし、何一つ興味のもてるものがなかったので、私は退屈し、無関心な状態で美術館や画廊を歩き回った。最後に私は力をようやく奮い起こして、講義に出席する決心をした。

大学はネヴァ川の反対側の岸にあるワシレフスキ・オストロフ地区にあり、私たちのアパートメントからはかなり遠かった。そこまで行くにはドロスキー馬車に乗らなければならなかった。土手に着くと、そこから両側にすでに見慣れた壮大な風景が広がって見えた。右側には河岸に面して冬の宮殿、左側には尖塔のついた海軍省、皇帝の廟所であるペトロパヴロフスク要塞、政治犯を収容する悪名高い刑務所、等々。それらは印象深い風景だったが、当時の私には、悲しくて憂うつな風景としか見えなかった。

大学自体は広大だが屋根の低い、修理の行き届かぬ古ぼけた建物だった。オデッサから郵送するように手配してあった文書はすでに着いており、私は入学に必要な書類をすべて書き終えた。すでに十一月の終わりになっていて、九月一日に始まった講義について行くには、オデッサにいた前の年だけでなく、サンクトペテルブルクの現在の第三学期に休んだ分も取り返さなければならなかった。指定されたテキスト類は全部買ってあったが、それらはちょっとめくって見ただけで、書棚に戻してしまった。唯一の例外は、サンクトペテルブルク大学教授、ペトラシツキー著『法律百科事典』だった。法律学における一般的見解と対照的に、ペトラシツキー教授は法律は〝心理学的に決定づけられている〟と考えて、正義の概念の相対性を強調していた。この考えは、私には独創的で興味深いものに思われた。教授は一貫してこの考えに立って執筆しており、そこから統一された統合的な法理論が生み出されていた。その法理論はとても面白いものだったので、私はこの本に集中して、最後の一頁まで注意をそらさずに勉強することができた。

ある日、ナターシャと私は同時刻に大学を出て、一緒に歩いて帰宅したが、その際に彼女はペトラシツキー教授が著書の中で一体何を言いたいのか、まったくわからないと愚痴をこぼした。私は教授の基本思想とそれに基づいた理論の本質を説明しようと試みた。私は明らかにある程度の成功をおさめたが、それは別れる前に、彼女が「あなたはペトラシツキーの理論がとても簡単に吸収できたのね」と言って讃嘆したことからもわかった。彼女は、結局教授の著書は、考えていたほどには難しくないことが理解できた、と言った。

ナターシャは美しくて陽気な女性だったが、それ以上に何か魅力があるわけではなかった。私はそれほど深い関わりは持たなかったので、二人が親密な関係になることはなかった。その上、Ｋ家での公開パーティは、Ｋ家に病人が出たために、まもなく終わりになってしまった。幾分かは私は嬉しいと感じたが、それは自分の恥ずかしがり屋で人づき合いの悪い性格がもとで、無理をして大学の講義に出るのと同じように、無理に人々と交際しなければならないからだった。

叔父さんとは、食事時に会うだけだった。彼の主な関心の的は競馬で、叔父さんと友人のＭ氏はそれぞれ自分の馬を所有していた。その結果、馬とレースは二人の間の尽きることのない話題となったが、その種の話には私はほとんど興味が持てなかった。

大学の講義に出ることはまったく無益とわかり、春の必須試験にも合格する見込みがないとわかって見ると、私はしだいに、サンクトペテルブルクに移ったのは無意味だったと確信するようになっていった。明らかに、私の抑うつ気分はよくなるどころか、逆にかなり悪化してしまった。このような大都市で、私は自分があらゆる催事や経験に参加できないことや、他の人々と交流する能力に欠けていることを知って、一層苦痛に感じるようになった。私を取り巻く脈動する生活と、心の内部の底知れぬ空虚さの架橋不可能な深淵との間には、あまりに大きなへだたりがありすぎた。

この時期、父がたまたまサンクトペテルブルクに滞在していて、私は前に一度カリキュラムについて相談したことがあったが、もう一度自分のみじめな精神状態について話して、今後どうすべきか訊いてみようと決心した。私は自分の精神状態が異常で病的なことを十分自覚していたので、私たちはこれまでの〝自己流の〟治療の試みがことごとく失敗したからには、唯一の解決策は精神科医を受診して医学的な治療を受けるしかない、という点で同意した。私たちは、B教授を選んだ。

B教授は、学者として名声があり、神経学の権威として認められていた。私は父が他のこととの関連で、彼の噂をしているのを最近耳にしていた。アンナが自殺した後、両親は神経病の病院を設立しようと決心していた。その目的の基金が、オデッサ市に寄付される予定となった。この病院は姉の記念病院として、アンナの名が付けられるはずだった。ちょうど同じ頃、B教授は神経疾患の科学的研究のために、サンクトペテルブルクに神経学研究所を作る計画をたてていた。彼は私が受診した頃は、その計画に必要な資金を集めるために忙しい思いをしている最中だった。

B教授は、私の両親が病院設立の意図を持っていることを耳にすると、父に接近して、考えを変えて自分の神経学研究所の基金に寄付してくれないか、と説得を試みた。こうしてB教授とのコネが出来上がっていたので、父は自分が宿泊しているホテルで息子の診察をしてくれないか、と頼んだわけだった。

この診察は、数日後に行われた。B教授の診断は、神経衰弱で、私の場合一番よい治療法は催眠だ、ということだった。私は彼の診察室に行くことになった。

B教授の診察室に行ってみると、すでにたくさんの患者が待合室に座っていた。順番が来るまで長時間待たされると思ったので、私は他の患者たちを観察し始めた。彼らは皆中年の紳士淑女で、外見から判断するとサンクトペテルブルク社交界の上流階級に属する人たちだった。しかし、十分に観察する暇もなく、すぐに診察室のドアが開いて、リストを手にした男が姿を現わした。次の瞬間、私の姓名が呼ばれた。皆の目が私に集中した。なぜ若い学生が――私は学生服を着ていた――先に来て待っている他のすべての患者より優先権を与えられるのか、誰にも理解できなかったのだ。私はこの間《ま》の悪い状況を逃れるために、急いで診察室に入った。

B教授は挨拶すると、私を椅子に座らせて、しっかりした説得するような口調で言った、「明日の朝目覚めたら、あなたは体調がよくなり、気分も健康になっているでしょう。うつ病は完全に消えて、憂うつで悲しい思いはなくなって、すべてが今までと違った新しい光に包まれて見えてきます。これからあなたは大学の講義を興味深く聴講し、勉強を続けてよい成績をあげるでしょう……」。しばらくこのような言葉を続けた後で、B教授は言った。「御存知のように、あなたの御両親は神経科病院の設立のために、大金を寄付する計画をお持ちです。ちょうど今、偶然ですが神経学研究所の建設が、サンクトペテルブルクでスタートしようとしています。この研究所の目的は、神経病の原因や治療に関するあらゆる問題を研究することです。これらの目標の実現はとても重要で意義深いものなので、あなたも御両親への影響力を使って、神経学研究所に基金を寄付して下さるよう、ぜひ説得して下さい」

B教授は絶えず話し続け、私の方は完全に目覚めていた。しかし私は、私という具体例から両親の神経学研究所への寄付というテーマへの唐突な変化には、とうていついて行けなかった。なぜ私が大勢の患者たちを押し除けて、最初に診察室に入るのを許されたか、今やはっきりと理解できた。私に関するかぎり、両親が寄付したいと考えている金は、神経学研究所のために使うのが最善だ、と私はむしろ考える気持ちになっていた。しかし、私は自分自身の問題にひどく没頭していたので、この議論で一方に味方したくなかった。その上、私はこの問題で父に何の影響力も持っていないことを知っていた。私は父に、B教授の診察を初めて受けたときのことを、ありのままに話し、神経学研究所に関して私に演ずることを期待された役割について、隠さずに伝えた。父は何も言わなかったが、私の報告を聞いて必ずしも喜んでいない様子が見てとれた。それは十分に理解できることだった。

にもかかわらず、B教授の診察を受けた翌朝、私はそれまでよりずっとよい気分で目を覚まし、この催眠治療後の快適な状態は、その日一日中続いた。翌日になるとその状態は目に見えて衰え、三日目にはまったく元に戻ってしまった。神経学研究所の問題で私の治療が混乱させられた結果、最初の催眠療法が、そのまま最後の治療となった。私が両親にどう伝えたか、B教授が次の回に必ず訊いてくると予想されるのに、私は何と答えたらよいのかわからなかった。父の方も、患者が医者に依存的になりすぎる危険があると考えて、催眠療法をあまり好んでいなかった。私もそれと同じ考えを持っていた。

私は、今やできるだけ早くサンクトペテルブルクを離れたかった。この地で計画したことは、すべて最初から間違っていたと言って、父を説得するのは難しくなかった。旅行やその他の気晴らしは、もっと軽い場合には役に立つと思われたが、私については何の役にも立たなかった。私が治る唯一の希望は、サナトリウムに長く入院して、集中的な治療を受けるしかない、と思われた。私は場所の選択は、この面で経験の豊富な父に任せることにした。父自身、時折、三年から五年の間隔で、診断上明らかなメランコリーに襲われて、ドイツのどこかのサナトリウムに入院し、数カ月後に完全に元気になって戻ってきていた。父の日頃の状態は、父は自分では正常と考えていたが、明らかに躁状態で、全体像から見ると十分にクレペリン教授のいう躁うつ病に当たると考えられた。したがって、これまで治療を受けたドイツの医者たちの中で、父がクレペリン教授を特別に尊敬し、その能力に信頼して私の治療を任せたいと思ったのは、決して偶然ではなかった。サンクトペテルブルク病院に勤務するHという医師が、私に付き添ってクレペリン教授の許を訪れ、一週間ほど後に帰国することになった。

準備に長くはかからなかった。大学で所定の手続きを済ませ、二、三お別れの挨拶をすると、それでもうH医師と一緒にミュンヘンに発つ用意が整った。この記念すべき日――それは一九〇八年の二月終わりか三月初めだった――私は夕方遅く、父に送られて駅に向かった。駅に着くと、H医師がすでに待っていた。発車までまだ時間が十分あったので、父は私やH医師と一緒に列車に乗りこんだ。父は私に通路で待つように言い、H医師と何やら話し始めた。話の内容は聞き取れなかったが、通路と客室の間のガラス越しに、父が医師に何か熱心に、説明しているのが見えた。

外の風は静まって、軽い雪が降り続け、近くに停車中の列車の外燈に照された屋根を覆って、白く輝いていた。突然私は、列車に乗りこんだ少し後に、奇妙な変化が襲ってきたのに気づいた。あたかも親切な妖精が、魔法の杖で私のうつ病とそれに付随するすべてを追い払ってくれたかのようだった。私は再び人生と和解して、自分が世界や自分自身と、完全に一致し完全に調和していると感じた。過去は遠くに退き、未来が美しく、約束に満ち溢れて見えた。

出発までに数分しかなくなると、父は列車から降りた。父にさよならを言ったとき、それが永遠の別れになるとは、私は考えもしていなかった。

一九〇八年　スペインの城

I

サンクトペテルブルクを去るとき突然私を捕えた幸福な気分は、旅の間中、消えることなく続き、ミュンヘンに着いてからも変わらなかった。私をミュンヘンに送る仕事を、ちょっとした旅行のように考えていたH医師も、上機嫌だった。旅の間に、彼はアビシニア〔現在のエチオピア〕やニーガス〔皇帝〕の宮廷について、面白い話をたくさん聞かせてくれた。彼の話では、彼はレオンティーフという人のお供をしていたということだった。レオンティーフは一八九〇年代に独力でアビシニアに旅行した冒険家だったが、後にその地に正規のロシア外交官として派遣された。これはおそらくアフリカの国との関係を築こうとするロシアの最初の試みだったし、当時の新聞に載ったアビシニア国民も東方教会に属するという事実とも関連していた。

ミュンヘンでは、冷たくて湿気の多いサンクトペテルブルクよりも、春がずっと深まっていて、これもとても喜ばしいことだった。道を歩く人たちも、ミュンヘンではずっと寛いでいて、親切そうだった。

ミュンヘンに着いた翌日、私たちはクレペリン教授の診察室に行った。H医師は私の事例について報告し、頑丈な体格の中年紳士であるクレペリン教授は、診察の後で、自分の意見ではサナトリウムへの長期入院が必要である宣告した。彼はミュンヘン近くのある施設を紹介してくれたが、そこには彼の患者たちが数人入院していて、毎月二回彼が往診しているということだった。二週間ごとにそこに行くので、サナトリウムでの君の治療の監督もできるだろう、と彼は言った。

H医師と私は、ミュンヘンでホテル・フィアーヤーレスツァイテンに泊まっていたが、数日後私はクレペリン教授の薦めるサナトリウムに移ることができた。このサナトリウムはもちろんのこと、院長のホフラート・H先生も、オランダ人である副院長のSch先生も、私たちに好印象を与えた。こうしてすべてが計画通りに進んでいるように見えたので、H医師は数日中にサンクトペテルブルクに戻ることになった。

ちょうどカーニバルの時節で、私がサナトリウムに移った後、職員と看護士のための仮装舞踊会が催されることになった。H医師と私も、この舞踊会に招待された。踊り手たちを眺めていて、私はすぐさま、異常に美しい一人の女性に心を打たれた。彼女はおそらく二十代半ばか後半で、私より何歳か年上と思われた。私はむしろ成熟した女性が好きだったので、このことは何の障害にもならなかった。彼女の青みがかった黒色の髪は、真ん中で分けられ、とても均整のとれた繊細な容姿からは、まるで彫刻家がのみで彫り上げたような印象を与えられた。彼女はトルコ女性の仮装をしていた。彼女は完全に南方系のタイプで、いくらか東洋風の特徴も備えていたので、トルコの衣装はとてもよく似合っていて、これ以上の選択はないと思われるほどだった。他の踊り手たちは一様に陽気で、ふざけている者もいたが、彼女はずっと真面目な表情を崩さなかった。それは他の人々の楽し気な表情と対照的だったが、場違いな感じはまったく与えなかった。私はこの女性にすっかり魅きつけられてしまい、なぜこのアラビアン・ナイトの世界から抜け出てきたような女性が、こんなバイエルン地方のサナトリウムの一員になっているのか、不思議でならなかった。

翌日は、この謎めいた女性のエキゾチックな姿を、何度も繰り返し思い出さずにいられなかった。もちろん、何よりまず私は彼女の名前が知りたかった。たまたまオデッサ出身のロシア人令嬢が入院していて、私を助けてくれた。この令嬢の部屋を訪ねると、彼女はサナトリウムの状況を話してくれ、医者や患者たちについていろんな情報を与えてくれたが、その際に訊ねもしないのに、テレーゼ看護婦——これが私が夢中になった女性の名前だった——の話を少しした。そのとき知ったところでは、彼女はヴュルツブルク出身で、父親は裕福な実業家だったが、不幸な投機がもとで全財産を失ってしまい、母親はスペイン生まれだが、今は両親とも死んでしまったということだった。さらにまた、彼女は医師と結婚して娘を一人産んだが、結婚生活は不幸でまもなく離婚したことも知った。オデッサ出身の令嬢は、テレーゼがとても誠実な看護婦で、医師や患者から高く評価されている、とも付け加えた。テレーゼの母親がスペイン人であるという情報は特に興味深かったが、それは彼女のひどく地中海的な容姿の謎を解く鍵が、そこにあると思われたからだった。

そうこうするうちに、いつまでも続くと思われた幸福な気分が、だいぶ残り少なくなって行った。しかし、そうは言っても、サンクトペテルブルクで苦しんでいたうつ病にまた落ちこんだというわけではなかった。当時の私の病気の主な症状は、〝人間関係の欠如〟とそれに起因する精神的空虚感だったが、今はそれとはまったく反対の気分だった。以前は人生は空しく、すべてが〝非現実〟に思われ、人々が私にとっては何の接触も持つことのできないろう人形か、糸に吊るされたマリオネットのように見えていた。今では私は人生を腕一杯に抱きしめ、人生は実に生きるに値するものだと思うようになっていたが、しかしそれには条件があって、テレーゼが進んで私の恋人になってくれるのでなければ駄目なのだった。

私はドイツのサナトリウムで、静かで瞑想的な生活を送ろうと思ってミュンヘンに来た――少なくともこれがサンクトペテルブルクで考えていたことだった――のだが、わずか数日経った今では、思いもかけず、全精力と全エネルギーを要する恋の冒険へと、真っ逆さまに飛びこむ決心をしていた。テレーゼについて耳にしたことや、私自身の受けた印象から、彼女が男性との性的な関わりを避けるタイプの女性であって、特に自分が働いているサナトリウムの患者とは関係を持ちたがらないだろうと思われた。その上、何一つ実際的な機会もないのに、どうしたら彼女に接近できただろうか。しかしながら、ひとたび女性を征服したいという情熱的な欲望に負けたら、あらゆる理性的思考は振り捨てられてしまうものだ。かくして私は、突然、これ以上何も考えずに、彼女の居室を見つけてすべてを運命の手に委ねる決心をした。

テレーゼの部屋がどこにあり、何時に出勤するかを調べると、私はすぐに行動に出た。私は彼女の部屋の近くの人たちにわからぬように身を隠しながら、彼女が現れるのを見張った。十五分も経たないうちに、テレーゼが廊下を部屋に向かって歩いて来るのが見えた。彼女はドアの鍵を明けると、中に入った。

今や迷っている暇はなかった。私はすばやく行動しなければならなかった。私はドアの把手をつかむと、次の瞬間には、テレーゼと二人きりで部屋の中に立っていた。私はすぐさま、自分が彼女の美しさにどれほど憧れているか、次の日曜日にサナトリウムの外で会って、自分の気持ちを伝えることができたらどれほど幸福かを伝えた。私の嵐のような愛の告白にもかかわらず、テレーゼは自制を失わずに、私の情熱的な言葉の奔流に耐えていた。その状況は、彼女をむしろ当惑させたようだった。いつ誰かが部屋に入ってきてもおかしくなかったからだ。私から逃れる術が他に見当たらなかったらしく、彼女はとうとう次の日曜日に、サナトリウムの近くにあるニンフェンブルク宮殿の公園で会ってくれると約束した。テレーゼの部屋の中にいるところを見つかったら、私にとってもまずいことになるので、彼女が公園で会う約束をしてくれると、私は急いで部屋を出た。幸いにも、部屋に出入りするのを見た人はいなかった。この大胆な冒険がうまく行って、テレーゼと日曜に会える希望が持てたので、私は彼女を勝ちとる最初の試みの結果に、すこぶる満足していた。

この段階では、私がテレーゼに恋していることは、サナトリウム内の誰にも知られていなかった。外面的には、私の生活は他の患者たちと変わらなかった。私は医師の指示に従い、入浴やマッサージなど、当時一般的だった身体療法を受けた。

オデッサ出身の令嬢の他に、サナトリウムには退職したロシア陸軍の大佐、コーカサス地方のティフリス出身の地方検事とその妻がいた。陸軍大佐は、サンクトペテルブルクのペトロパヴロフスク要塞で要職についていたが、重い心臓病を患っていて、サナトリウムでの治療が終わったら、人生のたそがれ時をリヴィエラで過ごす計画をたてていた。彼は年金が少なすぎるといって、財務省のケチぶりを嘆いていた。「人間に必要なのは」と彼は言った。「静けさと、うまい食べものと、甘い香りだよ……」。これらがすべて、サナトリウムではほとんど手に入らないのは確かだった。

ティフリス出身の地方検事は、職務の割に大変若く、まだ三十代の初めか半ばの、ほっそりした好男子だった。奥さんの方は彼より何歳か年下で、蒼ざめた血の気のない顔色をしていた。二人ともとてもよい人たちで、夫の方は少し控え目すぎるところがあったが、それも地方検事としての地位に似合っていた。

「テレーゼ看護婦がとても美しいのに、お気づきになった?」と昼食のときに地方検事の奥さんが訊ねた。私は良心が咎め、自分の気持ちが表れるのを恐れて、何も答えなかった。

「だが、どうも頭が悪そうだよ」と夫は答えたが、自分がテレーゼに惹かれているのを妻に疑われまいとして、予防線を張っているのは明らかだった。

地方検事夫妻との親しい交際の他に、私はトレント出身のイタリア人女性、T男爵夫人と友達になった。彼女の年齢を当てるのは難しかった。彼女の身の上には何か悲しいことがあったらしく、そのため彼女は実際の年齢より老けて見えたからだ。彼女はやせて背が高く、赤い髪の毛で、目に悲しみと憂うつの色を宿していた。にもかかわらず、彼女はいつも快活だった。彼女にはユーモアのセンスがあり、話をするのが巧みだった。彼女は当時オーストリアに属していたトレント出身だったが、フランス語で話すのを好んだ。彼女のフランス語はとても洗練されていたので、私たちはいつも一緒にフランス語で会話を楽しんだ。

ロシア人の陸軍大佐は、耳が遠くてドイツ語はまったく話せなかった。そのため、彼は他の患者の誰ともつき合っていなかった。オデッサ出身のロシアの令嬢は、顔面の——おそらく臭素が原因の——重い皮膚病を患っていて、どこにも姿を見せず、食事も自室でとっていた。彼女は自ら進んで一種の囚人生活を送っていた。

サナトリウムには、名を知られた人たちも何人か入院していた。たとえば、つい最近訴訟沙汰でスキャンダルを巻き起こした、オイレンブルク伯爵家の人たちがいた。有名な患者たちの中には、ジフテリアの血清を発見したベーリング教授もいた。彼は重いうつ病に罹っていて、顔にはっきりと症状が現れていた。時折、つい最近結婚したばかりの、彼よりずっと若い奥さんが見舞いに来ていた。

待ちかねた日曜日が、ついに来た。テレーゼは午後五時頃に公園の待ち合わせ場所に来ると約束していたが、私はたっぷり一時間前にそこに着いた。美しい晴天に恵まれて、宮殿公園の中をたくさんの人々が散歩していた。テレーゼを見逃すまいとして、私は宮殿の前に陣取ったが、そこからは公園の入口を、右にも左にも容易に見張ることができた。

遠くに女性の姿が見えると、そのたびに繰り返し私はテレーゼが来たと思った。しかし、その姿が近づいて見ると、それが彼女とは似ても似つかぬ女性であることがわかって、がっかりさせられた。宮殿の時計が五時半を打ち、やがて六時になったが、テレーゼはいまだ現れなかった。しかし私は、彼女がただ遅れているだけで、まだ来るはずだという希望を棄てなかった。太陽が低く沈むにつれて、この希望も次第に消えて行った。あたりが完全に暗くなってから、ようやく私は公園を出てサナトリウムに戻る決心をした。

このときの失望が原因となって、それまでの希望に満ちた気分は、自然に逆の気分に変わって行った。私はこの憂うつな気分を医師に訴えたが、テレーゼに変な噂が立つのは嫌だったので、絶望感の原因については何も話さなかった。

私の思考はたえずテレーゼのまわりを回り続け、彼女が巡り合わせの悪い恋愛体験のために、私の愛の申し入れを受けられなかったのかも知れないこと、公園での待ち合わせを無理やり約束させたことなどを考え、つらい体験を思いやってあげなかったことについて自分を責めた。その一方で、これほど若くて魅力に溢れた女性が、永久に愛情を断念することなど、はたしてできるのだろうか、と自問した。

しかし、これらの考えや反省は、すべてテレーゼを自分のものにしたいという圧倒的な欲望の前に消え去り、彼女の抵抗もこの欲望を一層燃え上がらせるだけだった。彼女を諦めようとは思わなかったし、そんなことは不可能だったので、私に残されたのは、テレーゼの気持ちを変えさせるために、新しい〝攻撃〟の方法を考えること以外になかった。

この第二の〝攻撃〟の際に、私は彼女が約束を破って公園に来てくれなかったことを責めた。もし来てくれたら、すべては最初のときと同じようにうまく行ったはずなのに。彼女は再び、次の日曜日に、今度は市内の裁判所の前で会う約束をしてくれた。

次の日曜日、テレーゼを待っている場所からは、彼女が来ると思われる方角が、遠くまで見渡せた。この場所の状況は公園とは違っていて、その方角からこちらに歩いてくる人影は稀だった。だから遠くにテレーゼの姿形をした女性のシルエットが見えたときは、すぐに彼女と確信できた。今回は幻影ではなく、現実だった。ほどなく、テレーゼは私のそばに立っていた。彼女の顔からは真面目な表情が消えていて、以前のような近寄り難さや打ち解けなさは感じられなかった。

挨拶を交わした後で、私はミュンヘンの近郊を車でドライブしませんか、と誘った。しかしテレーゼは、天気が変わりやすいし寒いので、英国庭園を散歩しましょう、と言った。

英国庭園を散歩中に、テレーゼは生まれ故郷のヴュルツブルクのことや、彼女がとても愛しているらしい両親のこと、四歳になる娘のエルゼのことなどを、話してくれた。とても親しげな打ち解けた口調だったので、前回のことを考えると、それは思いがけないことだった。彼女は私がすでにロシアの令嬢

狼男の妻，テレーゼ．1908年頃

から話を聞いていると思ったらしく、自分の結婚の失敗について短かく触れた。彼女は、自分自身やまわりの世界と、完全に調和のとれた人という印象だった。以前に経験した悲しみは、どれ一つとっても彼女を惨めにしなかったし、彼女の精神的な均衡を乱すこともなかったと思われた。この内的なバランスは、彼女の誠実で自然な態度とあいまって、彼女を以前にも増して魅力的に見せており、この出会いの後、彼女は私の目の中で何一つ失わなかっただけでなく、以前にも増して輝いて見えた。

テレーゼは、先祖がスペイン人であることも話してくれた。それは大層ロマンチックな物語だった。彼女の父親はドイツ人だった。母方の祖母がスペイン人で、最初スペイン将校と結婚したが、彼は決闘で亡くなったということだった。この祖母は方々旅行して歩いた歌手で、三回結婚した。三回目の夫がドイツ人だったので、最初の結婚で生まれた娘もドイツで暮らすようになり、彼女はそこで後にテレーゼの父親と出会って、結婚した。

このようなことを話しながら、テレーゼは、不幸な結婚を経験してからは、娘のエルゼと看護婦としての仕事のためにしか生きようと思わない、それだけで精一杯なのです、と何度も繰り返した。だから私のことなんか諦めて、あなたにもっと相応しい女性をお探しなさい。それに、あなたはサナトリウムで治療を受けるためにミュンヘンに来たのだから、あなたの治療の妨げになることはしたくない。先生の指示をしっかりと守って、早く元気になるように心掛けなさい、と彼女は言った。

別れたときは、すでに夜も遅かった。テレーゼが二週間後にはまた会ってくれると約束したので――次の日曜は用があるということだった――、私は希望に溢れ、昂揚した気分でサナトリウムに戻った。

テレーゼがスペイン人の血をひいていることを知ると、私の心の中で彼女はこの遠く離れた国と結びつけられただけでなく、過ぎ去った古い昔の時代に引き移されて、現代よりもその時代の方が遥かに彼女に似合っていると思われた。よく知られているように、人を愛する者は、愛の対象を理想化するだけでなく、その対象と何らかの関係のあるものもまた理想化する傾向がある。かくして私は、突然、それまで何の興味も持っていなかったスペインに熱中し始めた。私の精神分析をしている際に、フロイト教授はこのスペイン好み（ヒスパニズム）について、それは精神分析的な文脈で理解すべきことだと言って、ずいぶんと詳しく論じ立てた。これについて少し説明してみよう。

私がサンクトペテルブルクで一緒に暮らしたワシーリー叔父さんは、最初短い期間ポーランド女性と結婚していたことがあったが、この女性は当時ロシアで最も有名なオペラ歌手の一人だった。叔父さんは彼女の三番目の夫だったので、彼女はテレーゼの祖母同様、三回結婚していた。この結婚して私の叔母になった女性は、いろんな国を旅行して歩き、時折スペインのマドリード歌劇場でも歌っていた。

この新しい叔母さんと初めて会えると聞かされたとき、私はほぼ七歳で、姉のアンナは九歳半くらいだった。私たちは、皆が彼女の噂をずっと前からしているのに、なかなか会えないままなのが不思議だった。とうとう彼女が到着して、まもなく会えるはずだと伝えられた。数日後、私たちは彼女の宿泊しているホテルに連れて行ってもらい、彼女と数時間、とても楽しい時間を過ごした。新しい叔母さんは私たちを優しく迎えてくれ、いろんな種類のお菓子やごちそうでもてなしてくれた。彼女の語るスペイン滞在中の話や、彼女が観た闘牛の生き生きとした細かな描写は、私たちをぞくぞくするほど興奮させた。

この訪問の少し後、市立劇場でロッシーニの「セビリアの理髪師」が公演され、姉と私も連れていってもらった。叔母さんは、このオペラでロジーナの役を歌い、私たちはその見事さと聴衆の熱狂的な喝采に深く心を打たれた。

この叔母さんの名は、母と同じくアレクサンドラといったので、フロイト教授の解釈では、私が叔母さんを母と同一視している、ということだった。他方私は、この新しい叔母さんをスペインと関係づけていたが、それは彼女がスペインという国や闘牛について、たくさんの話をしてくれたからだった。彼女は実際はポーランドの生まれだったが、私は彼女の中に一人のスペイン女性を見ており、舞台でロジーナ役を演じるのを見てからますますその傾向が強まった。つまり、私の〝スペイン好み〟の背後には、母親を所有したいという無意識的欲望、エディプス・コンプレックスが隠れていた。私は、フロイト教授が私のテレーゼを求めるあがきを前向きに評価してくれたことも、指摘しておきたい。彼はそれを「女性を目ざす難関突破」と呼び、これが私の「最大の進歩」だと言ったことさえあった。

テレーゼは、スペインとのつながりの他にも、彼女を格別に好ましく思わせるものを持っていた。マルセル・プルーストは著書『スワンの恋』の中で、オデットがシスティーナの礼拝堂にあるボッティチェリのフレスコ画に描かれたゼフォラと似ているのを見て、スワンがひどく心を動かされた、と書いている。この類似性がスワンを喜ばせ、その結果オデットはスワンの夢の世界で特別の席を占めるようになった。実際、この類似性は彼の選択が正しく、彼の審美的基準とも一致していることを証明してくれた。こうして彼のオデットへの憧れは、正当化され、公認されたのだった。

私は、これと似たことで心を動かされた。私は以前から、黒髪を分けた女性を描いたレオナルド・ダ・ヴィンチの絵が好きだった。この絵は、美術史の中で「ミラノの貴婦人の肖像（"La Belle Ferronière"）」という名で伝えられてきていた。この絵とテレーゼはとてもよく似ており、このことが、テレーゼへの愛情を、美術的昇華を求める傾向へと結びつけるもとになった。これはまた、私が空想の中で彼女を遠い国に、さらにまた過ぎ去った時代に移し変えた理由でもあった。

テレーゼが自分を諦めて、サナトリウムでの治療に集中して欲しいと言ったのは、真剣な気持ちからだったと思う。にもかかわらず、その忠告が私の計画に合っていないという理由から、私は耳を貸そうとせず、無意味でつまらぬ話だと考えて無視してしまった。

私に重要だと思われたのはただ一つ、テレーゼが待ち合わせに来てくれて、英国庭園で何時間も親しく話しながら過ごしたこと、別れ際に二週間したらまた会いましょうと約束してくれたことだった。

このように過度の信頼を寄せられて、私はとうとうテレーゼと秘かに会える場所はないか、あれこれ考え始めた。私は新聞を何枚も買って、貸し室の広告を調べた。探しているものは、すぐに見つかった。それはミュンヘンのカウフィンガー通りにあり、私たちの待ち合わせに適していると思われた。私はただちにこの部屋を借りて、同時にテレーゼに渡すための予備の鍵を注文した。

今や私が何の症状も訴えず、気分も最高なのを見てとると、医師たちはとても喜んで、サナトリウムでの治療がうまく行ったせいで病気がよくなったのだと考えた。私は地方検事と奥さんやT男爵夫人と一緒に、ミュンヘンの郊外に車でよくドライブに出かけた。夜はサナトリウムの談話室で、他の患者たちとビリヤードをしたり、雑談したりして過ごした。こうして私は、のんびりした至福状態に陥って、それが二度と乱されたり壊されたりすることはあるまいと考えていた。

テレーゼと会う約束の二日前に、私の部屋のドアがノックされた。郵便配達夫だった。「あなたに手紙です」と言うと、彼は一通の封筒を手渡した。私の住所が見慣れぬ字体で書いてあり、一瞬にしてその手紙がミュンヘンで投函されたことがわかった。誰からの手紙だろう、そう思って私は封を開いた。それはテレーゼからの手紙で、次の日曜の約束を取り消す内容だった。またしても同じ理由で、〝愛情は断念しなければ、なぜなら自分の人生は看護と娘のエルゼに捧げたいから〟と書いてあった。

この手紙は、私に青天の霹靂のようなショックを与えた。それまで私はテレーゼとの次の楽しい逢瀬を考えて、期待に胸を躍らせていたが、今や残酷にもあらゆる夢や希望から切り離されてしまった。どうしてこの女性はこれほど無情になれるのだろう。その瞬間、私はこの不吉なサナトリウムの敷居をまたいだ日を呪った。サナトリウムは、救済の場となる代わりに、地獄になってしまった。

その夜、私は手のひら一杯の睡眠薬を飲んだ。翌朝はなかなか目が覚めなかったが、身体に障害は出なかった。午後の間に睡気は消えて行って、私は空虚で無限に寂しい状態の中に取り残された。

咳と恋愛は隠せない、という諺がある。医師たちは——どうやってか知らないが——私がテレーゼに夢中なのを知っていた。Sch医師は私の理性に訴えて、テレーゼを誘うのはやめなさい、うまくいくとは思えないから、と忠告してくれた。「彼女にとっても、気の毒なことになると思うよ」と彼は付け加えた。

これから、どうしたらいいのか。

この行き止まり道から抜け出すには、サナトリウムからできるだけ早く離れるしかないと思われたので、私はその通りにSch医師に話した。しかし、クレペリン教授も勤務医たちもそれを聞き入れようとせず、入院を続けるように私を説得してしまった。彼らは私の気持ちを紛らせようとして、画家と写真家を呼んできた。画家と一緒に、私は肖像画を何枚か描かせられた。写真家は、当時はまだ初期段階にあったカラー写真の手ほどきをしてくれた。しかし私は、そのどちらにもまったく興味を持つことができず、まもなく両方ともやめてしまった。

その間にも、サナトリウムにはいくつかの変化が起こっていた。T男爵夫人はトレントに帰り、ロシアの陸軍大佐は死の床にあった。男爵夫人との別離は、とても心のこもったものだった。彼女は気品のある態度で私の額にキスをしてくれ、私は恭々しく彼女の手にキスをした。私たちは手紙で消息を伝え合う約束を交わした。

私は陸軍大佐が亡くなる二日前に、彼を見舞いに行った。彼はぞっとするようなありさまで、顔も頸も手も、化膿した大きな腫れ物で覆われ、そこから出血していた。それは、生きたまま腐敗しつつある人間の図だった。老年になったらリヴィエラの沿岸で過ごそうという夢は、実現しなかった。美しい南方の地に旅行する代わりに、彼はミュンヘン墓地の中の、永遠の休息の場へと運ばれた。Sch医師に大佐の皮膚にできた恐しい腫れ物の原因を訊ねると、彼は時には自分たちの試みたヨード治療法に耐えられない人がいるのだ、と答えた。しかし、私の疑念は消えなかった。

何が起こるか、予見するのは簡単だった。サナトリウムにいるかぎり、テレーゼともう一度会おうとせずにいられなかった。私はまもなく、彼女を説得して会う約束を取りつけた。最初私たちは、当時ミュンヘン近郊のよく知られた遊覧地であるダッハウに、車でドライブした（この小さな平和な村が、後に名状し難い恐怖と憎悪のシンボルになるとは、その頃誰が想像したろうか）。そのときに私は、カウフィンガー通りに借りてある部屋に寄らないか、とテレーゼを誘ってみた。彼女は素直にそれを受け入れてくれて、私たちはその部屋で幸福な愛のひと時を過ごした。

この思いも寄らぬ成功は、私の気分の振り子を激しく反対方向に揺さぶった。今やこれまで悩んできたことは、すべてたいしたことでなかったように思われ——最後の勝利によって十分に報われたとされ感じられた。その結果私は、再びいろいろと計画を立て、空中に楼閣を築き始めた。私は、前年の秋に、大学に行くより美術アカデミーに行った方がよくはないか、と父が言っていたのを思い出した。そのときはこの言葉を拒《しりぞ》けたが、今や私はそれにとびついて、ミュンヘンにテントを張ってアカデミーで学ぶことほど素晴らしくて刺激的なことはないはずだ、と考えた。そうすれば、真剣に画業に没頭でき、同時にいつもテレーゼの近くにいることができるだろう。

しかしテレーゼは、私の夢を実現させてくれなかった。計画したランデヴーの直前になって、またしても郵便配達夫——今では悪しき便りの運び手——が現れて、私に小さな包みと一緒に手紙を渡した。その包みには、私が借りた部屋の鍵が入っていた。テレーゼの挙げる理由はいつも同じで、それが今では私にも十分わかっていたので、鍵を返してきた方が、手紙より雄弁に彼女の気持ちを伝えていた。

これは耐え難いことだった。もしこのままサナトリウムに滞まっていたら、この迷いは永遠に終わることがないと思われた。私はできるだけ早くサナトリウムを離れて、テレーゼを忘れようとする他に、道はなかった。

皆は今度もまた、サナトリウムに滞まって、治療を続けるように、説得しようとした。クレペリン教授は、君の躁うつ病状態を完全に治すためには、入院を続けることがとても重要だ、と言った。私の気分の急激な変化は、彼の診断が正しいことを証明しており、彼が以前に治療を担当した父の状態が、今の私と同じであったことを考え合わせて、彼は私が入院を続けるべきだと確信したらしかった。

しかし、状況は今や完全に明らかだったので、私の決心を変えさせようとする試みは、すべて無効に終わった。私はただちにかばんに荷物を詰めこんで、病院を離れた。入院してから四カ月が経っていた。私はミュンヘンに行き、ホテル・バイエルンホーフに宿をとった。

サナトリウムから家宛に書いた、人を不安にさせるような手紙――テレーゼには何も触れていなかったが――を見て、両親はひどく心配し、とうとう母が自分の目で事態がどうなっているのか確かめようと、ミュンヘンまで来ることになった。私には今や自分の不幸をぶちまけて、率直に相談できる相手が必要だったので、母は旅行に適した時節など選んでいる余裕はなかった。

私は、母が数日以内にミュンヘンに到着すると考えた。そこで、母が到着する前に、急いでテレーゼに手紙を書き、私がサナトリウムを退院して、近くミュンヘンからも離れる予定であることを伝えた。そして、最後にもう一度会って、お別れをしたいので、ホテルまで来てもらえないか、と頼んだ。この最後の願いに応じて、彼女はホテルに来てくれて、その夜一晩中私のそばにいてくれた。やがて、夜が明けて、別れの時が来た。離ればなれになるつらい瞬間を少しでも先に延ばそうとして、私はサナトリウムのすぐ近くまでテレーゼを送って行った。「これでお別れね」、そう言うと、彼女は私から離れて行った。

まもなく母がミュンヘンに到着した。私は母に再会したのが嬉しくて、自分の気持ちを洗いざらい母に話した。テレーゼのことや、サナトリウムでの経験など、それまで誰にも話す機会がなかったからでもあった。

母が一カ月くらいをどこか遠くで過ごそうと言ったので、私たちはボーデン湖畔のコンスタンツに行くことにした。そこには二週間滞在して、その後はワシーリー叔父さんが当時暮らしていたパリに小旅行をする予定だった。コンスタンツのホテルは、以前僧院だった建物で、柱廊やアーチ型の窓がついていて、湖の岸辺に立っていた。四角形の古風な回廊に囲まれて、小さな庭園が設えられていた。ここには遠い過去の気配が残っており、尊い建物全体にかつて行き渡っていた精神が、今なおその場に漂っているように思われた。これらすべては、人間の情熱や欲望のはかなさと無益さについて、さらに断念の知恵について、深く考えこませるところがあった。

もはや独りではないし、母が一緒だったので、私はそれまで曝されていた暴風から守られて、いくらか安全になった気持ちだった。ついさっきまでの激しかった苦痛は、鋭さを失って、憂うつで悲しい気分にとって代わられた。私は気分の上昇と下降、激しい高揚と絶望が終わったのを知って、ほっと一息をついた。

美しい晩夏の気候は、馬車の遠出に好適で、私は毎日午後になると母を連れてコンスタンツの近郊に出かけた。私は再び自然の美に喜びを感じ始めた。この馬車での散策の折に、母は父の話をいろいろしてくれたが、それによると、父はまだモスクワにいるが、皆がロシアに戻ったら、一度領地に帰って、私に領地の経営を教えたい、そして農業への関心を持たせたい、と話しているということだった。

コンスタンツでの二週間はすばやく過ぎ去って、その後私はパリに行き、叔父さんと彼の友人のMと、サンクトペテルブルクですでに知り合っていたもう一人の紳士と会った。今、パリのような大都会で過ごせるのは、私にとって確かに幸運なことだった。パリでは、生命の速い脈動と、街路の眺めさえもが、私の気分転換を助けてくれたからだ。

もちろん、私はテレーゼとの恋愛事件について、叔父さんに話した。彼は、それは〝愛情〟の問題ではなくて、単なる〝情熱〟の問題であって、最初にさまざまなもめ事があったことから見ると、将来うまくいくとはとても考えられない、と言った。

若者が恋愛につまずいたとき、あるいは選んだ相手が家族の気に入らないときは、どうしたらいいか。関心を他の女性に向け変えることさ、と叔父さんは言い、〝一夜のため〟の美女たちがたくさんいるナイト・クラブやキャバレーに行くことを薦めた。私の置かれた状況ではこの忠告は無視し難くて、私はそれに従った。こういったことについては、叔父さんはまことに行き届いていて、優雅な〝社交〟令嬢に会えるオデッサの高級施設の所番地も教えてくれた。叔父さんと一緒に、何度かパリ劇場に行って、喜劇を楽しんだが、思いも寄らぬ筋の転回やもつれがあり、俳優たちの鮮やか演技と相まって、私は大いに惹きつけられた。

母がウィーンで私を待っていたので、パリを去る日が近づいた。当時、ウィーンからオデッサに行くには、二晩と一日かかった。ウィーンを発つ日、私たちが車で駅に向かおうとしたときに、母が立っていられないほどの、重い偏頭痛の発作に襲われた。私は出発を一日延ばそうと提案したが、母は耳を貸そうとしなかった。母は、私が最後の瞬間にオデッサに帰る決心を翻すのではないか、と心配しているらしかった。しかし、そんな懸念には、何の根拠もなかった。私は完全に〝癒された〟状態で、ロシアへの帰国の途についた。

II

この一九〇八年の夏、私たちは外国からロシアに帰国する途中、オデッサには数日泊まっただけで、南ロシアにある母の領地に向かった。何カ月も故郷から離れていた後だったので、夏の終わりを領地で過ごせるのは、嬉しく感じられた。

テレーゼの記憶が、ロマンチックな香りとともに私につきまとっていたが、それももはや苦痛ではなかった。それどころか、自分がもう情熱の奴隷でなくなり、自分の〝自我〟を再び発見したのを私は喜んでいた。このようなことを比較的短期間にやり遂げたのは、驚くべきことで、誇りにしてよいくらいだと思われた。

領地には、母の他に、母の姉妹に当たる二人の叔母、クセニアとユージェニアと、母方の祖父母が住んでいた。母の父親は、八〇歳になるにもかかわらず、並はずれた健康な身体を持っていた。しかし、時々病的な精神症状を示し、医者の意見ではそれは明らかに動脈硬化が原因で、高年齢によるものだということだった。発作に襲われると、祖父の性格は一変して、まったく逆の特徴を表わした。いつもは控え目で口数が少なく、倹約な人だったが、突然陽気で社交的な男に変わって、気前がよくなり、際限なく楽天的になって、誰彼かまわず信用してしまった。こういう状態になると、彼はあらゆる種類の空想的な計画に熱中した。たとえば、その頃彼がエスペラント語の世界大会を主催して、その会長になってやろう、という考えに夢中になっていたのを思い出す。

祖母に関して言えば、彼女はもう何年も前から身体が麻痺していて、領地まで連れてきた正看護婦の介護を受けていた。この看護婦はP氏とかいう人と結婚していたが、このP氏は妻を深く愛していて、よく私たちの領地まで彼女に会いにやってきた。P夫人は、肥った粘着質の女性だったが、夫の方は小柄なやせ型の人で、気さくで世話好きな性格のために誰からも好かれていた。彼はもう二十代後半だったが、オデッサ大学の法学部の学生で、翌年卒業の予定だった。母はPさんの人柄が私のいわば話相手となるにふさわしいと考えたらしく、私に彼と友達になったらどうかと訊ねた。私もPさんが好きだったので、母に同意した。こうして、Pさんが私たちの領地に住み込むことが、いわば公認されることになった。

完全を期するために、若い世代についても触れておきたい。領地には、私より八歳年下の従弟のサーシャ、サーシャとほぼ同年齢の従妹のジェニーがいた。二人ともよく私たちのところに来て、一緒に何時間も過ごした。サーシャは母の妹ユージェニアの息子で、父親は結婚した数年後に結核で死亡したため、サーシャは父のことをほとんど覚えていなかった。夫の死後、ユージェニア叔母さんは息子のこと以外に関心がなくなったらしく、父親の重病を受け継いでいないか、たえず心配していた。こうしてサーシャは、〝強い手〟の助けなしで育てられ、当然それは不利な点ではあったが、他人が想像するほどのことはなく、機敏で頭のよい少年に育った。幸いなのは、神経症その他の病的な精神状態がまったく見られなかったことで、これは私の家系では、悲しいかな、何とも稀なケースだった。サーシャは、話を先に進めると、父親の病気は引き継がなかったが、晩年に重い糖尿病を患った。

ジェニーは、ワシーリー叔父さんがポーランドのオペラ歌手と最初の結婚をしたときに生まれた娘だった。彼はまもなくこのオペラ歌手と離婚して、イタリア人女性と結婚し、二度目の結婚で生まれた子どもたちに愛情のすべてを注いでいて、ジェニーにはほとんど関心を持っていなかった。彼女は、主にポーランド人仲間と行き来している母親に守られて育ったので、ロシア語同様にポーランド語をマスターしていた。彼女はきれいな顔をしていたが、母親に似て背が低くて肥り気味だった。

ジェニーは私たちの領地に滞在中、村で教師をしているハンサムで愉快な青年と一緒に、月夜によく長い散歩をしていた。この夜の散歩好きは、予想外の結果を招いた。第一次大戦の後、ジェニーの母親がポーランド行きの出国ヴィザを取得して、娘も一緒に連れて行こうとしたとき、ジェニーがロシアに残ってこの小学校教師と結婚したいと言い張り、実際に実行してしまったのだ。母の話では、二人にはたくさんの子どもが生まれて、結婚生活は幸福だったらしい。二人が今も生きていれば、きっとあいかわらず幸福な生活を続けていることだろう。

私たちは、父が数日後にモスクワから戻るのを待っていた。しかし、二週間以上経っても父は戻らず、奇妙なことに手紙も来なかった。やがてモスクワから電報が届き、父が突然死亡したことが知らされた。それによると、死亡する前夜、父は劇場に行く途中、激しい雷雨に会って、ホテルに引き返したらしかった。翌日、宿泊中のホテルのベッドで、父が死んでいるのが発見された。私たちにとって、父の死の報せは、父がまだ四十九歳になったばかりで、完全な肉体的健康を楽しんでいただけに、まったく思いがけないものだった。私の記憶では、父は風邪やインフルエンザのために一日たりと家で休んだことはなかったし、ベッドで寝ていなければならないこともなかった。父が不眠症に罹っていて、就寝前にきまってヴェロナールを服んでいたのは事実である。おそらく父の早すぎる死は、この睡眠薬によってもたらされたものであった。

父の遺体はオデッサに運ばれて、家族の墓地に娘のアンナと並んで埋葬された。父は積極的に公的な仕事に参加してたくさんの名誉職に付いていたので、父の功労を賛える弔辞と頌徳の言葉が述べられた。いろんな手続きを済ませるために、母はしばらくオデッサに留まったが、私は数日後、領地に戻った。

二、三週間後に、テレーゼからお悔みの手紙が届いた。彼女はサナトリウムに入院中のロシア人令嬢から父の死の噂を聞き、弔慰を寄せてくれたのだった。彼女の手紙はとても優しくて、私は彼女が父の死を口実にして手紙をくれたのがわかって、驚いた。彼女は再び私と接触するような機会は一切避けるはずだ、と私は考えていたのだった。父の死という、私の後の人生に決定的に重要な事件の衝撃がまだ続いていたので、私はテレーゼのお悔み状にあまり大きな意味を認めなかった。私は彼女が私を思い出してくれたのが嬉しくて、こちらも親しみのこもった手紙を書いて、弔慰に感謝した。

そうこうする間に、母が領地に戻ってきた。次の数週間、母は父の遺言や相続の手続きで、ひどく忙しかった。二人の弁護士が、しょっちゅう家に出入りした。母はこの二人とドアを閉め切った部屋で話し合っていたが、私が相談に呼ばれることは一度もなかった。母は父の遺言の内容については沈黙を守っていて、この問題を私と話し合う気持ちはまったく持っていなかった。そのため、私にはそれについて母に率直に訊ねるしかなかった。母の話では、私が相続人に指定されているが、資産の半分から生ずる収益については、母が受取人になっていて、財産の残りの半分については、二十八歳以降に私に処分する権利が与えられる、ということだった。当時私はまだ二十一歳だったので、法定相続人だったけれども、実際に領地を所有したり自由に処分したりすることはできないというわけだった。私は表面上はそれらの規定にあまり関心を示さなかったが、ある程度の理解は持っていた。自分のうつ病や不安定な精神状態について、自覚していたからである。だが私には、母の態度がよく理解できなかった。指定相続人として、私にすぐにそれを知らせるべきだったし、遺書も私に見せるのが当然だった。その一方で、母は私が求めれば喜んでいくらでもお金を出してくれたので、将来に金銭上の心配はまったくなかった。だから私は、それ以上父の遺書に注意を払うのはやめて、問題を全部そのままに放っておいた。その上、一年後に父の弟であるピョートル叔父さんが亡くなり、かなりの財産の三分の一を私に残してくれた。

にもかかわらず、父の遺言状をめぐって母が示した態度は、私たちの関係にある種の不快な結果を及ぼした。私の感情は、まったく不要と思われる母の秘密主義によって、傷つけられたが、私は非難の言葉を呑みこんで、母にはそれ以上何も言わなかった。その結果、私は父に対して感じていた抵抗の一部を母に転移した。そのため、母とのそれまでの平穏な関係は、アンビヴァレントな関係に変わってしまった。以前は存在しなかった誤解や意見の相違が生まれてきた。私自身がこの不和のもとになっていることに気づいてはいたが、私は母の愛情を何度も繰り返し試したい気持ちを抑えられなかった。しかし、これは後になって起こったことで、当時は多くの経験をやっと克服したばかりだったので、私はひたすら平和と気晴らしを求めていた。私は絵の具箱を取り出し、大きなエネルギーを傾けて風景画を描き始めた。この時期は、この領域で私が最も成功した時期の一つに当たっている。

子どもの頃に、ヴァイオリンのレッスンをやめる許可が出ると、私は方向転換して絵に打ちこみ出した。これは、私をヴァイオリンの名手にしようとする試みよりも、よい成果を挙げた。父は私が幼い頃に何かちょっとした絵を描いたのを思い出して、私に音楽の代わりに図画と油絵のレッスンを受けさせる決心をした。風景画家のG氏が先生に選ばれた。G氏がわが家に現れたとき、彼は三十代の半ばで、独身だった。一風変わった人物で、男性の友人も女性の友人もなく、私的といえるような生活をほとんど欠いており、絵を描くこと以外にはいっさい興味を示さなかった。もちろん、彼には人生のユーモラスな側面がよくわかっていて、時折目についたちょっとした滑稽なことを、独特の簡明な調子で話しては皆を楽しませていた。彼は人生の不快な面には決して目を向けようとせず、たとえば誰かが面前で死の問題に触れたりすることには我慢できなかった。こういった場合には、彼はできるだけ早く、その場から姿を消した。

私たちは、先生と生徒というより、むしろ友人同士のようだった。G氏が私たちのところに来たとき、彼はまだ風景画家としてはあまり知られていなかった。自作を外国の展覧会に送るようになってから、はじめて彼の作品はロシアで広く認められるようになった。彼はミュンヘンの国際展覧会で金メダルを獲得し、パリ・サロン・ドートンヌの会員に選ばれた。

彼の教え方で目立ったのは、賞めもしないし貶しもしないことだった。画家は一般に、弟子が教師のスタイルで描いたときしか賞めないことから考えると、これはG氏の長所と言ってよかった。一般の画家の教え方だと、弟子は教師の真似をして歓心を買おうと努め、自分自身のアイデンティティと個性を失ってしまう。他方、批判ばかりされたら、弟子の絵を描く喜びは減ってしまうだろう。私について言えば、不幸な音楽レッスンの後では特に、G氏の方式は決定的に正しかった。G氏自身は当時流行のアール・ヌーヴォースタイルの追随者だったが、このスタイルは私には非情緒的でわざとらしすぎるように思われたし、彼も私をその方向に向かわせようとしたり、自分の考えを押しつけようとしたりはしなかった。

G氏は何度かの夏を私たちの領地で過ごし、私は彼と一緒に戸外で絵を描く機会に恵まれた。この屋外授業は、いつも一時間以上は続かなかった。こうして私は、常に変化する光に包まれた風景のある瞬間を捉えて、それをカンヴァスに写し取れるようになった。

一九〇八年の夏、父の死後に、私は自分自身のやり方で絵を描き始め、まもなく自分の絵のスタイルを発見した。子どもの頃に作曲を試みたことがあったが、それについては以前に触れておいた。おそらく、絵画を通して、子ども時代に埋もれていたものが再び生き返ってきた。変わったのは媒体だけで、今や音楽が風景画に変わったと言ってよかった。風景が私の子ども時代の即興演奏の一部を作っていた点は、重要なことだと言ってよいだろう。

この頃の私の絵に対する熱狂は、Pさんにも感染し、彼は私に見習って、これまで一度も絵を描いたことがなかったのに、画筆を手にするようになった。私たちは野原によく一緒に出かけたが、Pさんは私の横に座って、眼前の風景をできるだけうまく写し取ろうと試みていた。
やがて美しい南ロシアの秋がやってきて、輝かしい光と、暖かさと、熟した色彩があたりに溢れた。私はもちろん、この絵画に適した季節を最大限に利用したいと考えた。そのため、Ｐさんと私は、母や他の連中が皆領地を引き揚げた後も、ずっと田舎に残っていた。しかし、晩秋がひそかに忍び寄ってきて、やがてはっきり姿を現わすと、雨が降り、あたりはすっかり灰色になってしまった。そうなると私たちも、領地を離れ都会に戻るしかなかった。モスクワで、私は自分の描いた風景画を知人の画家たちに見せた。彼らはひどく賞めてくれて、私の絵の何枚かを、近く開催予定の南ロシア画家連合展の審査委員会に送ってみたらどうか、と薦めてくれた。私の提出した絵は受け入れられて、好意的な批評を受けた。私はこの思いも寄らぬ成功を喜んだが、不思議なことに、私の絵に対する情熱は、都会に戻ると同時に消え失せてしまった。

あの頃、完全に絵画に没頭しようと決心することと以上に、理屈に合ったことが他にあったとは思えない。しかし、私は自然の中での写生に慣れ切っていたので、閉め切ったスタジオ内で描くのには、興味が持てなかった。たぶん私は、ドクトル・ジバゴのように感じていたのだろう。パステルナークによれば、彼は職業としての芸術は、職業としての上機嫌や、職業としてのメランコリー同様に、ありえないものだと考えていた。私には、法律の勉強を再開する気持ちもまったくなかった。今後何をしたらよいのか、本当に判断がつかなかった。私はあれこれ考えた挙句に、正しい答えを見つけた、と思った。以前、父が与えてくれた忠告に従って失敗したことがあったが、それにもう一度従って、ミュンヘンに行ってクレペリン教授の診察を受けよう、と私は決心した。

この奇妙な決定は、それまでに何度も重いうつ病に苦しみ、自分は遺伝性の病気で、時折よくなっても安心できないと思っていたので、自分では間違っていないと思われた。私はあらゆる努力をして、将来の病気の再発に備えなければならなかった。クレペリン教授は、私とテレーゼとの恋愛事件を知っているので、当然、ミュンヘン近くのサナトリウムをまた薦めるとは考えられなかった。それゆえ、私はミュンヘンにはごく短期間滞在するだけになるだろう、と考えた。この機会にテレーゼと会おうと思ったが、それはたまたま会うと言った感じの、何気ないものだった。テレーゼへの愛情は過去のものだと思っていたし、彼女に再会しても何の危険もあるまいと私は確信していた。

ミュンヘンに向かう途中、私はウィーンを通り、そこで二日間滞在した。ミュンヘンに着くと、私はテレーゼに手紙を書き、旅行の目的を説明し、ミュンヘンには短期間滞在するつもりだと伝えた。君に会わずにミュンヘンを去りたくない、次の日曜日に会えたら嬉しいのだが、と私は書き添えた。翌日、私はクレペリン教授に会いに行き、父が突然死んだことを伝えた。自分については、今は具合は悪くないが、現在よくても、この精神状態が長続きするとはとても考えられない、と話した。だからミュンヘンに来て、今後どうすべきか先生にお訊ねしたかったのです、と。

私は、クレペリン教授がもう一度私を治療することに、あまり乗り気でない様子にすぐに気づいた。それは、彼が薦めたサナトリウムから、私が早々に退院してしまったためと思われた。にもかかわらず、教授が「御存知でしょうが、私は間違いを犯したんですよ」と答えたのは、思いも寄らないことだったし、私に助言するのをいっさい拒んだのも意外だった。しかし、私は、夏に中断した治療をどこか他のサナトリウムで再開するのはどうだろうか、その点についてだけでも先生のお考えをお教え下さい、とお願いした。最初のうち教授はこの問題にも触れたくない様子だったが、とうとう折れて、紙片にハイデルベルクにあるサナトリウムの名と住所を書いてくれた。

二日後、私はテレーゼと会った。私たちは一緒に美術展に行き、夕方イザール川沿いを散歩した。その後、私は彼女をホテルに誘い、彼女は翌朝まで泊まって行った。今回は〝永遠の〟別れとはならなかった。私たちは、これからも手紙で連絡をとり合おう、と約束した。

私は心の中で、クレペリン教授の助言に従って、ハイデルベルクのサナトリウムに行こうと思っていたが、しかしそうはならなかった。一日か二日後、私は恐ろしい精神状態で目覚めた。最初はこの耐え難い苦しみがなぜ生じてきたのか、想像もつかなかった。これほど重いうつ状態のぶり返しを説明できる事件は、何一つ起こっていなかったからだ。しかし、まもなく私は、原因はテレーゼに再会したいという欲望と憧れの他にはないことに気づき、この情熱から完全に癒されたと信じていたのは、自己欺瞞に過ぎなかったことを悟った。かくして、ミュンヘンのクレペリン教授を訪ねようという私の決心は、テレーゼに会う口実でしかなかったことが明らかになった。

しかし、この決心は、父の死に対する遅まきの反応でもあったのではないか。そしてまた、父の代理を見つけようとする無意識的な欲求の表れでもあったのではないか。サンクトペテルブルクで私をクレペリン教授のもとに送ったのは父であり、同教授の治療を受けたのも父だったことを考えると、クレペリン教授こそこのような転移の対象に最もふさわしい人だったろう。それなのに、彼によって示された拒否は、私にとっては、父の死を悲しまないのを父が怒って、お前とはもはやいっさい関係を持たぬ、と言っているように受け取れたのだった。

このようないくつかの可能性が心に浮かんできたのは、もちろん最近のことであって、当時は精神分析について何も知らなかったので、こういった解釈を試みることはできなかった。しかし、当時でも、明確にわかっていたことが一つあった。それは、テレーゼに対する愛情をいくら諦めようとあがいても、それは彼女を得ようと努力したところで失敗するに決まっている、と最初から私が決めつけているかぎり、ずっと続くだろうということだった。テレーゼのくれた無邪気とも思えるお悔み状は、このような私の信念をぐらつかせた。もし彼女の方から先に私に手紙を書いてくれていたら、私は彼女にとって、自分が考えているほど不要な人間でもないのだ、と思えたことだろう。その上、今では彼女の私を愛するのをやめようという決心も、以前ほど強固でなくなっているという印象があった。さらにまた、私の情熱的な求愛が彼女の虚栄心をくすぐり、彼女にある種の自己愛的な満足感を与えた、ということもあったかも知れない。

今や、私は決心しなければならなかった。テレーゼは、確かに私に会いに来てくれたが、しかしそれは、私がわずか数日間しかミュンヘンに滞在できないからだったのではないか。もしもっと長く滞在するとしたら、新しい抵抗に出会うことにならないか。あの夏のサナトリウムの記憶や、経験してきたすべての記憶が今でもあまりに生々しくて、私はどうしても危険を冒す気になれなかった。他方、クレペリン教授の助言に従ってハイデルベルクのサナトリウムに行ったとしたら、疑いなく同じ状況が生じて、ひどく孤独になって、またテレーゼと連絡を取ろうとすることだろう。あれこれ考えた挙げ句、私はロシアに戻るしかなくなった。オデッサを離れるときは、気分は明るく、心も軽かったのに、帰国の途につく私の心は、不幸で何の希望もなかった。

途中、私はまたウィーンで数日過ごした。疑いと憧れに苛まれて、私はあてもなくウィーンの街々を彷徨い歩いた。十五カ月後には、この同じ街で、フロイト教授の分析を受けることになるとは、思いも寄らなかった。帰国するまでの残りの期間、私は自分が落ちこんだ、錯綜して解決できないような状況について、繰り返し考えこんだ。

オデッサに戻ると、私は母に失敗に終わったミュンヘンへの旅について報告し、自分の惨めな精神状態を話した。今後の方策についてあれこれ考えた結果、母は、私がサンクトペテルブルクからミュンヘンに行くときに付き添ってくれたH医師に相談するため、ベルリンに行ってみたらどうか、と提案した。私はこの提案を受け入れたが、それは主にテレーゼの近くに行けるという理由からだった。しかし一方では、姉と父の死後、寂しくて陰うつに変わった我が家の雰囲気から逃れるのが、嬉しかったからでもあった。その上、この時季に一人でなく、母やユージェニア叔母さんと一緒に、Pさんまで伴って旅行できるなんて、ありがたいことだった。母の提案は、H医師によって受け入れられ、私たちはまもなくベルリンで会うことになった。

H医師がどこで情報を得たのかわからないが、数日のうちに彼はフランクフルト・アム・マインの近くに、私にまさにピッタリのサナトリウムが見つかった、と自信たっぷりに言明した。こうして私たちはさらにフランクフルトに行ったが、ついでに言えば、そこは以前にも訪れて知っている街だった。H医師と私は、サナトリウムに行くことになったが、母と叔母さんとPさんは、その間フランクフルトに滞在することになった。

サナトリウムまでは列車や他の公共交通機関は通じていなかったので、私たちはタクシーを雇って、たっぷり二時間かかって目的地に着いた。外から見ると、この場所はサナトリウムというより貴族の荘園風で、森と野原に囲まれて孤立していた。施設は堂々とした建物の中にあって、まわりには高い塀で囲まれた美しい庭園が広がっていた。患者は、この〝領土〟を離れる際には、必ず施設の所有者でもある院長、N博士の特別な許可を得なければならない、ということだった。

入所者たちは、有名ではあるが、むしろ変な人たちが多かった。たとえばロシア皇后の甥がいたが、彼は私に精神病を患うとはどういうことか、強い印象を与えた唯一の患者だった。彼はまだかなり若かったが、いつも前かがみの姿勢で立っていて、一語も発せず、微笑を浮かべて両手を擦り合わせていた。他の患者たちは皆、私の目にはまったく健康そうに見えたし、大部分の人たちは陽気に振る舞っていたので、彼らがこの隔離された施設、言ってみれば〝閉鎖〟施設とも言えそうなところで、いったい何をしているのか、私は疑問に思わずにいられなかった。

ミュンヘンのサナトリウムと同様、ここでも私は何人かの同国人と出会った。中年女性のS夫人とその息子、私がサンクトペテルブルクの法学部で聴講した講義の担当教授の奥さん、など。S夫人の息子は、私と同年輩のハンサムな青年だったが、最初は容貌から判断して、ロシア人ではなくて地中海人だと誤解してしまうところだった。彼は、皇帝《ツァー》体制の行政・司法組織の中で出世を目論んでいる若者たちのための専門教育施設、特殊法律学校の学生だった。しかし、そこでの勉強が気に入らなくて、「自分は農業大学で勉強したいと強く願っていたのに、両親に強制されてこんなことになった」とよく不平をこぼしていた。教授夫人は四十過ぎの小柄な干からびた女性で、とても神経質そうだった。奥さん方は二人ともN博士を崇拝していて、絶えず博士を賞めそやしていた。入院中の客人の中には、一人のメキシコ人と、メディチという名のイタリア人もいた。イタリア人の方は、背の低いがっちりした体格の男で、ドイツ皇帝のようなひげをたくわえていた。彼はN博士の施設で、とても寛いでいるように見えた。その頃は〝メディチ〟という名前がイタリアでは比較的一般的だということを知らなかったので、私はこのイタリア人と親しいS氏に、「彼は名門フィレンツェのメディチ家の子孫ですか」と訊ねた。S氏は、「自分もそれに興味があるのだが、その問題に触れると、いつもうまくはぐらかされてしまうのだ」と言った。

ほとんど毎日、夕方になるとダンスが始まり、夜半か、夜半過ぎまで続いた。御婦人方はイヴニング・ドレスを着用し、殿方はタキシードを着て現れた。好もうが好むまいが、誰しもこのパーティに出席するよう義務づけられていた。

この施設の特徴の一つに、すべての男性患者に若い女性——全員育ちのよさそうな——が一人ずつ割り振られる、ということがあった。私にも、そういった女性コンパニオンが割り当てられたが、私はそばを絶対に離れない教授夫人のとりこになってしまい、そのため若い女性コンパニオンの相手は二の次になって、数日経つと彼女の姿はほとんど見かけなくなってしまった。

他の患者たちがどんな治療を受けていたか、私は知らない。私に関して言えば、N博士は入浴を処方しただけだった。季節は冬で、誰かが窓を閉めるのを忘れたために、私は入浴中に風邪をひき、喉をひどく痛めてしまった。私はこれこそ運命の与えてくれた、N博士の施設からできるだけ早く逃げ出せというサインだ、と考えた。

私の考えは、絶えず文通していたテレーゼとも一致したし、教授夫人の押しつけがましさにも、うんざりしていた。この施設にこれ以上滞まる理由も見当たらなかった。H医師が次に見舞いに来たときに、私はどんなことがあろうと、もうこれ以上入院していたくない、と告げた。私はH医師に、このことをN博士に伝えて、退院に必要な手続きをして欲しい、と頼んだ。こうして私は、H医師と一緒にフランクフルトに戻った。

施設を離れる前に、私は二人のロシア婦人を訪ねて、お別れの挨拶をした。その際に、とても不愉快な出来事が生じた。二人の婦人は文字通り私を攻撃して、N先生の施設から出て行くなんて、どうしてそんな〝不吉な〟決心をしたのか、と散々に非難の言葉を浴びせかけた。あなたはそうやって、最もけしからぬやり方で、健康を回復するこの唯一の機会を放棄したんですよ、と。S夫人と教授夫人は、自分たちがいくら説得しても、私の決心が変わらないのを見て取ると、ますます興奮した。二人は私を恩知らずと罵り、S夫人に至っては泣き出す始末だった。私は、二人の婦人たちの大声の叫び声を後に、その部屋を出た。

フロイト教授の分析を受けている際に、私はN博士の施設や私の逃亡の話をした。彼は明らかに相手を傷つけるようなコメントはしたくない様子だったが、「あなたの本能は正しかった。あそこはあなたに向いてなかったのですよ」と言った。

一九〇九―一九一四年　移り変わる決心

さて、N博士のサナトリウムから逃げ出し、H医師と一緒にフランクフルトに戻ると、私は次にどうすべきか、その決定を彼に任せた。クレペリン教授の許に戻ることには問題はなかったが、H医師は、ベルリンのツィーエン教授の診察を受けたらどうか、と薦めた。そこで私たちは数日フランクフルトにいただけで、ベルリンに行って、一緒にツィーエン教授の許を訪れた。ツィーエン教授は、クレペリン教授同様、君にとって一番よいのは、長期間、神経病のサナトリウムに入院することだ、という意見だった。

ツィーエン教授の助言に従って、私たちは一九〇八年の冬の宿舎を、ベルリンから列車で一時間半離れたシュラハテン湖《ゼー》にとることにした。シュラハテンゼー・サナトリウムの院長は、K博士と言い、理性的で調和のとれた人物という印象だった。このサナトリウムの患者たちは、N博士のところよりも多くの自由を楽しんでいた。一日の決められた治療が終わると、残りの時間は何でも好きなことをして過ごしていいのだった。当然私は施設の中で生活したが、母と叔母とPさんは、近くの別荘を借りて住んだ。ここでの生活はとても快適で、私はPさんと一緒に遠足に出かけたり、ベルリンに旅行したり、定期的に母とも接触したりしていた。

ミュンヘンでテレーゼを最後に訪ねてからも、私たちは互いに規則的に手紙を交わし合っていた。当時でも、ベルリンとミュンヘン間の旅はそう難しくなかったので、すぐに私はミュンヘンのテレーゼを訪ねよう、と思い立った。この計画に彼女の同意を得てから、私はミュンヘンに行って彼女に会った。予期されたように、ミュンヘン行きはこれ一回で終わらず、二、三週間後に私はまたミュンヘンでテレーゼと会った。今度は何も問題は起こらなかったし、母とK博士もミュンヘンへの小旅行が私の精神状態に好影響を及ぼしているのを見て取って、二人とも、私が定期的にテレーゼを訪れることに同意してくれた。

私がミュンヘンのサナトリウムに入院していた頃、テレーゼは変わりやすくて一貫性のない、予測もつかぬ行動をすることがよくあった——少なくとも愛情に関するかぎり——が、それは彼女が世間で〝ヒステリー〟と呼ばれる女性の一群に属することを示していると思われた。身分の低い女性との結婚を心配していた母は、K博士と一緒になって、あれこれ言葉をつくして私の印象を悪くしようと努め、テレーゼは〝どんな男ともうまくやっていけない〟女だと、何度も何度も繰り返した。この考えは私の頭に固着してしまい、やがて私は、彼女と結婚したり親しい関係になったりするのは、とても考えられないと感じ出した。こうして再度——今度こそきっぱりと——彼女への想いを断ち切らなければならない、と考えた。このように考えていても、それが時折ミュンヘンのテレーゼを訪ねることと矛盾することはない——少なくとも私にはそう思われた。母とK博士がこの訪問に反対しなかったのは、何回か会っているうちに私のテレーゼへの想いは冷めるに違いない、と期待していたからに他ならなかった。そして、実際にこれは、ほとんどその通りになった。一九〇九年の春、私の健康状態はとてもよくなったので、私と母は五月の終わりにロシアに帰ることに決めた。このロシアへの帰国は、シュラハテンゼー・サナトリウムでの治療の終了だけでなく、テレーゼとの最後の別れをも意味していた。にもかかわらず、私の良好な精神状態に悪い影響も出なかったので、そのまま私はこの決定を覆えすことはしなかった。

もちろん、私たちはこの計画をK博士に伝え、五月末にサナトリウムを出ることにしたい、気分もとてもよくなったし、テレーゼへの想いも完全に吹っ切れたので、もう大丈夫です、と言った。K博士は、私たちの退院したいという要請を受け入れたが、テレーゼに対する私の気持ちについては、強い疑念を口にした。それは、テレーゼの代わりになるような女性が見つかったのか、と彼が訊いたのに対して、私が「いいえ」と答えざるをえなかったからだった。この底意のある質問を受けて、一瞬私は動揺したが、すぐにまた、完全に自信を取り戻した。

以前にテレーゼから手紙で、五月一日から二週間の休暇を取る予定だと知らせてきていたので、私はベルリンで一緒に過ごさないか書いてやった。彼女からは賛成の返事が来たが、彼女には以前サナトリウムで何度もがっかりさせられたことがあるので、今度もまた、最後の瞬間に何か面倒なことが持ち上がるのではないか、あるいはいきなり来ないと言ってくることだってあるのではないか、と考えずにはいられなかった。

私の疑いが正しかったことが証明された。テレーゼから、あなたの招待を一旦受け入れたのを完全に撤回するわけではないが、休暇をあなたと一緒にベルリンで過ごすか、それともちょうど招待してくれた親戚と一緒に過ごすか、迷っているという手紙が来たのだ。こういう手紙が来ることは十分予想していたので、私は慇懃かつ冷静な返事を出した。もしあなたが休暇をどこかよそで過ごしたいと思うなら、反対はしません、と。

あらゆる予想に反して、テレーゼから今度は情熱的な恋文が送られてきた。それには、あなたに再会する日が待ち切れないので、二日以内にベルリンに行きたい、と書いてあった。自分では何を聞いても驚かないと思っていたのだが、テレーゼの手紙にはまったく準備ができていなかった。もしこの手紙を一年早くもらっていたら、それは私の切なる願望の成就を意味していたことだったろう。しかし、長いこと情熱に抗して悩み、ようやくそれに打ち克ったと信ずる今になってそういう手紙をもらっても、それは私の思考や感情をすっかり混乱させるだけだった。ここでテレーゼと永続的な関係に入るのだとしたら、これまで苦しみに耐えてきたのは、一体何のためだったのか、と私は自問した。

ベルリンの駅でテレーゼを出迎えたとき、私の感情は混乱していた。駅から私たちは車でホテル・ツェントラルに向かった。そこに私は隣り合った二室を予約しておいた。テレーゼにはこれが最初のベルリン訪問だったので、私たちは中心街を散歩してショーウィンドウを覗いたり、市の名所を見て廻ったりした。夜になると、劇場やミュージック・ホールに行った。テレーゼのベルリン訪問は、平和に、何の支障もなく過ぎて行くように思われた。にもかかわらず、ある日、どこかを車でドライブしているときに、テレーゼが突然気分が悪くなり、数分後に私も不快な気分に襲われた。この気分は長くは続かなかったが、二人ともなぜそんな気分になったのかわからなかった。後になって私は、これは難儀がさし迫ってきていることの予感だったと解釈した。

前からの母との約束で、一週間後にシュラハテンゼーの母を短時間訪ねて、それからテレーゼのところに戻ることになっていた。その日の夕方、母を訪ねる前に、テレーゼと私はベルリンの有名な寄席演芸場ヴィンターガルテンに行った。この特別な宵、私は珍しく上機嫌で、強い興味を持って出し物を追っていた。テレーゼがこの興味を誤解したのか、その晩母を訪ねる前に私が上機嫌になっていることにがっくり来たのか、それとも私の心に変化が生じて彼女に対する気持ちがアンビヴァレントになっているることに気づいたためか、私にはわからない。突然彼女は不機嫌になって黙りこみ、ホテルに戻ると、羨妬にかられて恐ろしい騒ぎを演じ出した。彼女は怒り声をあげ、あなたとはもう何の関係もない、明日にもベルリンに帰りたい、と叫び立てた。羨妬の問題だけではなかった。テレーゼは結婚の話を持ち出し、私がいずれとも答えないでいると、口論は一層激烈になった。とうとうテレーゼは帰り支度まで始めたが、出て行くことまではしなかった。次第に彼女の怒りも鎮まってゆき、私たちは明かりを消した。

一晩中眠れぬままに、私はテレーゼの激怒の原因は本当は何なのか、私はどうすべきなのか、あれこれと考えてみた。そこで初めて、全体の状況について私の判断がいかに一方的だったかがわかった。これまでの期間にテレーゼの心に何が起こっていたか、私の定期的なミュンヘン訪問が彼女にとって何を意味していたか、私はもっと真剣に考えるべきだったのだ。サナトリウムで言い寄ったときの彼女の頑固な拒絶を思うと、確かにテレーゼが今私を愛しているとは信じ難かった。他方では、彼女の立場で束の間の情事に関わるのがいかに難しいか、よくわかってあげるべきだったと反省された。

あれやこれや考えると、テレーゼと一生を共にする生活に入るか、あるいは彼女を完全に諦めるか、結論を出すのが論理的だと思われた。暗闇の中で彼女の激怒の原因は本当は何だったのだろうと考えているうちに、私にはそれが何の根拠もない怒りであって、このような女性との共同生活が不可能なことを証拠立てていると思われてきた。その夜私は、二つの選択肢しかない、と信ずるに至った。一つはテレーゼと結婚することで、これは私たち二人に不幸をもたらすだろう。二つには意志の力を奮い起こして、テレーゼとの絆から自分を完全に解き放つことだ。少なくとも、これがそのときの私の気持ちであり、判断であった。かくして私はそれに従って行動した。

一方で、テレーゼときっぱり別れる決心をするなんて、まるで死神が私を迎えに出てきたようで、恐ろしかった。翌日はシュラハテンゼーに母を訪ねることになっていたので、テレーゼとこれ以上口論するのは避けて、シュラハテンゼーから手紙を書いてすべてを片づけようと思った。そこで、翌朝はテレーゼに決心のことは何も伝えずに、私はすぐにシュラハテンゼーに向かって出発した。そこから私は、彼女に別れの手紙を書いた。病気のため仕方がないことを述べ、この状況を今すぐ認めて、永久に別れる決心をする方が、二人にとって幸福だということを説得しようと試みた。しかし、この手紙を投函するや否や、私は性急な行動をしすぎたのではないか、という激しい疑惑に苦しみ出した。

数日後、私たちはオデッサ行の列車に乗った。このときまでに、私は次第に、テレーゼ宛の別れの手紙は、一種の短絡行動だったと確信するようになっていた。私たちの不幸な口論が、シュラハテンゼーの母を訪ねる前夜に起こったという事実が、疑いようもなくこの状況を作り出していた。この日もし私がベルリンに滞まっていたら、テレーゼと私はきっと仲直りしていたことだったろう。

今や私は、突然事態をまったく別の光の中で見始めた。移り気でヒステリックな女性というテレーゼ像と、ミュンヘンのサナトリウムで医師たちから頼り甲斐のある人間として賞讃されていた事実の間には、両立できない矛盾があるように思われた。彼女の一貫性のない行動は、私に屈服するたびに、後でそれを後悔して、自分の主義と生き方に不誠実であったことを自ら責めているために生じているのではなかったか。

私の場合は、しかしながら、新たに生じた条件が求めるほど急速に適応する能力は持ち合わせていなかった。テレーゼの恋文は、状況の全体を完全に変えてしまった。私はそれを知的には受け入れたが、感情的に徹底して処理することができないでいた。

私は、素晴らしい女性を振ってしまい、貴重なものを失ってしまったこと、そして自分がテレーゼの大きな愛情に相応しくないことを証明してしまったことについて、激しく自分を責めた。このような精神状態で、私はこれまでの決心をすべて投げ棄てて、テレーゼの許に戻りたい、と願った。しかし、私はテレーゼではなく、私自身をこそ責めるべきだったのだ。私の一貫性を欠いた行動を、彼女に何と説明したらわかってもらえるだろうか。ベルリンであんなことが起こった後で、母に私の新しい考えを話して実行に移すのは、同じように困難だっただろう。しかし、これらの困難は別にしても、破滅的な自責の念から私は広範なうつ状態に陥って、何の決定もできなくなり、一切行動に出ることが不可能になってしまった。しかし最悪なのは、治ろうとする努力が残念ながらすべて失敗してしまったので、自分の健康状態が完全に絶望的と思われたことだった。出口はどこにもなかった。

そこへ母が一つの考えを提案してきた。それは最初まったく無駄だと思われたが——しかし、結局は成功をもたらしてくれたのだった。母は、〝旧派〟に属する精神科医のD医師と連絡をとりたい、と言った。私は彼を知っていたし、私の助けにはならないと確信していたので、母の計画には意味がないと考えた。しかし、まもなく、この老医師は私の治療を引き受けようと思っていないことが明らかになった。彼はただ、自分が経営しているサナトリウムの医師である息子の診察を受けるように薦めてくれた。その結果、数日後に、黒いモーニングを着用して、白いネクタイを締めた、小柄な医師が私の往診にやってきた。彼の服装は、当時のロシアの医師たちの好みに従ったものだった。彼はまだ三十代初めだったが、金縁の眼鏡ときちんと刈りこまれた赤毛のひげのために、年よりも老けて見えた。D医師は辛抱強く私の訴えに耳を傾けた後で、決して絶望する必要はない、これまでの治療が間違っていただけです、と言った。彼の話では、情緒的な葛藤と病いは、サナトリウムに長期入院しても、そこで実施されている入浴やマッサージ等の身体療法でも、治るものではない、ということだった。こういったことを医学の専門家の口から聞いたのは、これが初めてだったし、私自身、自分の経験から同じ結論に達していたので、彼の話は私に大きな感銘を与えた。

ところで、彼はオデッサでは、フロイトや精神分析の存在を知る唯一の人物らしかったので、そのときに私がこの特殊な医師に会えたのは、まったく驚くべきことだった。確かにD医師はフロイトとデュボワの名を同列に口にしたが、デュボワの精神療法については何も説明できなかった。しかし、フロイトの論文はいくつか読んでいて、精神分析についてある程度説明してくれた。テレーゼに関しては、D医師も当時の私の精神状態から見て、最終的な決断をするにはまだ早すぎると考えていた。

このような事情から、私のとるべき唯一の正しい道は、D医師が短く説明してくれたフロイトの方法に従って治療を始めることだと思われた。だから、私の方から頼んだわけではないのに、D医師が毎週二回、私たちの領地に来て、フロイトの方法で治療しましょうと言ってくれたときは、大変嬉しかった。当時の交通手段では、彼が私たちの領地に着くのは昼頃だが、オデッサに戻る頃にはもう夜になっていた。

D医師は確かにフロイトの論文は読んでいたが、実際の分析医としての経験はまったく持っていなかった。私は、彼が分析を試みるまさに最初の患者というわけだった。したがって、私の場合、治療はフロイト的な意味での正規の分析というより、むしろ患者と医師の間のフランクな議論という感じだった。

しかし、こういった種類の議論であれ、それは私にとって大きな意味を持っていた。治る希望が再び湧いてきたからだ。前の年とは対照的に、私は夏も秋も絵は描かないで、いつもテレーゼを想っていた。私が自由に息がつけるのは、D医師が往診に来て、いろんなことを話し合えるときだけだった。

一九〇九年の夏、私たちを悲しませた二人の死があった。一つはピョートル叔父さんの死で、彼はパラノイアを患っていた。彼の死を知らされる前の晩、私は母の姉の息子である従弟のグリゴリーと散歩に出かけた。その際に、不思議なことに、話がピョートル叔父さんのことに及んだ。

「皆が噂してるんだけど」とグリゴリーが言った。「ピョートル叔父さんは、精神病だけど、身体はどこも悪くないいんだってね。きっと、誰よりも長生きするだろうね」

次の朝、グリゴリーが私を揺り起こした。

「さぁ起きて、目を覚ましてよ」

「どうしたの」

「大変だよ、ピョートル叔父さんが死んだんだよ」

「何だって？　誰が死んだって？」

「ピョートル叔父さんだよ。たった今、新聞で読んだんだ」

子どもの頃、私は他の叔父さんや叔母さんたちよりも、いやひょっとすると両親よりも、ピョートル叔父さんが好きだった。私は、おそらく彼の精神病の始まりを示す、一つのエピソードを覚えている。私たちの田舎の別荘とまわりの庭園は、住む人のない野原の中に孤立していたが、ピョートル叔父さんにとっては、それでもまだ不十分らしかった。彼は庭園の外の野原にテントを張るのだと宣言して、一夏中、その中に篭って過ごした。私たちは皆で彼のテントに出かけていって、陽気に大騒ぎしながら、彼の引っ越しを祝ったものだった。

　ピョートル叔父さんの家族や友人たちは、初めのうちは彼の奇矯な言動を面白がって受け入れていた。そして、彼は未婚の女性は皆自分を捕まえようとして網を張っていて、結婚してもらおうと懸命なんだ、と彼が話すのを聞いて、大喜びしていた。若い令嬢を紹介されると、彼はすぐに結婚の計画と悪意のある陰謀がめぐらされているのではないか、と疑い出すので、いつも大騒ぎが持ち上がった。しかし、皆が自分を嘲っているとか、鳩が見張っていて自分の行動を真似するとか言って愚痴をこぼし始め、あらゆる種類の馬鹿げた物語を話し始めると、誰しもこれは精神病の一例だと考えるようになった。彼は、クリミアの領地で、外部の世界から完全に離れて生活していた。牛と豚とその他の家畜たちのほかに、彼が我慢して生活の場を共有できる仲間はいなかった。この区域がどんな様相を呈していたか、想像するに難くない。

　私たちがピョートル叔父さんの死を知った数日後に、テレーゼが「百万長者ねずみにかじられる」という題でミュンヘンの雑誌に掲載された記事を送ってよこした。ピョートル叔父さんとまわりの人々との関係は、すべて断ち切られていたので、彼の死はすぐには発見されなかった。叔父さんの家に運んだ食物が数日間まったく手つかずのままなのに誰かが気づいた後で、やっと何か大変なことが起こったに違いない、という疑いが湧き起こった。だから死体が発見されたのは、死亡して数日経った後のことだった。その間に、ねずみどもが死体に群がって、かじり始めたのだ。

　ピョートル叔父さんは独身で、遺言書は残さなかった。彼が精神病であったことを考えれば、いずれにせよそれは有効ではなかっただろう。そのため、遺産相続は法律によって決められた。法的手続きに従って、彼の領地の三分の一は私が相続することに決まった。これは、父の兄弟では生存しているのが弟一人であり、死んだ兄の子どもたちは父親の取り分、すなわち三分の一を相続する資格がある、という事実によるものだった。ピョートル叔父さんから受け継いだ遺産は、完全に私自身の裁量で使ってかまわないこととなった。

もう一つの死は、画家G氏の死で、喉頭部の癌によるものだった。オデッサで数日過ごしたときに彼に会ったが、何か飲みこもうとすると胸につかえるとこぼしていた。オデッサで有名な外科医の診察を受けたら、小さなまったく無害な腫瘍ができているだけなので、〝都合のよいときに〟もう一度来て、切除したらいいでしょう、と言われた由だった。

領地に戻って、二、三週間経った頃に、G氏から、手術を受けにベルリンに行くので、その金を貸して欲しい、という手紙が届いた。すぐにオデッサに行くと、母から、G氏が必要とする金はもう渡してあり、G氏はすでにベルリンに発った、と教えられた。数日後、私たちは、G氏が手術の結果死んだこと、もし手術が成功したとしても、今後はずっとチューブで栄養をとらなければならなかっただろうことを知った。G氏の死体はオデッサに運ばれて、古墓地の私たち一家の墓の近くに埋葬された。彼はまだ四十三歳になったばかりで、悲劇的だったのは、まさに彼の星が昇りかけ、人々が彼の絵の価値を認めて買い始めたときに、死が訪れたことだった。

晩秋にオデッサに戻ると、D医師との議論が続行された。しかし、彼は正しい判断を下して、自分の能力では、精神分析治療を成功させるに十分ではない、と考えるに至った。その結果、D医師と私は、クリスマスの後に外国旅行に出かけることになった。その頃D医師は、私をフロイトのところに連れて行くべきか、デュボワのところに連れて行くべきか、迷っていたが、ジュネーヴに行くにはいずれにしてもウィーンを通らなければならなかったので、どちらかに決める前に、デュボワ同様フロイトにも会えるはずだった。三人目の道連れとして、老D博士のサナトリウムに勤務する医学生のTさんが、同行することになった。Tさんの義務が何で、一緒に連れて行く目的が何かは、話題にならなかった。D医師と外国旅行に出かけることを考えたり、フロイトかデュボワの治療を受けることを予想したりしていると、オデッサを離れる前からもう私の感情状態はかなりよくなっていた。

一九一〇年一月、ウィーンに着いてフロイトに会うと、私は彼の人格に強い感銘を受け、畏敬の念を覚えた。その結果、私はD医師に、絶対にフロイトの分析を受けることに決めた、と伝え、かくしてジュネーヴのデュボワのところまで旅行を続ける必要はなくなった。

もちろん私は、フロイト教授に、ミュンヘンでのテレーゼへの激しい求愛のことや、予期しない運命的な終末を迎えたテレーゼのベルリン訪問のこと、などを話した。前者についてのフロイトの判断は、肯定的なものだったが、後者については「女性からの逃避」であると言い、それに対応して、私がテレーゼの許に戻るべきか否か訊ねると、「然り」と答え、「ただし、分析を数カ月間続けた後でなら会ってもよい、というのが条件です」と付け加えた。

フロイト教授の分析を受けたこの最初の数カ月の間に、完全に新しい世界、当時ほんのわずかの人々にしか知られていなかった世界が、私の前に開かれた。それまでの人生で理解できなかったたくさんのことが、意味を持ち始め、以前は暗闇の中に閉ざされていた諸関係が意識に昇ってきた。

ウィーンでの宿泊場所を何度か変えた後に、私たちはウィーンの男性と結婚したアメリカ人女性の経営する快適なペンションに落ち着いた。フロイト教授の分析には、一日一時間を要するだけだったので、他のことをやったり、ウィーンの景色や記念物を見て歩いたりする時間は十分残っていた。ウィーンは、当時はまだオーストリア゠ハンガリー帝国の首都で、趣味とファッションの世界ではパリやロンドンと肩を並べていた。制服を着た士官たちや、エレガントな衣装をまとった美しい女性たちが、この街に独特の風貌を与えていた。ウィーンに住む人々は、人生を楽しみ、生きることを十分に楽しんでいる感じだった。その頃の最高の楽しみは、〝ウィーンのヴェニス〟(原註1)が提供していた。そこには小運河やさまざまな娯楽施設が作られていたが、第一次大戦の後、文字通り地上から消えてしまった。私たちは機会を捉えては、よくそこへ遊びに行った。トランプゲームも忘れずに、よくカフェハウスに出かけてはブリッジの一種のウィント(原註2)を、朝の二時三時まで続けた。やっと、なぜTさんを一緒に連れて来たかが明らかになった。ウィント・ゲームには最低三人が必要だったので、もしTさんが一緒でなかったら、一人足りないことになっていたのだった。

D医師といえば、彼は今や〝快楽の師〟といった感じで、夜をどこで何をして楽しむか、決める役割を受け持った。この新しい役割を担って、彼はウィーンのユダヤ人社会で生まれたユーモラスな作品を上演する、特色のある劇場を発見した。特に触れておくに値するのは、とても人気のあるユダヤ人コメディアンのアイゼンバッハで、彼はこの劇場で演じられる大部分の小話を、自分で書き下ろしていた。

何度か夜になると――稀なことではあったが――D医師は、今夜は独りで出かけたい、と私たちに告げることがあった。翌日、どこに行っていたのか訊ねると、彼はわけのわからない話をしたり、無表情になって答えるのを拒んだりした(たとえば彼の話では、あるときある娘を連れてウィーン郊外の三流の居酒屋に行ったら、突然怪しげな男どもが現れて、彼のテーブルに座ったという。不審に思った彼は、その店から出た方がいいと考えた。しかし、男どもは彼を抑えつけて、レディを見捨てて行くのは失礼じゃないか、と凄んだ。そこで彼は、ピストルを引き抜いて、やっとのことで脱出した……等々)。

一九一〇年一月から七月のフロイト教授の休暇まで、時間は急速に過ぎて行った。その間にD医師は、

1910年頃の狼男

学生のTさんをオデッサに送り返した。私はあいかわらずスペインに強い興味を持っていたので、二カ月半続くフロイト教授の休暇の間、スペインを訪れることにした。ジュネーヴとパリにも行きたいというD医師の希望に従って、私たちはまずこの二都市を目指した。パリからは、ビアリッツに行き、そこで数日過ごした後にリスボンに向かった。ジュネーヴでもビアリッツでも、D医師はカジノ賭博に夢中で、彼は賭博によほど魅力を感じているらしかった。ジュネーヴで、生まれて初めて、私はD医師の指導の下にバカラのテーブルについた。そこでもビアリッツでも、私は賭けについていたが――さし当っては――賭博に情熱は湧いてこなかった。ビアリッツからリスボンに向かう旅の途中、鉄道列車の客室は恐ろしく暑くて、私はついそのことをD医師にこぼした。彼は私の不平を聞くと、意地悪な笑いを浮べて、モリエールの劇中の有名なせりふを口にした。「それはあんたが望んだことだよ、ジョルジュ・ダンダン、あんたが望んだことさ（"Vous l'avez voulu, George Dandin, vous l'avez voulu!"）」

リスボンやロンドンでは、賭博をする機会がなく、D医師は美術館にも、古い教会や宮殿の建築にもまったく興味がなかったので、しだいに退屈し始めて、マドリッドからスペイン南部に旅行する最初の計画を諦めて、早くウィーンに帰ろう、と私を説得し始めた。D医師はギリシャ正教の信者で、父親は洗礼を受けていたが、ユダヤ人の先祖はスペインの出だった。だから、彼がスペインで感じている不安は、彼の無意識のどこかに根ざしていて、異端審問時代のユダヤ人迫害と関係があると考えるのが理屈に合っているように思われた。彼は、自分の先祖に対してひどく冷たかったこの国を離れる日を、文字通り待ち焦れていた。そのため、結局、私は特別に関心のあったグラナダとセビリアに行くのを、諦める他なかった。私たちはバルセロナに行き、そこで数日過ごした後、ウィーンに戻った。

フロイト教授がウィーンに戻ると、D医師はすぐにオデッサに帰ってしまい、私はウィーンでまったく一人になってしまった。当然、これは私の精神に悪い影響を及ぼした。私は一日中、フロイト教授はいつになったらテレーゼとの再会を許してくれるだろうか、とそのことばかり考えていた。この疑問を何度も口にしていたので、ある日のこと、フロイト教授が――彼はその日特に機嫌がよかったが――両手で万歳して、「これで二十四時間、聖なる名前テレーゼを耳にしなかったね」と感情をこめて叫んだのを思い出す。

フロイト教授は、テレーゼに再会するにはまだ早すぎる、あと数カ月待つべきだ、という意見だったので、私がいくら急《せ》いても無駄だった。いつまでも会えないので、私は気分が落ちこみ、しばらくするとフロイト教授の分析も停滞し始めたようだった。一九一一年の二月末か三月初めになって、ようやくフロイトは、ミュンヘンでテレーゼに再会することに同意してくれた。

そこで私は、探偵事務所に手配して、テレーゼがどこに住んでいるか探して、住所を教えてくれるよう頼んだ。返事は長く待つまでもなく届いた。テレーゼは、サナトリウムでの勤務を辞めて、今は小さなペンションの経営をしながら、そこで娘のエルゼと暮らしていた。

数日後、私はミュンヘンのペンションに、彼女を訪ねた。彼女に会ったとき、私は深く心を動かされた。彼女はひどく弱っている様子で、やせ細ってほとんど骸骨のようになった身体に、流行遅れの衣服をまとっていた。まるですべての感情が失せてしまったように、彼女は私の前に、じっと動かず、ただぼんやりと立っていた。これがつい二年前に、ベルリンで別れた女性と同じ女性だろうか。しかも彼女をこのような不幸と悲しみに突き落としたのは、他ならぬ私自身であり、すべては私のせっかちで軽率な行動に原因があったのではないか。

この瞬間、私は自分がこれほどひどく苦しめてきた女性を、二度と手放すまいと決心した。この決心は、最後まで変わることはなかった。そのとき以来、この決心が正しかったかどうか疑ったことも、またそれを後悔したことも、一度もない。

他に何かやりようがあっただろうか。

その頃、テレーゼからもらった手紙が、今、何通か目の前にある。彼女がそれらの手紙を書いてから、何十年かが過ぎ、戦争や革命や独裁が、世界の様相を完全に変えてしまった。しかし、それにもかかわらず、これらの手紙は深い真の感情を表現していて、すべてを乗り越えて生き残っている。

再会した後、まもなくテレーゼから受け取った手紙の中で、彼女は次のように書いていた。「本当にいいときに来て下さいました。あのとき来て下さらなかったら、私は悲しみのあまり死んでいたことでしょう。これからは、再び立ち直れるでしょう、しかもとても早く。あなたを想うと力が湧いてきて、幸福になります。私があなたのためにすべてを犠牲にしたことを、心に留めておいて下さいね。私の健康も、私の愛も、私の人生も。でも、ほんの少し身をいとうようにすれば、またすべてはうまく行くようになるでしょう。これまでは、私の人生にはいつも困難がつきまとっていました。でも、愛する優しいセルゲイ、二言、三言でもよいから、すぐにお手紙を下さいね、お手紙を読んだら、私はまた元気になれるでしょうから……」

再会したときに、私はもちろん、今フロイト教授の分析を受けていることや、この治療がかなり長く続きそうなこと、などを彼女に話した。そして、さし当たっては、自分の方からミュンヘンのテレーゼを訪ねるつもりだが、時々は彼女にもウィーンに来て欲しい、と伝えた。十分に健康を回復したら、ペンションを売却して、ウィーンに移ればいい。その間に、私が二人で暮らすアパートを探しておこう。エルゼは、やはりミュンヘンに住んでいるテレーゼの兄さんに預けて、ミュンヘンで最高の女学校と目されている「イギリス女子学園」に通わせることにしよう、等々。もちろん私は、フロイト教授に、テレーゼがどれほど惨めな身心状態であったかを、ありのままに話した。

テレーゼは、ゆっくりと彼女らしさと健康を回復して行き、途中で滞ることも悪化することもなかった。ゆっくりとだが確実に体重がふえて行き、まわりの世界に興味を持ち始めて、自分を取り戻して行った。六カ月ほど経つと、彼女は花が開くように新生活を始めて、以前と同じように再び美しくて魅力的な女性に戻ったが、それは決して誇張ではなかった。

不思議なことに、テレーゼと私は、私がテレーゼの愛を得ようとして、ミュンヘンのサナトリウムで苦しんでいた頃や、思いも寄らぬ惨めな結果に終わったテレーゼの短いベルリン訪問の際のつらい記憶を、互いに思い出すのを避けていた。しかしテレーゼは、一通の手紙の中でこの頃の不幸なエピソードに触れて、その記憶を可能なかぎり巧みに詩の中に閉じこめて表現している。それを引用しておこう。

悲しくてつらい夜が続き
胸の痛みで　眠れぬままに時が過ぎる
私の心を狂わせるのは何だろう
何が私の心を疑いで一杯にするのか
ドアにノックの音が聞こえると
きっと彼だわ　と胸が高鳴る
今　私のそばにいて欲しいのに
何てことだろう　来たのは一通の手紙

私の心は深く傷つき
すべては夢だったと悟る
人生とは　そんなものなのか
今日　心は幸福で満されていても
明日になれば　土に深く埋めてほしいと
願うだけとなる
もう一度　楽しい心を取りもどせるなら
この苦しみから　脱け出して
命を　彼に捧げたいのに
私の心は　彼への愛で張り裂けそう

テレーゼは、他にもいくつか詩を書いて送ってくれた。たいていの詩の中で、彼女は自分を一人称でなく、三人称で呼んでいた。

前に触れたように、テレーゼはペンションを売ることになり、私はウィーンで私たちの住むアパートを探すことになった。そしてうまく、ドナウ運河の見える場所に、美しい部屋を見つけることができた。

もしフロイト教授の科した規則、つまり患者は後の人生にとり返しのつかぬ影響を及ぼすような決定は、一切してはならない、という規則に違反さえしなかったら、私はすぐにもテレーゼと結婚したいと思っていた。しかし、フロイトの治療を完成させたいと思えば、望もうと望むまいと、彼の規則に従うほかなかった。(原註3)

これと関連して、この頃にウィーンのロシア領事から招待状を受け取ったことを思い出す。どうやって私の住所を知ったかは、わからない。訪ねて行くと、領事は、ロシア外交官のパーティに出席したらどうか、また、ウィーンのロシア人社会と接触をもったらどうか、と言った。もちろん、テレーゼと私が結婚しないかぎりは、これらのロシア領事の招待に応じるわけに行かなかったので、私は自分の病気と、フロイト教授に治療を受けていることを理由にして、招待を辞退した。このあまり意味のない事件は、たまたま頭に浮かんで来たので触れたにすぎないが、それは別として、テレーゼにとっては、治療が終わるまでは結婚を延期すべきだというフロイト教授の規則は、きわめて従いづらいものだった。にもかかわらず、彼女がフロイトに逆らって、結婚したいと言い出したことは一度もなかった。

私には最初から、母とテレーゼは性格が違っているので、決してうまく行かないだろう、とよくわかっていた。そのため、テレーゼと私は、治療が終わったら、オデッサではなくどこか外国に終の棲家を見つけよう、と決めていた。そうすれば、母とテレーゼの間の口論も起こらないだろうし、皆のためにもそれが一番だと思われた。不幸なことに、フロイト教授の分析が終わったのは、オーストリア皇太子が暗殺されたのと同時で、この事件に続いて起こった第一次世界大戦が、私たちの計画をすべて無に帰させてしまった。

一九一四―一九一九年　分析の後

フロイト教授による分析が終了した日は、オーストリア皇太子フランツ・フェルディナント大公と、彼の妻ホーエンベルク公爵夫人が暗殺された日と同じだった。この運命の日、一九一四年六月二十八日は、ひどく蒸し暑い日曜日だった。この日、私はプラーター公園を散歩しながら、とても興味深かったウィーンで過ごした年月を思い返していた。この年月の間に、私は実にたくさんのことを学んでいた。

治療が終わる少し前に、テレーゼはウィーンに来ていたので、私たちは一緒にフロイト教授の許を訪ねた。私は、テレーゼが彼にこれほどの好印象を与えるとは、予想していなかった。彼はテレーゼがすっかり気に入って、「これまで違ったイメージを描いていた」と言い、まったく「ロシア皇后のようだ」とさえ言った。明らかにテレーゼの容貌に強い印象を受けただけでなく（私が言うほどテレーゼが本当に美しい女性かどうか、彼は疑っていたらしかった）、彼はテレーゼの控え目で真面目な性質にも満足していた。こうして、テレーゼと結婚しようという私の意図は、今や彼の完全な是認を受けることとなった。

すべてがこの上なく順調に進んでいると思えたので、私はプラーター公園の散歩から、希望に溢れて戻った。アパートメントに入ると、すぐに女中が大公夫妻の暗殺を報じる新聞の号外を渡してくれた。

翌日、別れの挨拶にフロイト教授を訪れた際に、私たちは当然、前日の事件について話し合った。その頃、サラエボでの大公暗殺が第一次世界大戦のきっかけになるなんて、ほとんどの人々が考えていなかったが、そのことは次のフロイト教授の言葉からもわかる（彼は確かに政治問題には疎い人だったが）。「もしフランツ・フェルディナントが皇帝の座についていたら、オーストリアとロシアの間に戦争が起こっていただろうね」

私は、ウィーンになお数日間滞在した。その間に、暗殺された夫妻の遺体はウィーンに送られ、大公の私有地であるアルトシュテッテンの礼拝堂に埋葬されることになった。新聞には、二人の柩は夜の十一時にマリアヒルファー通りを通過して、西鉄道駅に向かうと出ていた。タクシーに乗ってマリアヒルファー通りに行ってみると、すでにたくさんの馬車や自動車が集まって、葬列を待っていた。雨が降っていた。やがて明滅するたいまつの光の中を、間にかなりの距離を置いて、二台の霊柩車が通り過ぎた。そのようにしたのは、大公が生まれの対等でない女性と結婚したことを示すためだ、という噂だった。柩を載せた霊柩車は、早いスピードで通過して行き、性急でひどく無雑作な印象だった。夜の異常に遅い時間であることや、霊柩車の後に外国の大使館付武官たちがつき従っていることが、わずかに最後の旅の途につく一般人の葬列でないことを告げていた。

二、三日後に、私はウィーンを離れた。最初バイエルンのバート・テルツに行き、そこでテレーゼと娘のエルゼが温泉を楽しんだ。テレーゼと私は秋に結婚する予定でいて、戦争が私たちの計画をすべて挫いてしまうとは、考えてもいなかった。私はその夏を南ロシアの領地で過ごすことにし、テレーゼとエルゼはその間ミュンヘンの親戚の許に滞在することになった。

私はバート・テルツで一週間過ごしてから、ミュンヘン経由でベルリンに行った。ベルリンでは母と母の姉が私を待っていて、一緒にロシアに帰国した。ベルリンは、すでに暴力的な反ロシア感情に支配されていた。私たちが路上でロシア語で話していると、通行人たちが敵意のこもった目でにらんだり、中には拳をあげて脅す連中もいた。ウンターデンリンデンに面した私たちのホテルは、ロシア大使館からわずかしか離れていなかった。滞在の最後の夜、私たちはロシア大使館を取り囲んだ群衆の叫び声で、何度も目を覚ました。私たちの列車が、ドイツ・ロシア国境を過ぎた数時間後に、両国は交戦状態に突入した。

オデッサに戻ると、母は習慣に従って、教会でミサを捧げる手配をした。このミサの中で、フロイト教授を忘れるわけに行かなかった。私の治療が成功したことへの感謝を、母がそのような形で表わしたいと望んだからである。ギリシャ正教の司祭が重々しく〝ジグムント〟の健康を祈ったが、彼はこれを誰か私たちの家族の一人と思ったことだったろう。

今やロシアとドイツの戦争が始まって、テレーゼと私は戦闘中の軍隊や塹壕で分け隔てられてしまった。こうなった以上、どうしたら結婚の計画は実現できるだろうか。こんな状況にもかかわらず、私はテレーゼをオデッサに呼び寄せる方法が何かあるはずだ、と諦めなかった。私は、このことを母と話し合った。母は、最初テレーゼとの結婚に反対して、別の花嫁（もちろん、母のお気に入りの女性）を選んで、薦めることさえした。結局母は、私のテレーゼと結婚する決意を翻すことはできないと悟って、同意してくれた。母は自ら進んでお抱えの弁護士と事態について相談して、テレーゼがロシアへの入国許可を得られるように、できるだけのことをやってくれるよう権限を委任した。

忍耐強く待つほかに、私にすることはなかった。私には兄弟がなくて、いわば〝一人息子〟のカテゴリーに属していたので、私は当時のロシアの法律に従って、兵役を免除されており、軍隊に入る義務がなかった。そのため私は、何ものにも邪魔されずに夏を領地で過ごす計画を進めて、なじみ深い環境の中で、楽しく数カ月を送ることができた。私たちの領地は、とても美しい土地で、そこには遠くが森につながる美しい庭園に囲まれた、大きな城のような別荘が立っていた。湖と呼べそうな、大きな池もあった。

私が育った南ロシアの田舎は、たくさんの魅力に満ち溢れていた。日照りの続く暑い日に、車か馬に乗って荒れた野原を横切って行くと、川や林の小さな蜃気楼に目をひかれる。それらは突然消え失せるかと思うと、地平線上の別の地点にまた姿を現わす。私はこの風景の中で、日没が特に美しいと思った。太陽が次第に低く沈んで行き、最後の輝きを失うと、一様な色で平原を包みこみ、細々した余計なものの一切を消し去ってしまうのだった。

母は、家族の者たちに、深い愛情を注いでいた。母の三人の兄弟は、幼い頃に死んでいた。これらの死は、母の若い心に強い衝撃を与え、深い傷痕を残したようだった。母は、この三人の思い出を、よく話してくれた。一番下の弟は、八歳のときに死亡した。私の幼い心は、この弟の思い出話でどれほど深く揺り動かされたことだったろう。彼は自分の死が差し迫っていることを予期すると、静かな口調で、きっぱりと、私の母に言ったという、――しかも、死亡したその夜に。「ぼくの小さな貯金箱から、お金を乞食の人たちに分けてあげてね」と。

母の生きている親戚のうちでは、母の妹のユージェニアが一番母と仲がよかった。ユージェニアは、若い頃に夫を結核で亡くし、それ以来、私より八歳年下の一人息子、サーシャと一緒に、私たちの家で暮らしていた。彼女は静かな人で、息子以外には何の興味も持たず、終日ソファに座って、葉巻をつぎつぎに吸っていた。ユージェニア叔母さんは、北コーカサスに小さな領地を持っていて、しばしばそこで息子と一緒に夏の一時期を過ごしていた。

サーシャは私たちの家で育ったので、私には弟のように思われた。私はこの元気で知的な少年が大好きだった。彼は文学に関心があり、詩を書いていて、中には刊行されたものもあった。サーシャは、ブロンドの髪をうねらせていて、〝審美家〟風の外見をしていた。

一九一四年、思いがけずサーシャが近々結婚することになり、私はそのことを母から聞いて驚いた。彼のフィアンセは、ユージェニア叔母さんの領地から遠からぬ街に住む、数学教授の娘だということだった。この教授夫妻と娘のローラは、休暇をよく叔母さんの領地で過ごしていたので、サーシャとローラは子どもの頃から互いによく知っていた。

二人はまもなく到着して、結婚式は私たちの領地で挙げられることとなった。初めてローラに会ったとき、私は彼女が特に魅力的だとは思わなかった。彼女は灰色がかった金髪で、大きな青い目がきれいだったが、顔は丸々としていてその上長めだった。親しくなるにつれて、この従弟のフィアンセに対する印象は、ずっと好意的なものになっていった。彼女はいつも上機嫌で、普通以上の知性を備えていて、とても話しやすかった。正直なところ、彼女はまだわずか十七歳だったので、話すことは子どもっぽかったが、それがまた何とも面白かった。

私はほとんど一日中、サーシャやローラと一緒に過ごし、領地での生活が以前より遥かに変化に富んで楽しくなったのを感じた。ローラも、以前よりずっときれいに思えてきた。結婚式は、まもなく村の教会で行われた。

知り合った最初の瞬間から、ローラはとても好ましい娘に感じられた。最初私は、この好ましさや惹かれる気持ちを、純粋に友情の表れと解釈していた。しかしまもなく、私に対するローラの態度が、無邪気な友情と呼べる程度を遥かに越えていることに気づいた。サーシャがいてもおかまいなしに私に投げかける意味ありげで誘惑的な目くばせは、誤解しようのない明白な言葉を伝えていた。サーシャはまったく嫉妬する気配を見せなかったが、それはローラの態度と同じように驚くべきことだった。ローラは何と言っても、まだ少女時代から完全に抜け切っておらず、しかもとても素敵な青年と結婚したばかりだったのだ。私はこれが何を意味していて、どんな終わり方をするのか、自問した。

二人は、近い将来に、コーカサスに住むローラの両親を訪ねる計画を立てていたので、すべては自然の結末を迎えるだろうと思われた。その上、テレーゼのロシアへの入国許可が得られそうな希望が出てきており、テレーゼが到着して私たちが結婚しさえすれば、それでローラの誘いも止むだろう、と私は考えた。

サーシャとローラがコーカサスに発つ一日か二日前に、私は偶然暗い部屋でローラに出会った。彼女は両腕を私の首に巻き、情熱的な接吻をすると、逃げ去った。何年も経ってから、母から聞いた話では、サーシャとローラの間には、結婚関係は一度もなかった、ということだった。サーシャはローラを幼い子どもの頃から知っていて、彼女をいつも遊び友達のように思っていたので、結局妹のような感情しか持てなかったのではないか、と母は考えていた。

後になって、サーシャとローラは離婚し、やがて二人とも再婚したが、二人はずっとよい友達であり続けた。サーシャの二度目の結婚は、とても幸福だったと言われている。ローラは新しい環境に適応して、女優になった。彼女は舞台で大変な成功を収めたらしい。三十六歳で、彼女は胸部の癌のために死亡した。

サーシャとローラと別れて二週間ほど経った頃、代理人から、テレーゼの入国許可が下りたという知らせがあった。簡単なことではありませんでしたよ、と彼は言った。テレーゼは敵性外国人と見なされて、種々障害があったが、ようやく解決して、私と代理人とで翌日市長の公邸に出頭して、市長から直接、テレーゼのオデッサ入国許可書を受け取ることになった。市長は丁重に私たちを迎えてくれ、私の要求を完全に理解してくれたようだった。彼は、「政治の紛糾が愛し合う二つの魂を引き裂くなんて、悲しいことですね」などと抒情的な言葉を口にしさえした。

市長は、私たちの結婚をいわば父親的な態度で祝福すると、事務机に座って書類に署名し、それをもったいぶって私に手渡した。私の為すべきことは、その書類をテレーゼに届けることだったが、それは特に難しくはなかった。ドイツへの郵便業務は、中立国を介して開かれていたからである。

私は入国許可書をテレーゼに郵送し、テレーゼは、数週間後に、オデッサとガラティという小さなルーマニアの港を結ぶ小型旅客船に乗って、無事オデッサに到着した。偶然、彼女が蒸気船に乗りこんだときに書類を見た職員が、私の学校友達だと言って自己紹介したということだったが、テレーゼは彼の名前を覚えていなかった。

最初のうちは、テレーゼと母の関係は、うまく行っているらしかった。しかし、私は始めから、テレーゼが私の家族やまったく親しみのない環境にうまく適応できるかどうか、不安に感じていた。彼女はドイツの小さな地方都市の出身だった。父親は裕福な実業家だったが、不運な投機をして、全財産を失った。家族に強制されて、テレーゼはよい境遇の男性と結婚したが、性格がまったく合わず、すぐに離婚してしまった。不幸が次々に続いた。テレーゼは母を失い、数日後には父も亡くなった。テレーゼが両親の家で培った物の見方は、私たちの家庭とはまったく異なった背景に基いており、実際しばしば世間離れして見えた。

彼女がオデッサに着いた後、まもなく私たちは結婚した。馬車に乗って帰る途中、テレーゼは私の手を握って、接吻をし、のどをつまらせて言った、「あなたの結婚生活が、幸福なものでありますように」。この言葉は、奇妙な感じを与えた。なぜ〝私たちの結婚〟と言わないで〝あなたの結婚〟と言ったのか、これではまるで私が彼女でない、別の女性と結婚したみたいではないか。

テレーゼがロシアに来たのは、最も間の悪い時期だった。ロシアとドイツの間の戦争がちょうど始まって、誰もがドイツのものすべてに強い敵意を抱いていた。さらに悪いことに、テレーゼはロシア語を一言も話せなかった。彼女はフランス語も知らなかったが、もし知っていたら事態は少しはよくなっていたことだったろう。彼女の南方系の顔立ちが唯一の利点だった。誰もが彼女はイタリア人かスペイン人と思って、ドイツ人とは思わなかったからだ。

厄介なことに、近くサーシャとローラがコーカサスの旅行から戻ることになった。テレーゼとローラのような異なった二人の人間が、はたして一緒に暮らして行けるか心配だった。私は、ローラの誘いを軽く考えすぎていたことを後悔した。不幸にして、私の不安はまさしく的中した。二人の女性の最初の出会いは、私にとってきわめて厄介なものとなった。

ローラとサーシャは、テレーゼにとてもよそよそしい態度で挨拶したが、サーシャに至っては、ドイツ語をいくらか知っているのに、まったく話しかけようとしなかった。ローラは彼女に気づかないふりさえした。彼女はすぐに私に向かって話しかけ、誘惑的ないたずらを諦める気は毛頭ないことを、全身で示していた。

数日経って、彼女はまた、テレーゼが自分を見ていないと思うと、やたらにコケティッシュな目つきで私を見るようになった。テレーゼがこの態度に気づかないでいるはずもなく、嫉妬する場面もあったが、とうとうローラとはこれ以上同じ屋根の下で暮らしていけない、と宣言した。彼女は母とユージェニア叔母さんを責め、二人がローラの振る舞いを黙って見ているだけで、ローラにお上手を言われて結局ローラの味方になっている、と言って怒った。不幸なことに、私も、母と叔母さんがローラを好き勝手にやらせておいて、彼女の挑発的な態度に何一つ注意しないのを、認めないわけにいかなかった。

明らかに、このような状態が長く続くはずはなかった。私は率直に母とこの状況について相談することにした。しかし、母は相談にのろうとせず、単に私をなだめて、事態を害のない些細なことに見せかけようとするだけだった。

それを見て私は、テレーゼと一緒に数カ月間旅に出るので、その間にユージェニア叔母さんとサーシャとローラのために、市内に適当な宿を探してやって欲しい、と母に頼んだ。テレーゼと一緒にオデッサを離れるという決心を聞くと、母はとうとう私の提案を受け入れて、私たちが戻った後は、ローラが二度とこの家に現れないようにする、と約束してくれた。テレーゼと私は、次の冬の何カ月かをモスクワで過ごしたが、モスクワでは彼女はオデッサにいる頃よりずっと気分がいいらしかった。この都会の明らかに大陸性の気候は、オデッサの温暖だが海洋性の気候よりも、彼女が絶えず悩まされていた風邪や気管支炎にとっては、ずっと好適らしかった。

テレーゼは、昔の教会や塔のあるクレムリン宮殿に夢中だったが、その上を舞っているカラスの群にも歓声を挙げた。カラスの群は風景とぴったり調和して、風景を生き生きしたものにしている、と彼女は感じたらしかった。私たちはよくモスクワ芸術劇場に出かけたが、そこはテレーゼのお気に入りの場所だった。実際のところ、彼女はオデッサに着くと、すぐに熱心かつ辛抱強くロシア語の勉強を始めて、今では舞台上の演技を容易に追える程度にまで上達していた。モスクワではさらに二倍の努力をしたので、春にオデッサに戻ったときには、彼女はかなり流暢にロシア語で会話ができるようになっていた。

一九〇八年の春、ミュンヘンのクレペリン教授のところへ行ったときに、私は法学部での勉強を中断していたが、法律の学位を取って開業免許状を取ることは、諦めていなかった。ロシアの大学の正常の法律課程は四年制で、そこを卒業すると国家試験があり、それに合格すれば、オーストリアかドイツの弁護士と同じ資格が与えられた。しかし、私の場合のように、四年課程を途中でしくじったり、外国で法律を勉強した場合には、いわゆる〝外部生《エクスターン》〟として国家試験を受ければ、ロシアの法学部で四年間勉強した者と同じ資格と学位を取得することができた。一つだけ条件があって、それはロシアの人文系ギムナジウムを卒業して、そこでの大学入学試験に合格していなければならない、ということだった。さらにまた、〝外部生《エクスターン》〟として国からの給費を受けるためには、サンクトペテルブルクにある教育省から特別の許可を得る必要があった。

ウィーンでフロイト教授の分析を受けていた間に（それは数年間続いたが）、私はウィーンに来る学生に頼んで、オデッサ法律学校が学生用に指定した書物をすべて運んでもらって、オデッサ大学の給費生になる準備を始めた。一九一四年から一九一五年にかけての冬の間、私はテレーゼと一緒にモスクワで生活し、勉強に必要な心の安らぎを得て、来たるべき春の試験を受ける準備に没頭した。教育省から許可書を受け取った後で、テレーゼと私はオデッサに戻り、私はオデッサ大学の法律の国家試験に合格した。

私がもっと若い頃に受けた法律の試験は、もう無効になっていたので、私はそれらの科目の試験をもう一度受けなければならなかった。全部で試験は十八科目あったので、ひどく緊張した。私は幾晩も勉強し続け、何杯も濃いコーヒーを飲み、しばしば一時間かそこらしか眠らなかった。試験がすべてうまくいって二、三日経った頃に、私は突然、我慢できないほどの激しい頭痛に襲われたが、それも重大な結果には至らずにすんだ。

一九一五年にオデッサ法律学校で試験を受けた外部生《エクスターン》は、私だけではなかった。当時、ロシアの学校や大学では、ヌメルス・クラウズス〔定員制限〕が効力を持っていて、ユダヤ人が全学生の十パーセントを越えることは禁止されていた。そのため、若いユダヤ人学生がたとえ人文系のギムナジウムを卒業していても、十パーセントのユダヤ人枠が一杯の場合には、ロシアの大学で勉強を続けられないことが、ありえたのだった。その学生は、どこか外国の大学で勉強して、それから外部生《エクスターン》としてロシアの大学で受験すれば、この規定を免れることができた。そしてもし法律の試験に合格すれば、ロシア全土で弁護士を開業する資格が得られたが、しかし、それでもなお公務員の地位にはつけなかった。専制君主時代のロシアにおける反ユダヤ主義は、後のヒットラー・ドイツにおけるがごとく、〝ユダヤ人種〟に向けられたものではなく、むしろユダヤ教に向けられていた。もしユダヤ人でも洗礼を受けてギリシャ正教を信ずるようになれば、ユダヤ人の権利の制限はなくなり、ヌメルス・クラウズスは適用されずにすんだ。

オデッサに戻った後、私たちの家には立入禁止を宣言したので、ローラが顔を見せることはもうなかったが、サーシャだけは時折私に会いにやってきた。テレーゼと母との関係は、あいかわらず少しも改善しなかった。

私たちが留守の間、母は一層妹やサーシャやローラに愛着するようになり、今ではほとんどいつも彼らと一緒に過ごしていた。私は母とはずっととてもよく理解し合って暮らしてきたので、このような疎遠な関係は、悲しくて耐え難かった。この状況は、テレーゼがドイツ生まれの初老のオールドミスをロシア語の話し相手兼先生として雇ったときに、さらに悪化した。この女性は、社会全体に行き渡っている反ドイツ的な空気に心を傷つけられていて、テレーゼと母の間の感情をなだめるのには、まったく適していなかった。

私は、テレーゼが母たちの家の出来事を、何でもよく知っているのに驚かされた。彼女は、母が自分をそしって言った言葉や、母がローラにあげた贈物のことなどを、飽きずに繰り返し噂した。そんなことに神経を尖らせて、絶えずこだわっていても意味がない、といくら説得しても、効果はなかった。大切な記念日には、母からもっと高価な贈り物をもらっているじゃないか、母は自分の宝石のコレクションの中から、大切な宝石を君に与えているのだよ、と言ってきかせても、役に立たなかった。テレーゼの方が正しくて、家事に細やかな配慮を示してくれることがあっても、それは火に油を注ぐ結果にしかならなかった。なぜなら、母は自分では家事にほとんど関心がなく、すべてをあまり気のきかぬ家政婦に任せていたのに、テレーゼが手を出すと自分の領域を侵害されるように受け取ったからだった。母の趣味は英語の勉強で、多年にわたって彼女は熱心に勉強してきていて、英語をマスターすることを一つの目標にしていた。

まもなく、私は家庭内の平和を取り戻す努力を、一切放棄した。何をしても、母とテレーゼは私が相手方に肩入れしている証拠だと受け取って、事態が一層悪化するだけだったからだ。すべてが最悪のときに、さらにテレーゼの親戚から知らせが届いた。それによると、エルゼが肺炎に罹って、肺疾患のサナトリウムに運ばれたということだった。テレーゼは、よく世話してくれなかったせいだといって、エルゼを預けておいた親戚の者を責め、〝母としての義務を果たさず、あなたのためにエルゼを犠牲にしてしまった〟といって、自分を責めて苦しんだ。

一九一六年の末にかけて、ロシア国内の危機はしだいに切迫してきた。ラスプーチンが、ドイツとの個別平和条約を強く主張しているという噂だった。皇后への彼の影響力は増大しており、彼は勝手に大臣を指名したり罷免したりしている、ということだった。皇太子ユスポフによって彼は暗殺されたが、それはその後の事件の前奏曲だった。ラスプーチンの暗殺のすぐ後に、ケレンスキーが国会で演説し、その中で公然と皇后のドイツ人びいきの同情論を非難した。政府と国会の間のあからさまな争いが始まった。

政府は、ケレンスキーを法廷に引き出せ、と要求した。しかし、国会はケレンスキーの側に立って、議員の不可侵性を楯に拒否した。これについては、何一つ報道されないだろうと思われたし、オデッサ新聞は大きな空欄のままで発行されたので、サンクトペテルブルクで実際何が起こっているのか、誰にもわからなかった。数日後に私たちは、皇帝が退位して、ケレンスキーを首班とする、国会議員によって構成された暫定内閣が成立したことを知った。

よく知られているように、一九一七年の秋、十月革命が起こって、ケレンスキーは外国に逃亡した。同じ年の晩秋の頃には、オデッサで武装勢力同士の争いが起こるのではないか、と心配された。

私は、街の中をあまり遠くに行かないように忠告されていた。にもかかわらず、ある日、私たちの家からかなり遠くに住む友人に会いに出かけて行った。帰宅しようとして友人宅を出たとき、私はごく短時間のうちに、街がすっかり変わってしまったのを見て、驚いた。通りには突然誰一人いなくなり、道路に面したドアはすべて鍵がかけられていた。この人気のない街を通り抜けるのは、無気味な感じがした。ようやく私は、領地に続く道と平行に走る道に辿り着いたが、そこからさらに右か左かに行かなければならなかった。この街路を見やると、恐ろしいことに、右側も左側も、武装した兵士で封鎖されていた。彼らは街路の両側に戦線を敷き、私が着いたまさにそのときに、互いに撃ち合いを始めた。最初、私はどうすべきか、判断がつかなかった。しかし次の瞬間、左の方に百メートルほど行くと、庭園に入る小さな入り口があるのがひらめいた。この入り口は開いたままになっていることがあって、この庭園を横切ると近道をして領地に向かう道に入れると、以前サーシャが話していたのを思い出した。庭園の入り口に鍵がかかっている危険を冒しても、この機会を捉えて左に行くべきか、まさに二つの戦線の間を通って進むのは、狂気に近いのではないか。

私の置かれた状況では、運命論者になる他なかった。私は平行な道を横切って、左方に曲がった。弾丸がヒューヒュー音をたてて、耳もとをかすめたが、ひるまずに進み、庭園の入り口に着くと、かけがねを摑んだ。入り口は開き、次の瞬間には私は中に入りこんでいた。幸運にも雨のように降り注ぐ弾丸の中を通り抜けて、私は今や安全に、無事に家に向かう道を辿ることができた。

一九一八年の春、ドイツ軍とオーストリア軍がオデッサに進駐した。中央政権は、ウクライナの独立を宣言し、新国家の首長としていわゆるヘットマンを置いた。この称号は、コサックが彼らの領地の長として、ヘットマンを選んだ古い時代に遡るものだ。これらの古いコサックの国々は、近隣と絶えず戦争状態にあるむしろ脆弱な政治組織だったが、最後は大ロシア国家の一部分となって、国民的文化とギリシャ正教会によって統合されることとなった。

ヘットマンが憲法上どんな権利を有するか、誰もが用心深く沈黙を守っていた。しかし、すべての執行機能は中央政権が握ったままだったので、そんなことは重大事ではなかった。ヘットマン自身について言えば、同じ称号を持っていた有名なウクライナ出身の元帥、この歴史的人物の子孫の男が、選出された。ドイツ軍がキエフを占領し、オデッサとその南部はオーストリア軍に任された。

この間に、エルゼの肺疾患はいっそう悪化した。彼女はブライスガウ地方のフライブルクにある結核病院に入院していた。気胸治療が行われて、左肺は機能を失ったが、望ましい効果は認められなかった。エルゼから、できるだけ早く母に会いたい、という手紙が来た。病院長からも、エルゼが重態なので、遅れずに会っておいた方がいい、と知らせてきた。このような事態となって、テレーゼが早急にドイツ入国のヴィザを手に入れたいと熱望したのは、当然のことだった。それは最初考えていたほど簡単ではなかった。何週間も待たされて、ようやくテレーゼはドイツ領事館に召喚された。

私たちは領事館に行って、医師からの手紙を見せた。領事は私に、「あなたも入国許可を申請しますか」と訊ねた。それまでそうすることは考えていなかったが、そのうちフライブルクにテレーゼとエルゼを見舞うことになるかも知れないと考えて、私は「はい」と答えた。テレーゼの書類が整うと、彼女がエルゼに会いに行くのを妨げるものは、何一つなくなった。私はキエフまで彼女を見送り、そこから彼女は一人でドイツに向かった。

テレーゼは、一九一八年九月にオデッサを離れた。同じ年の十一月、中央政権の完全な軍事的崩壊が起こった。ヘットマンはドイツに逃亡し、ドイツとオーストリアの軍事同盟は解体した。オデッサの街からは、日ごとにオーストリア人の姿が少なくなり、将校も兵隊もできるだけ早く帰国しようとしていた。しかし、これは、交通路が途絶えていることを考えると、容易なことではなかった。

まもなく、イギリス人とフランス人の姿がオデッサで見られるようになった。連合軍はフランスに占領を任せ、フランスの軍人たちがオデッサ港に錨を降ろした。ポーランドは、再び独立を回復したので、ポーランドの制服がオデッサでも見られるようになった。多くのポーランド人が志願して、ポーランド軍の軍務についていた。しばらくの間、市内に行くたびに、しばしば太ったポーランド人の大尉か大佐と出会うことがあった。彼は白い頰ひげを蓄えていて、ひどく人目を惹いた。そして何やら女っぽい雰囲気を身につけていて、一歩一歩、あひるのようなよたよた歩きをしていたので、会うたびに笑わずにいられなかった。

私たちの財産は、ほとんどすべて国の債券に投資して、ロシア国立銀行のオデッサ支店に預けてあった。債券は、戦争で無効になってしまった。その上、金の価値が絶えず下落していった。ドイツとオーストリアの占領時代に、独自のウクライナ通貨が作られていたが、それらは急速に価値を失うと思われた。父からの遺産は、あいかわらず母が管理してくれていたが、ピョートル叔父さんからもらった遺産の大部分は、抵当証券に投資してあった。私の債務者たちは、通貨の下落を利用して、今のうちに返済したいと熱心に言ってきた。戦時中や戦後によく見られるように、ある人々は金を失って、インフレのために貧民となり、一方新興富裕層が台頭してきた。消費物資が欠乏しているのに、どうして貨車一杯の物資を買ったり、すぐにまた売ったりできるのか、さらにまた、私の知識では、資力も商売の経験もない連中が、どうしてこういう取り引きができるのか、私には謎だった。インフレの悪化がひどく心配で、私は債務者たちから受け取った金を、どこに投資すべきか頭を悩ませた。実務にはまったく疎かったので、実業家や銀行家の助言を得たいと思ったが、どこでもあいまいな答えしか得られなかった。いろいろ試みても専門家から確答がなかったので、私はD医師に相談することにした。

戦争が始まったとき、D医師は志願して軍医となり、前線で働くようになった。彼によれば「精神分析家は何でも経験しておくべきだ」ということだった。ウィーンから戻った後で、私はD医師に会ったが、彼は軍服を着用してひげもきれいに剃っていて、外見がすっかり変わってしまって、まるで別人のようだった。私の記憶では、ウィーンにいる頃は彼は赤味がかった金色のひげを生やし、そのために実際より幾分背が低く見えたし、服装も黒いモーニングに白いタイをつけていた。

テレーゼと母が言い争っているときに、私は誰かに打ち明けたくなって、D医師を訪ねた。彼はテレーゼの味方をして、彼女を〝ドイツのタチアナ〟と呼んだ。タチアナは、プーシキンの『エフゲニー・オネーギン』に出てくる人物である。

私はD医師に、投資について相談することにした。彼の外見は、またまた変化していた。彼はみすぼらしい着古した軍服を着ていて、明らかに着替えもない様子だった。再び伸ばし始めたひげは手入れもしておらず、髪が花輪のように顔にかかっていて、その間から一対の不審そうな、幾分不満げな眼が、レンズの厚い眼鏡の奥から、相手をじっと見つめるのだった。D医師には、いわば〝準備された〟答えがいつだってあったので、ためらうことなく助言した。君は商売のことは何も知らないのだから、ジュネーヴでギャンブルで一儲けしたことを思えば、唯一の適切な〝投資〟方法は、バカラだろうね、と。

私がD医師と一緒に、初めて賭博場のカジノに足を踏み入れたのは、ジュネーヴでだった。私たちは、バカラのテーブルに足を止めた。そのテーブルはとても混み合っていて、初めは諦めて見物しているほかなかった。胴元になっているのは、やせた初老の紳士で、彼はずっと勝ち続けていた。

「あいつはドイツ人で、フランス語は話せないんだよ」と、私の隣りの誰かが、低い声で言った。紳士は、実際に一言も発せずに座っていた。彼は礼儀にかなった態度を変えないでいたが、満足そうな笑いが時々、止めようもなくこぼれ出た。彼が勝ち続けたので、テーブルのまわりの人だかりは、次第に減って行った。ドイツ人は途方もない幸運に恵まれているようで、まもなく彼とゲームを続けたいと思う者は、ほとんどいなくなってしまった。

この瞬間、D医師が私に囁いた、「さぁテーブルに着いて。今こそチャンスだよ」

私は初め躊躇したが、結局彼の言葉に従った。それまでに他の人たちは皆ゲームから手を引いてしまっていたので、私は一人でドイツ人相手にゲームをしなければならなくなった。D医師が正しいことがわかった。私がゲームを始めた瞬間、幸運がドイツ人に背を向けた。彼は負け、私は勝った。彼の表情は次第に暗くなっていったが、彼はゲームを続けた。それまで勝ち続けた金を、私のためにほとんど全部失ってしまうと、彼は突然バネのように立ち上がり、部屋から出て行った。

私はさらに何回か、D医師と一緒にカジノに出かけた。私は最初ほど高い賭け金はかけなかったが、繰り返し勝ち続けたので、自分に賭博師としての幸運が備わっていることを疑わなかった。

あの旅行以来、私はカード遊びには、まったく加わったことはなかった。それが今になって、D医師と私は、彼がよく行く賭博クラブを訪れたのだった。この回も、次の回も、賭博師のつきが私から離れていないことを証明してくれた。D医師の友人であるN弁護士の屋敷でも、賭場が開かれていたが、秘密めいたその集まりに興味をそそられて、私たちはそっちの方に行くようになった。私はそこでも勝ち、自分の幸運の星を完全に信じこんでしまった。ある夜私たちは二時まで賭けをしたが、いつものように私はついていて、最初の賭け金は二倍に増えていた。時間が遅くなったので、私たちは立ち上がりかけたが、N氏がもっと続けようと言って引き止めた。そのとき、Sch博士とかいう男がテーブルに近づいてきて、立ち止まり、私たちのゲームを注意深く観察し出した。ほとんど知らない男だった。私が知っているのは、彼が有能な実業家で、好運に恵まれて、いくつもの企業で成功している、ということくらいだった。なぜかわからないが、私には、この男の存在がひどく不快に感じられた。私は、突然不安感に圧倒された。それは、最初はぼんやりした予感のようなものだったが、すぐにSch博士が私に凶運をもたらすのではないか、という不安に変わった。彼ができるだけ早くいなくなってくれるように、私は願った。しかし、Sch博士は、私たちのゲームにしだいに興味を募らせて行くようだった。彼がゲームに加わりたいと言い出したとき、恐れていた転回点が突然やってきた。私は彼に次々に賭金を奪われ、最後には数千ルーブルを失っていた。

私は、これで賭博のつきが離れたと考えながら、がっくりと気落ちして帰宅した。私はジュネーヴを思い出した。物事は反復する、ただ、逆になっただけだ、と私は考えた。

翌日、私は平静さを取り戻した。賭博のつきを私から奪ったSch博士の魔術的な力は、一体何だったのか。結局私は、すべての賭博者は、いつかは負けるのを覚悟しなければならないのだ、と考えて、自分を慰めた。私は、Sch博士に負けたことなんて何の意味もない、ということを自分に対して証明したい願望にとり憑かれた。これを証明するためには、彼に奪われた金を取り戻す必要があった。そのときから、私のつきは確実に離れてしまったようだった。

私は、Sch氏に会いたくなかったので、N氏邸に行くのをやめたが、運を試す場所は、他にもたくさんあった。景気は不確かで、翌日は何が起こるか誰にもわからなかったので、オデッサの人々は皆その日暮らしをしていた。すべての街角に、賭博のためのカジノや居酒屋が、きのこのように生え出ていた。

しかし、N氏邸での運命的な夜以来、私は悪運に苦しみ続けた。私は毎夜、空の財布を持ってクラブから帰った。次第に私はこのつきのない運命を、自分の人生の変えようのない事実と思うようになった。

損害が相当な額に達した後で、私は賭博はやっても損するだけだと感じ始め、これ以上運命に挑戦しても無駄だ、と自分に言いきかせた。とうとう私は賭博をきっぱりとやめて、それきりでこの情熱から抜け出すことができた。

テレーゼがドイツに発ってから、数カ月が過ぎた。オデッサとドイツ間の郵便網は遮断されていたので、テレーゼからの知らせが届くのは、誰かオデッサに旅行する人を見つけて、手紙を託せるときに限られていたが、そんな人は滅多に見つからなかった。稀な手紙で届く知らせは、痛ましいものだった。エルゼの病状は悪化して、助かる望みはほとんどないということだった。テレーゼは、手持ちの金がどんどん少なくなっていることも知らせてきたが、不幸なことにドイツに送金する方法がなかった。それで私は、ブライスガウのフライブルクに行く決心をした。

すでにドイツとオーストリアの入国許可証は取ってあったが、ブカレストとウィーン経由でドイツに行きたいと思ったので、出国許可証と、さらにルーマニアのトランジット・ヴィザも取得する必要があった。厄介な交渉の後で、その両方をやっと手に入れることができた。

この旅行のために、十分な資金も準備しなければならなかった。オーストリアとドイツに行く以上、これらの国の通貨も持って行くようにと忠告された。この忠告は好意からだったかも知れないが、しかし銀行側で、敗戦国の通貨を、上昇し続けるドルや英国ポンドと交換しておきたいと望んだ可能性もあった。こうしたことに何の知識もないまま、私は銀行員のすすめるままに、オーストリアのクラウンと、ドイツのマルクを同額ずつ買いこんだ。

オデッサは、中央権力からほぼ完全に切り離されていたので、私たちはドイツとオーストリアの状況について何も知らなかった。たとえば、ウィーンは混乱状態に陥っていて、すべてがメチャメチャで、本当の必需品しか携行できないという噂だった。私の最初の目的地は、黒海沿岸のルーマニアのコンスタンツァ港で、そこまではフランスの旅客船ユーフラ号で行く予定だった。出港は何度も延期されたが、ようやく最終的な予定が発表になった。

私は母に別れを告げ、小型のスーツケースを持って家を出た。母とテレーゼの不和から離れて暮らしていた従弟のグリゴリーが、ただ一人波止場で見送ってくれた。今度こそ予定時刻通りに、蒸気船は港を離れた。

船には、アテネに向かう数人のギリシャ人、フランスに帰るフランス将校たち、オデッサのルーマニア大使館員が二人、それにオデッサの商社マンW氏らが乗っていた。コンスタンツァに入港する少し前に、W氏が内緒で話してくれたところによると、ロシアとオーストリア通貨のルーマニアへの持ち込みは禁止されているので、それらの金は上陸する際に没収されてしまう、ということだった。どうしたらよいのだろう。私の持っている現金の半分は、オーストリアのクラウンだった。深く考える余裕もなく、私は急いでオーストリア・クラウンをフランス人将校に預けて、後でドイツの私宛に送ってくれるように頼もう、と決心した。だが、どの将校に頼むべきだろう。最後に私は、一番信頼できそうに見える熟年の将校を選んだ。彼は市民生活ではパリ衣類会社の重役をやっているという話で、それも私の選択が間違っていないことを確証してくれるようだった。彼は即座に喜んで私の依頼を引き受けると言ってくれたので、私は金を手渡した。コンスタンツァに上陸後、パスポートが検査された。二人のルーマニア大使館員は、外交官パスポートを見せて、難なく通過した。しかし、私とW氏は、ルーマニア警察に拘留された。説明によれば、ルーマニア大使館の発行したヴィザは無効であり、ロシア人はヴィザの有無にかかわらず、ただちにロシアに送還される、ということだった。二、三日後に私たちをオデッサに送り返す予定の、小さな蒸気船が停泊していた。いろいろ抗議してみたが、無駄だった。桟橋に積まれた干草の山が、私たちの夜の宿となりそうだった。武装した見張りがその横に立っていて、私たちは彼の見える範囲を出てはならない、と命じられた。

警官は、多くのルーマニア人同様にフランス語を話したので、私は彼とは十分に話し合うことができた。しかし、ルーマニア警察も自国の在外公館の出した指示を無視したり取り消したりはできないはずだ、といくら説得しても、何の効果もなかった。私とW氏は、見張りからあまり遠ざからないように注意しながら、桟橋の上をブラブラ歩いたり、干草の上に寝転んで背伸びしたりしながら、自分たちの運命を嘆いた。幸い天気がよくて暖かかったので、露天で夜を過ごすのも心配ではなかった。

警官とはいくら話しても埒があかなかったので、最後に私は、上官のところへ連れて行って欲しい、と率直に頼んでみた。彼は幾分困った様子だったが、翌日現れると、「ではお連れしましょう」と言ってくれた。ルーマニアはフランスの占領下にあったので、今や私たちの問題の決定権は、フランスの国境管理官が握ることとなった。

警官は、私とW氏を近くのフランス国境管理事務所に案内してくれた。持参した書類をフランス人の役人に見せると、彼は書類は完全に整っていると認めてくれた。私はルーマニア語はまったくわからないので、彼が警官に何と言ったか理解できなかったが、私たちをそのまま釈放し、行動を妨げないように命じたのは明らかだった。それに応じて、警官は両手に私たちのスーツケースを持ち、急いで私たちを港湾管理地区の外へと連れ出した。次の瞬間、彼は私たちの荷物の検査もせず、どんな金を国内に持ち込んだか訊ねもせずに、姿を消してしまった。あらかじめこうなると知っていたら、私は安心してオーストリア・クラウンを持っていられたのに。その金は、今ではフランスに向かう途中にあり、やがてフランス当局に報告されて、私の手に戻るのはようやく二年後になってからのことだった。この二年間に起こったオーストリア通貨のほとんど完璧な下落によって、私が受け取った金額は、正確に昼食一回分だけとなっていた。

私とW氏は、思いがけず話がうまく進んだことにすっかり嬉しくなって、コンスタンツァの街をあちこち自由に歩き回った。W氏はこの街に詳しかったので、その夜のホテルの選択は彼に任せた（彼はそのままこの街に滞まることになった）。翌日、私は道連れとなって一緒に災難に会ったW氏と別れて、ブカレストに向かった。コンスタンツァからブカレストまでの全地帯は、至るところルーマニアとフランスの軍隊で一杯で、さながら巨大な軍事基地のようだった。

ブカレストは、少なくとも市の中心部は私に好印象を与えた。〝小さなパリ〟と呼ばれたのも、理由のないことではなかった。美しい建物と、エレガントな店と、市内交通の渋滞があった。しかし、市の中心部から離れると、街の魅力は半減した。ブカレストに着いた翌日、私はたまたま知人に出会ったが、彼の話では私が出発した二、三日後にフランス軍がオデッサから撤退し、代わって赤軍が進駐した、ということだった。

私は人づてに、ブカレストでは連合国間の委員会が組織されていて、個人の出入国の許可の決定は、その委員会に委されていることを知った。そこで私は、この委員会に出頭して、持参した書類を提出した。私は疑惑に捉えられた。私のケースを処理するのに、この委員会はいったいどのくらいかかるだろう。もしドイツ行きが許可されなかったら、ブカレストでどうしたらよいのだろう。私はしょげきって、市街をさまよい歩いた。

二週経った末に、私は連合国間委員会から、自由に旅行を続けてよい、という知らせを受け取った。やっとのことで私は、ウィーンへと連れて行ってくれる列車の横に立つことができた。驚いたことに、同じ列車の前方に、私がオデッサでよく見かけたあのポーランドの大尉か大佐、白い頬ひげと馬鹿げた行動でひどく目を惹いた男が立っていた。もう一人、ポーランド軍の制服を着た将校が一緒だった。私たちは、すぐに話し始めた。最初の男がまず口を切って、自分はドゥ・ラ・T大佐です、と自己紹介した。横にいたもう一人は、私が初めて見る人で、何かポーランド語の名前を言った。二人とも、以前ロシアの将校だったとのことで、ロシア語以外は話せなかった。私たちは同じ客室に席をとったが、その客室にはもう一人、ブカレストでフランス語の教師をしていたフランス人令嬢がいた。ドゥ・ラ・T氏が素敵なフランス風の名前にもかかわらず、フランス語がまったくわからなかったので、私は彼とフランス人令嬢の会話を助けるために、時に通訳の役割をしなければならなかった。ドゥ・ラ・T氏が突然、自分と結婚してくれないかフランス人令嬢に訊いてくれないか、と私に頼んだので、私は嬉しくなってしまった。もしその気持ちがあるなら、パリの住所を教えていただけないか、そうすればまた会える日を打ち合わせたり、結婚式の詳細を計画できますので、と彼は言った。私が求婚の言葉を伝えると、フランス人令嬢は喜んでそれを受け入れ、うっとりした笑みを浮かべて、パリの住所を書いた紙片を大佐に手渡した。ウィーンが近づくにつれて、大佐はだんだんと真面目になって行って、とうとう、自分はフランス婦人をずっと観察してきたが、自分の気に入らないところが〝いろいろ〟ある、と言い始めた。そのため私は、できるだけ巧みに、彼が求婚を取り下げる気持ちになっていることを、彼女に納得させなければならない破目になった。私はできるだけ遠回しに伝えようとしたが、フランス人令嬢はすぐに結婚できそうもないことを悟って、ひどくがっかりして悲しそうな表情に変わってしまった。

私はウィーンに数日滞在しただけだったが、この機会を利用して、フロイト教授を訪ねることにした。彼は私との再会を喜んで、一九一八年に刊行された『神経症論小論文集』(原註1)に、自筆で献辞を書いて贈ってくれた（一九年四月二十一日の日付が書き添えてある）。話が戦争中の出来事に及ぶと、フロイト教授は、私たちは「死に対して誤った態度をとっている」と言ったが、その言葉から、私は彼が戦時体験を、一般とはまったく異なった角度から見ているのを感じ取らずにいられなかった。

食物が恐ろしく欠乏しているウィーンを離れて、ブライスガウのフライブルクに向かい、一九一九年五月一日、激しい吹雪の中、私はフライブルクに到着した。やっとのことで、テレーゼとエルゼに再会できた。テレーゼを見て、私は強いショックを受けた。オデッサを出たときは美しい黒髪だったが、それが雪のような白髪に変わっていた。この数カ月でこれほど変わるとは、エルゼのためにどんなにか深く心配したに違いなかった。

医師が感染の危険があると警告し、止めたにもかかわらず、テレーゼはエルゼの病室に付き添っていたいと主張した。そして、それが母親の義務と考えて、エルゼが息を引き取るまでそばを離れなかった。エルゼは、結核患者によくあるように、自分が重態であることに気づかず、今でも回復できると思っていた。彼女は外向的で、周囲のことに興味を抱いていた。重い病気なのに、誰に対してもいつも親切で優しく、病院内の誰からも愛されていた。エルゼと私は、最初からよく理解し合っていて、彼女は私を愛して尊敬してくれていたので、私がフライブルクに来たのをとても喜んでくれた。

私は医師に、エルゼが助かる見込みがあるか訊ねた。医師は、望みはまったく持てない状態だ、と言った。エルゼは、私がフライブルクに着いた二カ月半後に、死んだ。私たちは彼女の亡骸をミュンヘンに運んで、埋葬した。

かくして、テレーゼと私にとって、長期にわたる異国生活の変転がスタートした。

一九一九—一九三八年　日常生活

一九一九年の春、フライブルクに行く途中にフロイト教授を訪問したときは、私は自分の精神状態と感情状態に完全に満足していたので、今後さらに精神分析を受けることになるとは、考えもしなかった。しかし、フロイトに、ウィーンを離れてからの数年間の精神状態について、思い出せるだけのことを話すと、彼はまだ分析し切れていない素材が少し残っているから、短期間の再分析をしたらどうか、と提案した。その結果、秋にウィーンに戻って再分析を受けることで、私たちは同意した。テレーゼと私は、その夏の残りを、ドイツの小さな町リンダウ近くのボーデン湖畔で過ごし、九月末にウィーンに戻った。しかし、精神分析治療にはよくあるように、今回の分析は次々に延長されて、フロイト教授がこれで完全だと思うと言ってくれたのは、ようやく一九二〇年の復活祭の頃だった。

ここで、前年の夏のちょっとしたエピソードを振り返ってみたい。それは当時はまったく意味がないと思われていたが、私の後の人生に重要な結果を及ぼすことになった事件である。フライブルクでペンションに暮らしていた頃に、私はフライブルク大学の学生と親しくなった。この学生の姓は、ウィーンの高名な教授の姓と同じだった。仮にここではその姓がマイヤーだったとしておこう——実際はまったく別の姓だったが。その学生に、妻と私は秋にウィーンに行きたいと思っている、と話すと、彼はマイヤー教授は自分の叔父さんなので、ぜひ訪ねてよろしくと伝えて欲しい、と言った。

ウィーンに着くと、私はマイヤー教授の住所を探して訪ねて行き、約束通り甥からの挨拶を伝えた。しかし、マイヤー教授が、自分は甥など持ったことがない、君はいたずらっ子にしてやられたのではないか、ときっぱり言うのを聞いて、私は呆然としてしまった。私はもちろん、これでマイヤー教授との交際は終わった、と考えた。しかし、事態はまったく違う展開をした。マイヤー教授は心を落ち着けて、親切に種々話相手になってくれ、私が辞意を告げると、近いうちにまた訪ねてくるように、そのときは妻がテレーゼと会いたがっているので、一緒に連れてくるように、と招待してくれた。

この後まもなく、テレーゼと私はマイヤー教授の家族を訪問した。教授夫人はチャーミングな人柄で、ふだんは人見知りの強いテレーゼも、夫人とすぐに打ち解けて話せるようになった。

ここで、フロイトによる再分析が終了した一九二〇年春に話を戻したい。周知のごとく、第一次世界大戦後、ドイツとオーストリア通貨の価値の暴落が起こり、最後には完全な崩壊状態に陥った。テレーゼと私は一九一九年から二〇年にかけての冬、ずっとウィーンのペンションで生活していたが、今や通貨の暴落によって、ロシアから携えてきた金がまったくなくなってしまった。そのため、できるだけ早く何か仕事を見つける必要に迫られた。最初フロイト教授に相談してみたが、彼には産業界や銀行に知り合いがなくて、いろいろ援助はしてくれたが、仕事は見つからなかった。

オーストリア゠ハンガリー帝国は、小さなオーストリアの領土だけに縮小されてしまい、それまで帝国の他領域に住んでいたオーストリア人たちが、戦後ウィーンに大挙して移住してきた。他にも、今や生計の資を失った、以前のオーストリア゠ハンガリー軍隊の将兵たちが残っていた。要するに、仕事を見つけるチャンスは、特に外国人にとっては、実際にはゼロと言っていい時代だった。

私の最後の希望は、マイヤー教授だった。彼は、経済学が専門だった。彼なら私でも就職できるような会社を知っているかも知れない。そう考えて、私は彼を訪ね、どこか働ける場所を探してもらえないか、頼んでみた。彼が銀行や産業界とは関係がないが、保険会社になら何か仕事を見つけてやれるだろう、と答えたとき、私は喜ぶと同時に、驚きもまた禁じえなかった。

その後すぐに保険会社から、数日後に総支配人が面接をしたい旨の手紙が届いた。愛想よく私を迎えた総支配人は、正規雇用を考えているが、その前にまず〝ボランティア〟として数カ月間働いてもらいたい、と言った。数カ月の間は給料なしで、一種の謝金として少額の金しか払えない、しかし、その期間が過ぎれば、正規の社員として雇いましょう、と彼は約束してくれた。もちろん、私は大喜びをしてこの提案を受け入れた。私たちの財政状態はひどく悪化していて、もし、英国人の患者を何人か診ているフロイト教授が、時折若干の英国ポンドを恵んでくれなかったら、とうてい家賃も払えないほどだった。

数日後から、私は〝ボランティア〟として保険会社で働き始めた。最初私は、中年の次長H氏のいわば見習いとして働いた。彼はいつも上機嫌だったが、必ずしもまったく素面とは思えなかった。ある朝、彼はほろ酔い気分で出勤してくると、前日昔の〝恋人〟と出会った話を、大声でやり出した。「家に帰ると、女房に言ってやったよ、ねぇお前、お前と結婚して、つくづくよかったと思うよ」。そう言うとH氏は、両手を広げて、昔の可愛いかった〝恋人〟がどれほど肥ってしまったかを示して見せた。

H氏は、いつも上司のN氏について、最大の尊敬をこめて話していた。「Nさんからは、たくさん学ぶことがあるはずだよ」と彼は言った。「何か書類を持って行って質問してみるといいよ。彼は必ず右手であごを撫でて、一言も答えずに書類を返してよこすと思うよ」。このようなことから多くを学べるとは、はなはだ疑わしかったが、たぶんN氏の考えでは、教育の最善の方法は、自分の力で結論を見つけさせることにあったのだろう。

私は数週間H氏の下で働いて、それから地階にあるN氏の部門に異動した。この地下室の棚には、埃をかぶったたくさんの書類の山が陳列してあった。N氏は沈うつな人で、私は彼が微笑んでいるのを見たことはなかったし、まして彼が声を出して笑うことなどまったくなかった。彼は、背中のボタンが一つとれたモーニングコートを、いつも着用していた。この部門の雰囲気は、全体としてひどく気の滅入るものだった。

今や私は、H氏が上司のN氏について完璧な描写をしていたことを知ることとなった。一度、よくわからない書類があって、説明してもらおうと思ってN氏の机まで行ったことがあった。自動的に彼の右手があごを撫で、暗い目が私を一瞥すると、一言も発しないままに書類が私に投げ返された。かくして私は何一つ答えを得られずに、自分の机に戻らなければならなかった。

N氏の部門で約一カ月過ごした後、私は他のセクションに異動になり、そこではもっと若くて親切な人たちと知り合いになった。彼らは私の質問に喜んで答えてくれ、興味のもてる仕事をさせてくれた。最終的には輸送部門に配属になったが、そこはとても快適な場所で、結局私はそこに長く留まることになった。

この輸送部門の部長は、以前海軍士官だった心の広い世界人で、彼と私はとてもうまくやっていけた。この会社で私はほぼ三十年間働いたが、その間、私を本当の意味で支えてくれた上司は、彼一人だった。わずか二年後に、私は〝特別昇進組〟に入り、上級職の一人と見なされるようになった。通常はそうなるためには、何年もかかると思われていたのだが。

輸送部門には、部長の海軍時代の同僚だったL大尉がいた。私たちは親しい友人になり、その友情は二人が定年退職した後も続いた。L大尉の趣味は数学で、彼はアインシュタインの相対性理論をすみずみまで知っていた。彼に教えられて、私もこの分野に少しだが知識を持つようになった。L大尉は、数年前に肺癌で死亡した。

残念なことに、この輸送部門は数年後に閉鎖されることになり、他の部門は皆人数が足りていたので、最初私がどこに配属になるかわからなかった。結局私は、弁護士である自分に最も適していると思われる負債保険部門に配転して欲しい、と総支配人に申し出た。その後一九五〇年に定年退職するまで、私はこの部門に留まった。

一九三〇年代、私は保険関係の業界新聞によく寄稿した。私の書いたものが大変好評だったため、編集者はたえず新しい記事を書いて欲しいと依頼してきた。われながら特に満足した記事は、負債保険の証券に印刷されている補償請求の定義が不適切なだけでなく、完全な誤りであることを論じたものだった。総支配人がこの記事を祝う手紙をくれて、私の定義を〝厳密にして正確〟と評してくれたときは、私も誇らしい気持ちになった。

定年退職した後になってはじめて、私はなぜマイヤー教授があんなに早く私のために保険会社に職を見つけることができたのか、偶然に知った。教授夫人が、ウィーンで有名な保険法の教授の妹だったのである。してみれば、この教授にとっては、たくさんの保険会社の法律顧問をしている立場上、私に仕事を世話するのは難しいことではなかったのだろう。

この期間の個人生活について述べると、私にとって一年で最も幸福な日は、一カ月に及ぶ休暇の最初の日だった。テレーゼと私は、休暇になるといつもどこか山麓地帯に行って過ごしたが、そこで私は風景画を描くのに没頭した。秋になって、休暇から戻った後も、天気のよい日曜には、私はよくウィーン郊外の田舎に出かけて行って、秋の風景を写生して過ごした。夏が来ると、日曜や休日には二人でシェーンブルンやグリンチングや近くの名所を訪ねて、少なくとも週に一度は新鮮な空気を楽しんだ。冬期には、テレーゼが以前から好きだった劇場に、日曜ごとに出かけたし、映画にもよく行った。こうして、私たちの生活は、格別に変わった出来事もなく、ごく普通に淡々と過ぎていった。

一九三八年という破滅的な年が明けたときも、私はまだ、この平穏で平和な生活が、今後もずっと続くものと考えていた。やがて残酷な運命が私をもて遊び、すべてが悲劇に終わることになるとは、私は夢にも思っていなかった。

一九三八年　クライマックス

一九三八年三月は、オーストリアにとってだけでなく、私たち自身の個人的運命にとっても、破滅的な月だった。

「シュシニックが誰と会談したか、おわかりになる?」と少し前に新聞を手にとったテレーゼが訊ねた。

「全然わからないね」

「ヒットラーよ」

「それは予想もしてなかったね。一体どうしてなのか、考えて見なければならんな(原註1)」

その後の数日間で、ウィーンの街の風景は、しだいしだいに変わっていった。ナチス党がさらに活発に動き始めた。彼らは街々を、誰にも邪魔されずに行進して歩いた。シュシニックとヒットラーの会談によって事態が動き出し、将来に重大な政治的結果を生むと予測された。

困難な政治状況を打開するために、シュシニックは国民投票を行う旨の声明を出した。各オーストリア国民は、ヒットラーのドイツの併合を支持するか、反対するか、投票することとなった。当時の状況から判断するかぎり、投票は反対のほうが有利と思われた。

国民投票の前夜、帰宅すると、私は予報されていたコンサートを聴きたいと思って、ラジオのスイッチを入れた。コンサートは数分以内に始まるはずだったが、ラジオは長時間、黙りこんだままだった。「どうも変だよ」と私はテレーゼに言った。「ラジオが壊れてるのかもしれないね。何も聞こえないんだから」。突然、アナウンサーの声が聞こえてきた。「首相が重大な声明を発表します」。それに次いで、シュシニックが話し出した。彼の声明では、武装したドイツ軍がすでにドイツ・オーストリア国境を越えたということだったが、シュシニックは――無用の流血を避けるために――武力による抵抗は一切禁止する、と発令した。彼の終わりの言葉は、次のごとくだった、「私は力に屈したのだ。神よ、オーストリアを守りたまえ」。続いてオーストリア国歌がこれを最後に演奏された。

私はその夜、一晩中ラジオを聴いていた。明らかに群衆がラヴァグ（原註2）に乱入し、ヒットラーの勝利を喜ぶ者がマイクを奪ってしゃべり散らした。蜂の巣を突っついたような雑音だった。時々、「俺たちは幸福だ、クルト（原註3）は退位した」と即興のリズムで歌う声も聞こえた。音楽と歌が交錯し、リフレインのように〝嵐だ、塔から鐘が鳴る（原註4）〟の歌が繰り返された。

翌日、事務所はドイツ国歌（原註5）の応酬で、朝から騒がしかった。全員の意気は高揚していて、奇妙なことに、以前オーストリアと祖国戦線に忠誠を誓っていた連中も、大喜びしていた。これらの人たちが、本当にこんなにも早く新しい事態を受け入れて方針転換してしまったのか、あるいはこれが集団精神病なのか、私には判断がつかなかった。

そうこうするうちに、ドイツの各種の軍隊が、ウィーンに進駐してきた。ウィーンの街々には、これまでに見たことのないサイズの大砲が据え付けられ、市街の上空を飛行機の大編隊が飛んだ。ヒットラ

狼男，ナチ占領下のウィーンの街頭で．

った。

ーへの忠誠の誓いが、すばやくオーストリア軍隊に公布され、全軍がドイツ軍の記章を付けることとなった。

ヒットラーがオーストリアに進駐したばかりの頃、私はこの思いがけない事件が、テレーゼの心をひどく悩ませていることに、何も気づかなかった。彼女は、この併合の結果がどうなるか、悲観的な見方をしていたが、それは彼女だけではなかった。ナチスの反対者は、ほとんどすべて、ヒットラーはやがて戦争を起こすと考えていた。

テレーゼは、もちろんドイツ生まれで、自国の同胞たちを誇りに思っていて、ドイツの兵隊はオーストリアの兵隊より、軍人らしい立派な態度をしていると言って賞めていた。また、何人かのドイツ兵と話したら、生まれ故郷のヴュルツブルク出身の兵隊だったとも話していた。

ロシアから移住して以来、テレーゼの精神状態は目立って悪化していた。彼女はよく寝室の大きな鏡の前に立って、全身を眺めてがっかりして言った、「私は年とって、醜くなってしまったわ」。いつも私は、とんでもない、と言って彼女に言い聞かせようとしたが、私はあながち嘘を吐いてるわけではなかった。彼女には皺はほとんどなかったし、顔色も健康そうで、実際の年齢より若く見えたからだ。彼女はしだいに周囲の人々と交際しなくなり、ウィーンで知り合ったわずかの知人とも、訪問したり招待したりしたがらなくなってしまった。

当時、私たちの経済状態は、かなり順調だった。私は、質素に暮らしていくには十分な給料をもらっていたし、テレーゼもドイツでちょっとした遺産を相続していたので、わずかだが貯金もできるほどだった。テレーゼが倹約してくれたので、私たちの蓄えは年々増えていった。しかし、テレーゼにとっては、この倹約がとうとう唯一の関心の的になってしまった。不幸にも、彼女の節約は病的な形を取り出したのだ。彼女は自分のためには一銭も使わなくなり、新しい衣類も買わず、部屋の塗り変えなど、必要な仕事を頼むのも断った。その程度の出費は、その頃の私たちにはまったく何ともなかったのに。

私たちは、金本位法によって保証された抵当債券に貯金していた。ヒットラーの侵攻後、この法律は無効になり、オーストリア・シリングは、一・五シリング対一マルクの割合で、ドイツマルクに切り替えられた。シリングの貨幣価値はマルクとほぼ同等だったので、私たちの蓄えはほぼ三分の一に減ってしまい、テレーゼをひどく苦しめた。誰もが戦争を口にし、テレーゼは戦争になれば必ず通貨が下落することを経験上知っていたので、彼女は倹約して犠牲を払ってきたのは間違いだったと感じ始めた。

ヒットラーによるオーストリア占領後、反ユダヤ主義による暴動や、さまざまのユダヤ人迫害が予想された。そのため、ウィーンに住むユダヤ人たちはパニックに襲われ、多数の自殺者が出た。一度そのことをテレーゼと話しているときに、彼女はユダヤ人が臆病だというのは間違いだ、自殺するのはユダヤ人だけで、キリスト教徒は逆に臆病すぎて自殺もできないのだから、と言った。この言葉から、テレーゼが自殺を英雄的な行為と見なしているのは、明らかだった。彼女は日頃自殺を讃美していたので、この言葉を聞いても私は驚かなかった。反面、数日後に彼女が言い出した提案には、不吉な思いをさせられた。

その日は土曜日だったので、私は昼過ぎに帰宅した。テレーゼはベッドで横になっており、私は部屋の中をあちこち歩いていた。突然彼女は、何か特別な名案が浮かんだように、私を見て言った。

「これから私たちどうすべきか、わかってらっしゃる?」と彼女は訊ねた。

「いや、どうしたらいいんだろうね」

「私たち、ガス栓をひねればいいのよ」

「馬鹿な。どこからそんな考えが出るんだい。僕らはユダヤ人じゃないんだよ」

テレーゼは目を伏せると、すぐ前に言ったことを忘れてしまったように、他のことを話し始めた。テレーゼの提案を聞いて、最初私は驚いたし恐怖も感じたが、その後彼女がまったく普段と変わらぬ態度で他の話を始めたので、安心した。しかし、テレーゼのばかげた考えにどう反応したらよいか、その後も迷い続けた。彼女が何を考えているのか、詳しく聞いて、どうしてそんな無意味な考えを持つようになったか、しっかり話し合うようにすべきなのか。もしそうなら、この正気を失った考えには二度と触れず消えてしまう、束の間の考えにすぎないのか。あるいはこれは、一瞬心に浮かんでまたすぐににおいて、彼女の提案がばかげていて無意味なので、とても真面目なこととは思えないことを、それとなく伝えた方がよいのではないか。テレーゼがまったく自然な態度で他のことを話しているので、私はこれは一時的な考え違いの一種で、そこに特別な意味があると考えるべきではないのかも知れない、と自分に言い聞かせた。

一九三八年の春は、例年になく暖かくて美しかった。このような話をした一週間後、テレーゼと私は、グリンチングの郊外に出かけた。そこのカフェに座って、私はドイツによる併合以来、事務所でいろんな変化が起こっていることを話し、社員はアーリア人の血統であることを証明するような、つまり――その頃皆が馬鹿にして言っていた言葉を引用すれば――自分たちにはユダヤ人のおばあちゃんはいないことを証明するような、いわゆる家族系統樹を書いて提出するように求められていることにも触れた。

私には国際連盟発行のパスポートの他、身分証明書はないので、こんな系統樹を要求されても書きようがないが、テレーゼの場合は、出生地であるヴュルツブルクに請求すれば、出生証明書をすぐに送ってもらえるだろう、と私は言った。ヴュルツブルクの名を耳にすると、テレーゼは奇妙な目で私を見た。

それで私は、どうしたのか、どうしてそんな変な目で私を見るのか、と訊ねた。

「何でもないわ」と彼女は答え、すぐにいつもの顔に戻った。

数日経って、テレーゼが気分がよくないと訴え出した。彼女は神経科医を受診して、鎮静剤を処方してもらったが、この薬はあまり効果がなかった。それで私は――ウィーン中で巻き起こっている大騒ぎを逃れて、いくらかの平穏を得るために――テレーゼを二週間ほど田舎にやって、休養させることに決めた。

三月も終わりに近づき、やがて最後の日、一九三八年三月三十一日が訪れたが、この日は、私の全生涯で最も悲惨な日となった。まさにこの日、思いもよらなかったことが起こった。私が事務所にいる間に、テレーゼが本当にガス栓をひねってしまったのだ。

今もって理解できないこの事件の前夜、私はテレーゼに、できるだけ早く田舎へ休暇に出かけてくれないか、そうすれば精神状態もきっとよくなるはずだから、と何度も説得を試みた。彼女がベッドに入り、私がおやすみと言うと、彼女は私を両腕で抱き締めた。それがあまり強くて長かったので、私が、何の疑いも持たずに、ちょっとした冗談を言うと、テレーゼも微笑んだ。それから私も、ベッドに入った。

私が横になるとすぐに、恐ろしい暴風が吹き始めた。ヒットラーがウィーンに進攻して来たときに、ほとんど街中のビルの屋上に、大きなハーケンクロイツの旗が掲げられた。私たちは最上階に住んでいたので、この旗は私たちの寝室の窓のすぐ上方にあった。風は外で唸り声をあげ、強風が吹きつけるたびに旗が窓を叩くので、私たちは何度も目を覚ました。旗で窓ガラスが壊れないかしら、とテレーゼは気分心配して何度も繰り返し、明日になったら旗を縛らなくちゃ、とも言っていた。翌朝、テレーゼは気分がよさそうに見えた。私が事務所に出かけようとすると、彼女は特別優しく「さよなら」と言ったが、それも私には気分がよくなった徴しと思われた。

この悲しみの日、私が帰宅すると、驚いたことに、週二、三回テレーゼの家事を助けてくれているお手伝いの老女が、アパートのドアの前でうろうろしていた。そこで何をしているのか訊ねると、奇妙な答えが返ってきた。

「奥様から、旦那様のお世話をするように言いつかりましたもので」

瞬間に私は恐ろしいことが起きたのを悟って、部屋に続く廊下に走りこんだ。入口のドアに〝ガスの危険あり、点灯しないこと〟と警告の貼り紙がしてあった。急いでキッチンに行くと、噴出するガスが充満していて、濃い霧の中に入ったようだった。テレーゼはガス栓のそばのテーブルに突っ伏していて、テーブルの上には何通かの別れの手紙が置いてあった。その光景はとても恐ろしいものだったので、私にはとうてい表現することはできない。

お手伝いと私は、すぐにキッチンの窓を開けて、テレーゼを別の部屋に運び、その部屋の窓も開けた。私たちのアパートの建物の中二階に、医学生が住んでいた。私はすぐにこの学生のところに走って行き、救急隊に電話してくれるように頼んだ。数分後、医師が来てくれたが、何と、彼によれば、テレーゼは数時間前に死亡しており、もはやなす術はない、ということだった。私はこの日とそれに続く数日間、起こったことがはたして現実なのか、それとも恐ろしい夢なのか、判断もつかず、まるで錯乱状態に落ちこんだようになって過ごした。

まもなく、アパート中に事件が知れ渡った。人々は来てはまた去っていった。警官も姿を見せて、手帳に何か書き留めていった。ショックのために私は何一つ行動できなかったので、前に触れた医学生が、死亡に関連してしなければならない手続きの一切を、代わってやってくれた。私は彼に任せて墓地の一画を購入してもらい、葬式に必要な手配もすべて代行してもらった。

私は急いでテレーゼの別れの手紙を読み終えたが、そこからわかったのは、彼女の自殺は一時的な激情に駆られた衝動的な行為ではなくて、あらかじめ十分考えた末の決断だったということだ。彼女は意志の力も失わず、この恐ろしい行為を実行する前に、すでに死と直面しつつも、前述したナチスの旗を窓に縛ってくれていた。その上彼女は私のために銀行から金を引き出してきて、注意深く枕もとの小卓の上に置いてくれていた。

突然一人切りになったアパートで夜を過ごすのに耐えられず、私はテレーゼの手紙と日用品を小型のスーツケースに入れると、ウィーン郊外に住む知人の家に逃れていった。一つの疑問が、どうしても心から離れなかった。どうしてテレーゼは、私に対してこんなことができたんだろう。私の不安定な人生で、彼女だけが安定したよりどころだったので、突然彼女を失った今、私はどうやって生きていったらいいのか。それは、私には不可能に思えた。テレーゼの葬式のために、黒いスーツとタイを取りにほんの少しの時間家に戻らなければならなかったが、それがどれほど辛いことだったか、今でもよく覚えている。

別れの手紙の一通の中で、テレーゼは、同じ建物に住む他の家族の人たちから、墓に花輪を備えていただくのは遠慮したい、と書き添えていたが、葬式の当日はすべての家族が参列してくれて、墓にはたくさんの花輪と花束が供えられた。墓地の礼拝堂で、死者のためのミサが終わったとき、柩をもう一度開けたいか訊ねられ、私は同意した。ガスの効果で、テレーゼの顔は異常な新鮮さを保っており、頬はほのかなバラ色をしていた。柩の中で、彼女は平穏な眠りについた、うら若い娘のように見えた。

近親者が死ぬと、たとえそれが自然の死であっても、罪責感を覚えることが多い。自殺の場合には、この罪責感は遥かに激しいものになる。私の場合がそうだった。私は自分を激しく責めた。テレーゼが〝ガス栓をひねる〟と言ったときに、すぐに精神科クリニックに連れていくべきだった。そうすれば、たぶんうつ病は治っていたのではないか。私は空想の中で、テレーゼと一緒に彼女の生まれ故郷のヴュルツブルクを訪れる楽しい風景を思い浮かべた。テレーゼは時折ヴュルツブルクの思い出を話していたが、帰省してみたいと言ったことはなかった。今では、もし帰省していれば憂うつな気分を治すことができていたかもしれない、と思われた。次いでベルリンの記憶、たえず苦しんでいたベルリンの記憶が浮かんできた。あの頃、私が離れると、彼女は憂うつになった。たぶんあれが、彼女のうつ病の始まりだった。しかしあの頃は、私はまだ間に合う時間内に、彼女の許に戻ることができた。しかし、今では、運命が私に、テレーゼを二度と助けさせてはくれないのだ。

ここで、テレーゼ自身の言葉を聞いてみたい。別れの手紙の一通の中で、彼女は次のように書いている。「私を許して下さるように、何度でもお願いします。私は身体も心も、とても貧しい女でした。あなたをとても苦しめてきたけど、今度のことも乗り越えて下さるわね。永遠の生の中で、あなたをお守りし、あなたを慰めるためにお祈りします。私の祝福はあなたとともにあるでしょう。神様のお助けで、あなたはすべてを克服できるでしょうし、時がすべての傷を癒してくれるでしょうから、あなたの心は地下に埋められた者の喪失にもきっと耐えて行けることでしょう。あなたとお別れするのはとても辛いけど、あなたは元気を出して新しい生活に向かって下さいね。私が願うのは、あなたの幸福だけです。あなたが幸福だと思うと、私は永遠の平安が得られます。私を忘れずに、私のために祈って下さいね。またいつか、私たちは会えることでしょう……」

別の手紙では、テレーゼは実際的な助言を書いてくれていた。「道理をわきまえて、何事も急いでやらないで、落ち着いてから行動して下さいね。健康に気をつけて、無駄使いしないで下さいね。そうすれば年取ってからも、住むところの他に、いくらかの財産が残るでしょう。私は、あなたのことだけ思って倹約してきました。愛したのはあなただけだったし、私の行動はすべて深い愛情から出たものでした」

「再婚なさるときは、その前によくお考えになってね。結婚は、幸福と救済を意味するけど、破滅と死を意味することだってあるのよ。倹約でよく働く、優しい女性を見つけて下さいね。軽薄な女は駄目よ。家柄のよい女性を選んで下さいね。そうすれば、きっとよい関係が築けるでしょう。人生を取り戻して下さいね」。テレーゼのこの手紙は、自分の助言に必ず従って欲しい、そうすれば〝あの世〟で平和に過ごすことができるから、という懇願の言葉で閉じられていた。最後に、もう一通の手紙の中で、テレーゼは、いずれにしても自分は二、三年のうちには死ぬのだから、私のためには早く死んだ方がいいだろう、遅くなれば、それだけ自分の死が耐え難くなるはずだ、と考えて、それを自殺の正当化の根拠にしようとしている。

これらの手紙には、「私は身体と心をひどく病んでいます」という文章があちこちで見られるが、この文章で正しいのは後半だけであった。テレーゼは体重も減っていなかったし、重い身体病にも罹っていなかった。そのため私は、テレーゼが恐ろしい決心をした本当の原因は何だったろう、ヒットラーのオーストリア侵入が、何らかのかたちで引き金になっていたのではないか、と繰り返し自問し続けた。

しかし、私にとって最も恐ろしいのは、テレーゼを思いも寄らず永久に失ってしまい、起こってしまったことを打ち消すことができない(原註6)という事実であった。そうである以上、これらすべての疑問に答えたところで、それが何の役に立っただろうか。最も恐るべき瞬間は、朝になって目覚めるときで、いつも突然起きた事件の恐怖がありありと意識に浮かび上がってきて、私を脅かすのだった。

二週間、私は郊外に住む知人宅で過ごした。これ以上彼らに迷惑をかけたくなかったが、他方、今や疎ましい場所に変わった誰もいないアパートに戻る自信がなかった。それで、私は一間を借りて、そこに移ることにした。しかし、その頃はたくさんのドイツ人たちがウィーンに押し寄せてきていて、部屋を見つけるのは容易でなかった。やっとのことで一部屋見つけ出したが、陰気な部屋で、狭い中庭に面していた。その上、据え置きの家具は、かなりひどいものだった。古い椅子は、座るとぐらぐらして、今にも壊れそうだった。ベッドには深いくぼみがあって、身体を動かすたびにキィキィ、ガタガタと音を立てた。

家主は七十代半ばの女性だったが、ひどく老けこんでいて、何を言っているのかよくわからないことがあったし、こちらの話が通じないこともたびたびだった。彼女が秘密めかして話したところでは、彼女と九〇歳になる夫はたえず夫婦喧嘩をしていて、夫の方はキッチンに移ってそこを居室にしているということだった。私は何度か彼と廊下で出会ったが、驚いたことに、彼はとても愛想よく挨拶してくれたし、家庭内の難しい事情にもかかわらず、まったく元気そうに見えた。

私がテレーゼと暮らしていた建物には、中年の引退した女優と、彼女の使っている女中が住んでいた。女中のフロイライン・ガビーは、五十代初めの人で、誰に聞いても、とても親切で、いつでも喜んで助けてくれるという評判だった。妻の別れの手紙の一通は、彼女に宛てられていて、夫が困ったときには、家事を見てやっていただけないか、と書いてあった。それで、私は家を離れるときに、アパートの鍵をフロイライン・ガビーに渡して、何かあったらよろしく、と頼んだ。

一部屋のアパートに移った数日後に、私は流感に罹った。高熱を出して寝ていると、家主の女性が、あなたに会いたいと言って誰かが来ている、と教えてくれた。フロイライン・ガビーが、私のアパートから清潔な衣類を持ってきてくれたのだった。この訪問は、まったく大助かりだった。彼女はすぐに私の世話にとりかかって、薬局から薬を買ってきてくれた。私がベッドに寝ている間、彼女は毎日私を見舞ってくれた。

流感から回復すると、私はまた事務所に通い始めた。あの頃、人並みに働く力をどうやって集めることができたのか、今もってわからない。時間はすべての傷を癒す、と人は言う。私はこの言葉にすがりつき、最初は日を、次に週を、最後に月を数え出した。約四カ月後、私は自分の状態がまったく変わっていないのを知り、時間が過ぎ去るのを待っているだけでは駄目だ、と悟った。幸運が訪れて助けてでもくれないかぎり、いつまでこの苦しい精神状態に耐えていけるのか、わからなかった。

ガーディナー博士とは、長いこと会っていなかった。彼女は医学の勉強のために暇な時間がなくなり、私からロシア語を習うのをやめていた。——どうしてかもう覚えていないが——私はガーディナー博士が、以前のアパートから転居したことを知っていたし、新しいアパートの所番地も知っていた。ある日、偶然その建物の前を通りかかったときに、突然、ガーディナー博士を訪ねて、テレーゼが自殺したことを話してみよう、という考えが浮かんだ。幸運にも彼女は、私が初めて見る四歳か五歳の娘と一緒に、在宅した。私はガーディナー博士に、何が起こったかを話した。私の話は、まったく劇的だったに違いない、なぜなら——今でも思い出すのだが——私はひどく興奮して、涙のために何度も話を中断しなければならなかったからだ。

私の話を聞いて、ガーディナー博士の頭に、一つの救出プランが浮かんできた。彼女は、ただちに、私が以前分析を受けてうまくいったマック・ブランスウィック博士(原註7)に電話して、パリとロンドンで会えるように手配してくれた。ガーディナー博士は、環境をすばやくかつ根本的に変えること以外に、当時の私に役立つことはない、と考えたのだった。私はしばらくウィーンを離れて、マック博士に会ってテレーゼの自殺について話し合うことを思って、心からホッとした。一方また、私には心配すべきことが起こってきた。外国旅行は、八月十日から始まる一カ月の休暇期間内にしかやれなかったし、もう七月半ばになっていたからだ。まず、私は二枚のヴィザを取らなければならなかった――当時、それはとても難しいことだった。イギリス大使館と、特にフランス大使館には、できるだけ早くヒットラーのドイツから逃げ出そうとする人々が、何百人も押しかけていたからだ。

この近い将来の旅行こそ、私の精神状態が改善される唯一の機会と思われたので、二カ国のヴィザは無理にしても、少なくとも一カ国のヴィザは手に入れるため、私は全力を挙げようと固く決心した。私はすぐに王女(原註8)に手紙を書き、フランス大使館への紹介状を送ってくれるように頼んだ。わずか数日後に、彼女から、ウィーンの大使館内にオフィスか何かを構えている、ある伯爵宛の推薦状を同封した返事が届いた。私が訪問すると、その伯爵は、できるだけ早くフランスのヴィザが取れるよう、最善を尽くす、と約束してくれた。二度目に訪問したとき、彼はちょうどオフィスから出かけるところだった。私は一分でいいからどうなっているか話を聞かせて欲しいと頼んだが、彼は私を手で払い退ける仕草をすると立ち上がって、今は非常に急いでいるので、また別の日に来るように、と言った。それを聞いて、私はがっかりして棒立ちになった。次の瞬間、近くに一人の大使館員がたくさんの書類を抱えて立っており、そのまわりを興奮して口々に何かを頼みこんでいる大勢の人たちが取り囲んでいるのに気づいた。彼らは明らかに、先を争って、自分の書類を正規の職員に渡そうとして騒いでいた。そこで私も、勇を鼓してその職員に近づき――ふさわしいだけの高額の報酬を払うから――できるだけ早くフランスのヴィザを取って欲しい、と頼みこんだ。最初その職員は、お役には立てません、と何度も断ったが、やがて態度を柔らげて、「明日もう一度来て下さい」と言った。次の日に行ってみると、書類はすべて整えられており、当の職員も親切な人で、初めは私が約束した金を受け取ろうとしなかった。彼は控え目に、あなたの健康を祝して乾杯するので、ワイン一本いただければ十分だとほのめかした。

こうして私は、二日のうちにフランスのヴィザを取得するのに成功し、計画通り、休暇の初日にパリに向かって出発した。私がウィーンを離れたとき、マック博士とガーディナー博士は、二人ともうパリに着いていた。ガーディナー博士がウィーンを発つ前に、私は彼女と打ち合わせて、彼女宛の手紙をアメリカン・エキスプレスに託しておいて、私のパリの住所を知らせることにしてあった。そのため、パリに着いて最初の散歩は、アメリカン・エキスプレスまで行くこととなったが、そこで偶然、階段のところでガーディナー博士に出会ったので、手紙を渡す必要はなくなった。

マック博士は王女の宮殿に滞在していたので、ガーディナー博士と私は、すぐに車でそこに向かった。王女には一度、ウィーンのマック博士の家で会ったことがあるので、私たちは初対面ではなかった。少しの時間、王女を表敬訪問した後で、私はマック博士のところへ案内されて、彼女相手に自分の蒙った災難を詳細に語ることができた。

私は毎日彼女の許に行き、いつも一時間そこで過ごした。残りの時間は、パリの街々を歩き回り、市の周辺地区にも詳しくなったが、パリを訪れるのは、これで五回目だった。時折カフェに入った。しかし、国際的な政治情勢はすでに緊迫して最高潮に達しようとしていたが、私は新聞をちらりと見ることもなかった。頭がいわば〝制止〟されていて、テレーゼの自殺に関係したことか、それとつながりのありそうなこと以外には、考えられなくなっていたのだ。

ガーディナー博士にも、パリで何回か会った。彼女のペンションを、二回訪問したと記憶している。一度、彼女と荒れ野のような古い公園を散歩したことがあった。私は、パリのような巨大な都市に、このような太古の自然が生き残っているのを知って、驚いた。

十日ほど経った頃に、マック博士が二日後にロンドンに帰ることになった、と私に告げた。私も彼女についてロンドンに行くものと思われたが、私はまだイギリスのヴィザを持っていなかった。そのため、マック博士は、翌日私と一緒にパリのイギリス大使館に行ってくれた。ウィーンと対照的に、ここには私たち以外には一人の訪問者もいなかったので、私たちはすぐに大使館職員と対面できた。がっかりしたことに、彼は〝無国籍者〟がイギリスに入国を希望する場合は、ロンドンのしかるべき省庁からの人物認定証が必要である、と言った。そのような事情では、私のロンドン行きは、とうてい望めないことに思われた。だから、翌日の夕方、「ロンドンから認定証が届いたので、明朝大使館に出頭されたい」という電報を受け取ったときは、私は大いに喜ぶと同時に驚きもした。

マック博士が後で話してくれたところによると、彼女はロンドンに着くと、すぐに大使館に行き、そこで偶然、彼女の父の友人である高官と出会ったという。この高官が、イギリスのヴィザが遅滞なく私に認可されるよう、電報を打ってくれたのだった。

こうして私は、ロンドンに向かって旅を続けた。海峡を渡る船の上で、私は何か新しい世界に入って行くような感情を味わい、ディケンズの小説を思い出させる人々に取り囲まれているようにさえ感じた。これが私が周囲の世界に目を向けて観察し始めた、最初の徴候の一つだった。

パリと同様に、ロンドンでも、私はマック博士を毎日訪れた。そして残りの時間は、市内を遠く広く歩きまわったり、たくさんあるロンドンの美しい公園を散歩したりした。ところで、ロンドンを訪問したのは、これが初めてではなかった。第一次大戦前に、従弟のグリゴリーと一緒に、数週間ロンドンで過ごしたことがあったからである。

オーストリアへの帰国に関連して思い出すのは、パリからウィーンに向かう列車の旅ぐらいである。この旅では、列車はひどく空いていて、私の客室にはたった一人の乗客が前に座っているだけだった。彼はレバノン出身の紳士で、私たちはまもなく話を交わし始めた。彼は生まれた国の話をいろいろしてくれたが、どうやら政府筋に近い人らしかった。

ウィーンの淋しいすみかに戻ってみると、私の部屋は、パリとロンドンへの旅行前より、さらにわびしくてみじめに思われた。母は私の叔父とプラハで暮らしていたが、私はその母と相談して、ウィーンに来て私のアパートで一緒に暮らすように約束してあった。ウィーンに戻ってまもなく、計画は順調に進んで、私はフランツ・ヨーゼフ駅で母を出迎えて、無事家に連れ帰ることができた。当時の私の状態では、以前のアパートに戻るのは、もうそれほどつらくはなかった。

フロイライン・ガビーは、アパートの同じ建物に住んでおり、初老の女優の世話も、もうあまり忙しくなかったので、彼女は当たり前のことのようにして、私たちの家事も手伝ってくれた。まもなく明らかになったことだが、私はこれ以上の恵まれた選択は、とうていなしえなかっただろう。こういった幸運な条件——母の存在と、フロイライン・ガビーのような模範的な家政婦——に恵まれていたにもかかわらず、私が再び絵を描けるようになるまでには、なお丸々一年と六カ月かかった。一九三九年九月の初めに、私はウィーン郊外で風景画を描いた——これがテレーゼの死後に描いた最初の絵だった。夕方になって市内に戻り、新聞を買ってみて、私はこの日、西側諸国がヒットラーに対して宣戦布告したことを知った。

エピローグ

一九三九年六月、私はミュンヘンに住むテレーゼの兄ヨーゼフを訪れ、彼の娘にテレーゼの遺した宝石類を叔母さんの記念として渡してやろうと決心した。ヨーゼフはテレーゼより七歳年上で、二人は性格がまったく違っていたので、兄と妹の関係はむしろ冷たいものだった。テレーゼのような誠実な人間にとっては、彼女自身の兄はまさしく彼女が最も嫌う性格、つまり軽薄さや義務感の欠如の化身と思えたし、何よりひどいのは、彼は若い頃に女性たちと何度も恋愛事件を起こしていた。しかし、実際にはそのために彼を責めすぎてはいけないのかもしれなかった。ヨーゼフは容姿の優れた男で、若い頃はきっととてもハンサムだったに違いないと思われたからだ。

テレーゼが話していたスペイン人の先祖のことは、興味深くもあり、多少謎めいてもいたので、私は彼女の兄と会ったときに、ついついこのテーマに触れることとなった。

「おばあさんは、スペイン人だったそうですね……」私がそう言うと、ヨーゼフはあっけにとられたような表情で、私を見た。

「スペイン人だって？　そいつは初耳だね……」いたずらっ子めいた笑いを浮かべると、彼はつけ加えた。「だけど、おばあちゃんは、バイエルン地方の貴族の士官と、恋仲だったらしいですよ」

それを聞いて、私は急に関心を覚えて座り直した。テレーゼがスペイン人の先祖がいると話していたのは、ひどく活発な空想力の産物、つまり〝幻影〟にすぎず、彼女も最後にはそれを信じこんでいたのではなかったか。私はテレーゼのスペイン人の先祖の話を少しも疑わず、彼女はスペイン人的な熱狂性をもって、責任、勤勉、誠実といったドイツ的徳性を実践しようと努力しているものと考えていた。

今やこの沈着温順なテレーゼと並んで、もう一人のテレーゼが存在して、謎めいたロマンチックな生活をしていたことが明らかとなった。テレーゼは、自分の裏の世界は周囲の人々の目から隠さなければならなかったが、何らかの形で自分の性質のロマンチックな側面を、外界に投影しないでいられなかったのだ。もし彼女の祖母が本当にバイエルンの貴族の士官と恋仲だったとしたら、この冒険的な物語が一種の機縁になっていたかも知れない。つまり空想の中で彼女はこの恋物語を修正して、バイエルンの士官をスペイン人に変身させたのだ。テレーゼがなぜスペイン人を選んだかは、容易に説明できる。彼女自身、多くの人々が気づいていたように、スペイン人タイプにとても近い人柄だった。

今になって私は、生まれ故郷のヴュルツブルクにある記録を照会すれば、君がアーリア人の血統であることは容易に確かめられる、と言ったときに、テレーゼが私を奇妙な目で見たことを思い出す。彼女は、そんなことをしたら、自分が話したロマンチックな物語が壊されてしまう、と脅えたのだろうか。しかし、ヒットラー時代には、ドイツ人の祖母がいることは、スペイン人の祖母がいるより有利だったし、テレーゼも、ヴュルツブルクの役所の発行した書類が誤りだと言えば、それですんだ話だった。

奇妙なことだが、後になってヴュルツブルクに手紙を書いて、テレーゼの個人的記録を問い合わせなければならなくなったことがあった。これは、テレーゼの死後九年経った、一九四七年以降のことで、ヒットラーのドイツが存在しなくなって、すでに数年経っていた。私が手紙を書いたのは、オーストリア市民権の申請のためだった。私はテレーゼの死亡証明書を関係機関に提出したが、それにもかかわらず、ヴュルツブルクに彼女の記録を問い合わせるように指示された。なぜそんなことをする必要があるのか、私にはまったく理解できなかったが、あえてヴュルツブルクに手紙を書き、書類を保存してあった建物が、第二次大戦中の爆撃で破壊されてしまった、という返事を受け取った。

テレーゼの別れの手紙の中に、死のちょうど一年前に書かれた一通があったが、それも後に書かれた手紙とほとんど同一の内容だった。そのことからも、彼女が一年もの間、自殺の考えにとりつかれたまま、行動に移さずにいたことが明らかだった。

ヒットラーのオーストリア占領が原因で、自殺者の数が増加したことについては、すでに触れた。よく知られているように、自殺が伝染性であることを考えると、これは確かにテレーゼが自殺を決心するのに影響したと思われる。これは、ゲーテの時代にも見られたことだ——彼の『若きウェルテルの悩み』を想起すれば十分だろう——また、最近では南ヴェトナムでの焼身自殺が、チェコやその他の国々で模倣されているのも事実である。しかし、ヒットラー時代に自殺した人々は、生命を脅かされていた——その点でテレーゼとは違っていた。にもかかわらず、彼女はこの感染に抵抗できなかったらしかった。

別れの手紙の中で、テレーゼは私の幸福だけを願い、〝あの世〟で静かに過ごせるように助言に従って欲しいと繰り返し述べているが、それらは自分の自殺を正当化するための試みだった。このような言葉は、彼女に罪悪感があったことを推測させる。彼女は、自分の致命的な行為が私をどれほど苦しめるか、よく知っていたのだ。

もし、フロイト的な意味での死の本能があるとすれば、テレーゼの場合は、その証明となるだろう。たとえば、彼女は幼い少女の頃、死人を〝よく見る〟ために、しばしば墓場に出かけていったという。彼女はまた、「無価値な人間は自殺しない」という意見を、よく口にしていた。彼女は、私の身内の中で理解し合えるように感じるのは、やはり自殺した姉のアンナしかいない、と言っていた。テレーゼが恐ろしい決心をしたとき、彼女は〝快感原則を超えて〟いただけでなく、いわば〝現世の事象を超えて〟いたのだった。自分の意志で死を選ぶ前の最後の数日間、彼女は私の母について憎しみを混じえずに語り、母の置かれた状況を憐れみ、母宛にお別れの優しい慰めの言葉を書いてくれた。

編者によるあとがき

狼男は優れた記憶力を備えていたが、それでも悲劇とストレスに満ちた時期の些事について、特に三十年後に執筆したことを思えば、若干の誤りがあるのは、驚くに当たらない。いくつかの誤解は、主として妻の自殺直後の事柄の日付や事実と関連していると思われる。

狼男は、テレーゼの死後、私を探し出したのではなく、私のアパート近くの路上で偶然出会ったのである。実際に私は、狼男と同じ地区に、歩いてわずか五分ほどしか離れていないところに住んでいた。私たちが出会ったのは、四月の前半の頃で、それより遅くはなかったと思う。彼は「回想録《メモワール》」に書いてある通り、私のアパートに来て、テレーゼの自殺について話してくれた。しかし、このとき初めて私のアパートを訪れたのではなかった。私がそこに移ったのは、三年半前のことで、狼男は彼が勤めていた会社の保険証券の更新の件で、少なくとも年に一、二回、私を訪ねてきていた。私の娘に会った記憶も、時期がずれている。彼はそれまでにしばしば娘と会っており、たぶん最後は、彼の記憶通り、娘が四、五歳の頃だった。しかし、一九三八年三月十二日、ナチスによる併合の翌朝、私は娘をオーストリアから脱出させ、娘はそのままオーストリアには戻らなかった。これが、ちょうど彼女の七歳の誕生日の前のことだった。

したがって、〝傷を癒すとき〟を待つ、長いゆっくりとした期間は、狼男が記載している四カ月というのは誤りで、実際は数週間だった。その後に、狼男が旅券等々を取得するまでの長い期間が続いた。そのためには、私の記憶でも、ヴィザを取るためにフランスやイギリスの大使館に何度も足を運ばなければならなかったし、煩雑な役所の手続きと争ってナンセン・パスポート〔亡命者のための仮旅券〕を手に入れたり、オーストリアからの出国に必要な税金領収書や、あちこちの役所からの判や許可をもらったりしなければならなかった。狼男の記憶では、これらはすべて、七月半ばから八月十日までの間のことで、絶望と途方に暮れていた期間は、テレーゼの死から七月半ばまでであったとされている。私はこれらの日付を確信をもって修正できるが、それは私がウィーン大学の医学部を六月十五日か二十日に卒業して、その五日後にパリに出発したからである。

このような細部に触れたのは、正確を期したいと思ったからにすぎない。一九三八年に書かれた「狼男の回想録《メモワール》」は、本質的な事柄においてすべて正しい、真実の記録である。

第二部　精神分析と狼男

ジグムント・フロイトの思い出

狼男

私が初めてフロイトに会ったのは、一九一〇年のことだった。当時、精神分析とその創始者の名前は、オーストリア国外では実際には知られていなかった。けれども、私がどういう経緯でフロイトの分析を受けるに至ったかを記す前に、神経症患者を取り巻く状況が、精神分析のない時代にどれほど惨めなものだったか思い出して欲しい。神経症に苦しんでいる者は、周囲と葛藤状態に陥っていて、周囲との接触を失っていながら、正常な生活に戻りたいと願っている。彼の感情生活は、まわりの現実に〝不適当〟ないし不適切になっている。彼の目標は、現実的で既知の目標ではなく、無意識の中に潜む、自分にも未知の目標である。このような事態については、何一つ知られておらず、ただ二つの説明がなされているだけだった。一つは素人からのもので、現実状況と釣り合いのとれない感情の興奮に関して、神経症患者は何でも誇張するのだ、と言う。もう一つの説明は、神経学者や精神科医によるもので、精神的、感情的な問題の原因は身体にあると考えて、患者の悩みは神経系の機能的障害によって惹き起こされたのだと言って説得を試みる。神経症患者は心を打ち明けたいと思って医師を訪ねるが、医師が自分の訴える悩みを理解しようと試みるどころか、ほとんど訴えに耳を貸そうともしないのを見て、ひどくがっかりさせられた。医師にとっては厳粛な客観状況のちょっとした副産物にすぎないことが、神経症患者自身にとっては深い内的経験となっている。そのため、患者と医師の間に、真の接触が生じるはずはなかった。情緒的疾病の治療は、袋小路に入りこんでいるように思われた。

私の患者仲間は、当時「神経衰弱患者」という名で一まとめにされていたが、その中で私は明らかに誰よりも軽くはなかった。私より軽い患者では、物理的治療の暗示的効果や水治療や電気療法が、ある程度の効果をあげていたが、私にはこれらの治療法は完全に無効だった。サナトリウムに入院すると、私の状態はいつもひどく悪化して、できるだけ早く退院しなければならなくなった。ベルリンのツィーエン教授、ミュンヘンのクレペリン教授など、何人もの有名な神経学者の診察を受けたが、私の状態は少しもよくならなかった。クレペリン教授は、世界的に有名な医学者だったが、率直に失敗を認めた。彼は最後に、自分の診断は誤っていたと私に説明した。これからどうしたらよいか訊ねると、彼はいつも「ねぇ君、私は失敗したんですよ」と答えた。最後に彼は、私にもう一度サナトリウムに入院するように勧めた。こういったことの後で、私が結局医学的治療を受ける希望を諦めてしまったのは、無理からぬことだった。

その後私は偶然若い医師D博士と知り合いになったが、彼は私に興味を持ち、君の場合は決して絶望的ではない、これまでの治療が失敗したのは、治療方法が間違っていたからにすぎないと言って、非常な力をこめて説得を試みた。D医師は精神療法の熱心な信奉者で、しばしばデュボワとフロイトの名前に言及した。彼はまた〝精神分析〟についても話したが、後になって私が発見したところでは、彼はそれについてきわめて漠然とした観念しか持ち合わせていなかった。彼の説得力は大きかったし、私の感情状態はとても惨めだったので、私はついに最後の手段としてD医師の治療を受けてみる決心をした。

これがD医師による〝分析〟の始まりだったが、それは患者と医師との間で自由に会話を交わすことでしかなかった。この会談は、私の抱えている問題の意識的な表層に触れただけだったが、それでも完全に信頼でき、自分に関することをすべて存分に話せる医師を見つけたのは、幸いであった。こうしてしばらくの間、私はどうにか水面に顔を出していられたが、やがてD医師自身、引き受けた仕事が自分の力量を越えていることを自覚し、君は何か他の方法を試みるべきだと思うよ、と言った。最初彼は外国旅行の話をしていたが、やがてそれよりずっと魅力的な提案をした。それは私がスイスのデュボワの治療を受けるべきで、D医師自身がスイスまで付き添ってくれるというものだった。D医師が最初の旅行の話に固執していたら、私の人生はまったく別のコースを辿っていたと思われるが、明らかに運命は違うことを欲していた。

旅の途中、私たちはウィーンに立ち寄り、そこに二週間ほど滞在することにした。D医師はウィーンで何人かの同僚と会ったが、その中の一人の話では、精神分析はフロイトが創始したものだから、私たちはまずフロイトの精神分析を受けられないか試してみるべきだ、ということだった。私はこれに同意し、翌日すぐに二人でフロイトを訪ねた。

フロイトの風貌は、私の信頼感をたちまち勝ち取ってしまった。当時彼は五十代半ばで、この上ない健康を楽しんでいるように見えた。中肉中背で、やや長めの顔は短く刈りこまれたすでに灰色混じりのひげで縁どられていた。その顔の中で最も印象的な特徴は、私を刺し貫くように見つめそれでいて少しも不快感を感じさせない、知的な黒い目だった。古風で品のよい服装と、気どりのない自信のある態度は、彼が秩序を愛する平静な心の持ち主であることを示していた。フロイトの振る舞い全体と、私の話に耳を傾ける様子は、これまでの治療の中で、心を深く理解する力に欠けていることに気づかざるをえなかった高名な医師たちと、驚くほど違っていた。フロイトと初めて会ったとき、私は偉大な人物と出会ったという感情を抱いた。

フロイトは、あなたのケースは精神分析治療に適していると思うが、目下はとても忙しくてすぐには新しい患者を受け入れることはできない、と言った。しかし、妥協の余地はありそうだった。彼は毎日、コッテージ・サナトリウムに入院中の一人の患者の往診をしていたが、もし私がそのサナトリウムで数週間過ごすことに同意するなら、往診の後で治療を開始しよう、と言ってくれた。この提案を聞いて私たちは当惑し、スイスへの旅を続けようかとも考えた。しかし、フロイトの印象がとてもよかったので、私はフロイトの指示に従った方がよいと思うと言って、D医師を説得した。こうして私はコッテージ・サナトリウムに入院し、毎日午後フロイトに往診してもらうことになった。フロイトの治療を受け始めて数回に及んだとき、私は長い間探し求めていたものをついに発見したと感じた。

人間の心に関する完全に新しい科学の基本概念について、その創始者の口から直接聞けるとは、思いもよらぬことだった。この心的過程についての新しい考えは、これまで本で読んで何の感動も覚えなかった学校心理学とは、何の関わりもなかった。私はただちに、フロイトが人間の心の未知の領域を発見するのに成功したことを認め、彼に従ってこの道を進んでいけば、新しい世界がきっと開けるだろうと考えた。〝古典的〟な精神医学の誤りは、無意識の存在と法則を知らずに、すべての原因を身体に求めた点にあった。この誤りの結果、健康と病いをきわめて厳密に分けることとなった。神経症患者が企てることは、初めから病的と見なされた。たとえば、女の子や女性を好きになると、それは〝躁的〟な行為や〝強迫現象〟だと言われた。しかし、フロイトにとっては、〝女性に言い寄ること〟は、神経症患者の偉大な達成であり、生きようとする意志の表れであり、治ろうとする積極的な試みなのである。これは、病気と健康の間には厳密な区別は存在せず、健康な人でも無意識によって支配されているのであって、それを認めると行動が妨げられるから認めたくないだけなのだ、という精神分析的見解から生まれた。健康者は、行動を合理づけようとし、自分の考えと決定は純粋な理性の働きに従った立派なものであることを証明しようとして、あらゆる策略をめぐらせる。フロイトは、確かに患者の中の神経症的なものを過小評価しなかったが、神経症に伴う瑣事と健康の核とを区別して、後者をつねに支持し強化しようと努めた。この二つを区別するには、心を見抜く眼力が必要であり、これこそ精神科医の困難な作業の一つであるが、この点はあらためて強調するまでもないだろう。

フロイトは、私の幼児期と家族関係についてあれこれ質問し、私の答えのすべてに注意深く耳を傾けてくれたが、その間私が安らぎの感覚に包まれていたことは、容易に想像できよう。時折彼は言葉を差しはさんだが、その言葉は彼が私の過去の経験を完全に理解していることを示していた。「これまであなたは病気の原因を便器の中に探してたんですね」とフロイトは、私が受けてきた身体療法について、適切な評言を述べた。

幼児期の疑惑癖や瞑想癖について話すと、彼は「子どもはかえって論理的に考えることができるんですよ」と意見を言った。これに関連づけて彼は「第一級の思想家」に言及したが、それを聞いても私は誇らしい気持ちにはとてもなれなかった。というのも、子どもの頃私は二歳年上で私よりずっと頭のいい姉と口論して、いつも負けていたからだ。もちろん成人すると、私たちはとてもよく理解し合えるようになったけれども。

新しい知識と、私がいわばフロイトを〝発見した〟という感情、それに健康を再び取り戻す希望は、私の状態を急速に改善してくれた。しかしフロイトはあまり楽観しすぎないように警告し、今後、抵抗とそれに伴ういろんな困難が生じてくるはずだ、とまっとうな予見を述べた。きまった時間がくると私は宿に帰り、またフロイトの居宅を訪ねては分析を受け続けた。

最初から私は、フロイトがやることなすことに絶妙なバランスを見出す、特別な才能を持っているという印象を受けた。この特徴は、ベルクガッセの家庭の様子にも表れていた。私は間のドアが開いたままの二つの隣り合った書斎と、書斎の窓から見える小さな中庭の風景を、ありありと思い浮かべることができる。そこには、つねに神聖な平和と静けさの感情があった、部屋自体は、どの患者にとってもきっと一種の驚きを禁じえないものだったろう。なぜなら、部屋のたたずまいは、医者の診察室とはまったく異なっていて、むしろ考古学者の研究室を思わせるものだったからだ。そこには、素人目にも古代エジプトの遺跡で発見されたとわかる、さまざまな彫像や見なれぬ品々が置かれていた。壁のあちこちには、過ぎ去った時代のいろんな情景を描いた石版画がかけられていた。いくつかの植木鉢が部屋に生気を与え、暖かいカーペットとカーテンが家庭的な感じをかもしていた。それらのすべてが、現代生活に対する嫌悪感を柔らげてくれ、日常の煩わしさから隔ててくれるのに役立っていた。フロイト自身、考古学に対して強い関心があると言い、その理由は精神分析家は発掘中の考古学者と同様に、心の層の最も深層にあるきわめて貴重な宝物に到達するまでに、患者の心の層を次々に掘り起こしてゆかなければならないからだ、と説明した。

一日のうちになすべき仕事の量から見ても、当然のことながら彼は一日の時間をきわめて注意深く配分しなければならなかった。診療は早朝に始まり、食事と短い散歩のときを除いて、一日中続いた。これほど働きながら、どうしてあれほど科学に没頭してたくさんの著作を発表できたのか、誰しも不思議に思わずにいられない。なんとそれまでの夏、彼は毎年約二カ月半の長期休暇を取ってもいたのだ。

ここは私の治療の全経過について述べる場所ではない。唯一言えるのは、私はフロイトの分析を受けながら、自分が患者であるというより、協同作業者、発見されたばかりの新大陸の研究に携わる経験豊かな探険家の若い同僚であると感じていたことである。この新大陸こそ、神経症患者が支配力を失って、分析を通してその支配力を再び獲得しようと努めている、無意識の領域なのである。

この「協同して作業している」という感情は、フロイトが私の精神分析の理解力を認めてくれたことによって一層強まり、一度などはフロイトが、「自分の弟子たちが君ほどしっかり精神分析の本質を把まえてくれたらいいのだが」と言ったほどだった。私たちは、健康な人々にとってはフロイトの教えの原理を受け入れるのは、誇りを傷つけられるのでとても難しい、と話し合った。神経症者にとっては、第一に自分自身の人格の中で無意識的な衝動の力と目的を経験しているがゆえに、また第二には分析治療に服することによって、自分が援助なしにはやってゆけないことを認めているがゆえに、事情は健康者とは異なっている。

しかし、すべての理論的知識、したがってまた精神分析にも接近しやすいタイプの人々がいる。これらの人々では、申し分のない知性が本能的衝動から切り離されているように見える。(原注1)彼らは物事を論理的に最終結論にたどりつくまで考え抜く力を持っているが、その思索の結果を自らの行動に適用することはない。フロイトは論文の中でこの奇妙な特徴に言及しているが、このテーマを詳細に論じてはいない。これは人間の心のあいまいな領域の事柄だが、私はこれらの人々の「対象備給」が無意識の影響を受けすぎているという事実の中にこそ、説明は求められるべきだと思う。彼らはそんなことをすると現実の側からさまざまの危険が迫ってくることを知っているにもかかわらず、現実の対象を求めず、空想的なイメージを追い求める。彼らは、解決できない問題に直面する。すなわち、快感原則を無視して知性の命令に従うか、感情が強要するままに行動するか、という問題である。かくして彼らはきわめて合理的に語り、同時にまたまさしく不合理としか言えない行動をするのである。

現代アートにおける原始主義や、哲学における実存主義は、知的なものよりも感情的なものを強調している。そして、ジャン゠ジャック・ルソーが「先見の明、先見の明、それが私のすべての苦しみの原因だ（"la prévoyance, la prévoyance, voilà la source de toutes mes souffrances"）」と宣言しているのは、彼が熟慮して現実原則に反対の立場をとっていることを示している。しかしフロイトは、抑圧は人類の文化の発展の悪しき副産物であるとして批判しているが、文化を敵視してはいなかった。彼は文化は現実原則の鉄石のごとき圧力の下に発展するのだと信じていたが、ここでいう現実原則とは本能的衝動の直接的満足を断念し、後でより現実に合った満足を得ることを意味している。分析の過程で抵抗が克服され、抑圧された素材が意識化されると、患者は次第に治療者の影響を受けやすくなってゆく。その結果、さまざまな興味関心が再び目覚め、もう一度外界との諸関係が形成されることとなる。フロイト自身、重い神経症の治療は、同時に患者を教育することでもあると考えていた。フロイトがこの教育的な働きかけをきわめて巧みに行い、彼の人格の偉大さが、患者の心に純粋に人間的な影響を深くかつ永続的に及ぼしていたことは、あらためて強調するまでもない。フロイトは、いつも平易な言葉で物事の本質を射抜く意見を述べたが、彼が鋭い口調で意見を述べるときも、それは聞く人に大きな喜びを与えてくれた。フロイトの記憶力は驚くべきものがあり、彼はすべてを心に留めてどんな些細なことにも注意を払い、患者の家族関係などを決して混同しなかった。

しかし、医者と患者の間の近すぎる関係は、人生の他のすべてのことと同様に、影の側面を持っている。フロイト自身、両者間の度を越した親密な関係は、治療にマイナスの作用を及ぼすと考えていた。その理由は簡単である。一つには、治療者が患者に辛抱しすぎたり、言いなりになりすぎたりする危険がある。他方、患者が治療者を父親代理と見なすようになると、転移性抵抗が増大する。フロイトはその性格に相応しく、個人的な事柄は一切隠して完全に客観的であろうとつねに努力していたが、パーソナリティがひどく魅力的なために、ある種の危険がつきまとっていた。

分析には膨大な時間が必要なので、裕福でない人たちには種々の困難が生じてくる。「われわれはつねに一人の患者は無料で治療することにしてきた」とフロイトが私に話したことがあった。このような分析は、有料の治療に比べてずっと大きな抵抗に遭いやすいが、それは感謝の気持ちが特別に強く生じてきて、治療を妨害するからだ、と彼は付け加えた。私自身、フロイトが財産を失ってしまった患者を何カ月にも渉って治療し、金銭的な援助もしていたのを知っている。(原註2)

長期間に及ぶ精神分析を受けている間に、患者は実にさまざまな事柄を治療者と話し合う機会に出会う。たとえば、「分析状況」がどのようにして生まれたか、フロイトが話したことがあった。この「状況」とは、よく知られているように、患者が寝椅子に横たわり、分析者は寝椅子の近くの、被分析者から見えない位置に座る、というものである。最初のうち自分は、分析者と被分析者がお互いによく見合えるように、寝椅子の足側に座っていたんだよ、とフロイトは私に言った。ある女性患者がこの状況を利用して、彼を誘惑するためにあらゆる可能な——むしろあらゆる不可能な——手だてを試みた。このようなことが二度と起こらないようにするために、フロイトは初期の位置から寝椅子の反対側、頭の側に移動したということだった。

フロイトのしてくれた話の中には、ある種のアイロニーを含んだものもあった。あるとき、背の低い取るに足りぬ風采の男が、重い抑うつ感を訴えて受診した。フロイトが職業を訊ねると、彼は当代最高のウィーンの喜劇役者、故アイゼンバッハだったという。

あるとき、私が感情的な過程——どんなことだったかもう記憶にないが——について、習慣の力という言葉を使って説明しようとしたことがあったが、フロイトは私の説明を受け付けようとしなかった。「母親が航海に出ている息子を案じて、早く戻ってくるように毎晩祈っているとして、息子が無事に戻った後も母親は習慣の力に従って同じお祈りをあげるものだろうか」と彼は言った。私にはフロイトのこの反応がよく理解できた。なぜなら、当時は人間の真の本能生活についてほとんど知られておらず、誤って多くの事柄が〝習慣〟のせいにされていたからである。後にフロイトは快感原則を修正して、快感原則と関係のない反復強迫のあることを認めた。これはいわば心的な慣性の法則であり、あらゆる生物に生まれつき備わった、死という最終目的に向かう休息を求める傾向である。彼はこの問題を「快感原則の彼岸」の中で論じているが、習慣については触れていない。しかし、習慣を反復強迫まで遡って跡づけることも明らかに可能である。したがってフロイトの言葉は、内的外的条件が習慣という心的自動症に有利に作用し、かつまたそれに逆らういかなる強力な衝動も働かないときにのみ、習慣は一種の反復強迫のような外見を呈するのだ、というように理解できるだろう。

当時はまだ、精神分析に対する〝疾風怒濤〟の時代は過ぎ去っていなかった。彼の思想や理論のすべてはきわめて斬新だったので、それらは至るところで必ず猛烈な反対を受けた。最初は誰一人精神分析に反論する必要を認めなかった。人々は単に無視していた。しかし、やがて精神分析を完全には無視できなくなり、精神分析はその創始者フロイトとともにあらゆる方面から激しい攻撃にさらされることとなった。道徳を説く人々は、精神分析が性を重視しすぎるといって拒絶し、正統医学は「非科学的」だと非難した。以前のように完全に黙殺されるより、攻撃される方がはるかにましだよ、とフロイトが私に言ったことがある。なぜなら、攻撃された後で、真剣な反対者とまじめに議論し合う破目になったからである。フロイトは道徳家の示す憤りをあまり重大には受け取っていなかった。彼は、精神分析を「不道徳」だと激しく攻撃していた会合で、終わり頃に出席者同士がひどくわいせつなジョークを飛ばし合っていたのを、笑いながら私に話してくれたことがあった。

これらの攻撃にさらされたフロイトは、これ以上ない客観的な態度を示し、主観的で感情的な議論は一切排除しようと努めるようになった。そして、よく知られているように、臨床によって、つまり観察と経験を通して求められていると思われるかぎりにおいて、自分の理論を見直すのを決して恐れなかった。それを正当化するには、物理学のような精密科学でも、理論を実験的研究の特殊状態に適合させるために、同様の修正を行うことがあるという事実を引用すれば足りるだろう。フロイトの治療の詳細についても、それは同じだった。自分の立てた仮説が患者の連想や夢によって確証されない場合には、彼はすぐさまその仮説を放棄した。その頃もフロイトは精神分析の未来に強い自信を示し、精神分析は確実に存在し続けて、医学や他の分野において正当な位置を獲得するだろうと信じていた。

フロイトは、自分の家族関係についてほとんど話さなかったが、それは精神分析治療の条件（転移その他）を考えて当然のことだった。私は時折階段で彼の奥さんや三人の息子や二人の娘に会ったが、口をきいたことはなかった。後年私は長男と親しく付き合うようになった。マルティン・フロイト博士は、弁護士で実業界で働いていたが、これは私がフロイトから受けていた分析と何の関係もなかった。私は、フロイトの家庭生活はとても平穏で睦まじいという印象を受けていた。あるとき分析時間中に、一番下の息子(原註3)がスキーをしていて足を怪我したが、幸いにも軽傷で後遺症はなさそうだ、という連絡を受けたところだ、と彼が話してくれたことがあった。フロイトはそれに続けて、三人の息子の中で末の息子が性格と気質の点で一番自分に似ている、と言った。後になって、フロイトがまた別の話題に関連して末の息子に言及したことがあった。それは、私が画家になりたいと考えて、夢中になっていたときのことだった。フロイトはそれに反対して、あなたにはその才能はあるだろうが、画家という職業には満足できないのではないか、と忠告した。あなたに芸術家に相応しい瞑想的な性質が欠けているからそう言うわけではなくて、あなたには理論的に考える性格が優勢だから（彼は私をかつて〝弁証家〟と呼んだことがあった）反対するのですよ、と彼は言った。あなたの知的な関心を完全に吸収するような昇華の方法を追求すべきです、と彼は提案した。その際に彼は、末の息子も画家になりたいと思っていたのだが、その考えを棄てて建築家に転じたのだ、と話してくれた。「僕が大金持ちか貧乏者だったら、画家になる決心をしていたと思うよ」と息子は言ったという。このような決心の裏には、絵を描くのは贅沢なことだから、アマチュアとしてやるべきだし、さもなければこの領域で凡庸は何の満足ももたらさないのだから、真剣に努力して真に偉大なものを作り出すべきだ、という考えがあっただろう。貧困とそこに潜む〝強固な必要性〟は、人を立派な仕事へとかり立てる強い拍車となるはずである。フロイトは息子の決心を歓迎し、息子の考えには十分な根拠があると考えていた。

フロイトは精神分析に深く没頭していたので、その影響は他の関心分野にも広く及んでいた。絵画については、昔の大家たちに最大の敬意を抱いていた。彼はレオナルド・ダ・ヴィンチの絵を綿密に研究し、一冊の本を出版した。ルネッサンス時代には人間がすべての人々の関心の中心にあり、そのため人間は絵画の主題でもあったので、この時代の画家たちがフロイトを特に魅きつけたのは明らかである。一方フロイトは、印象派の作品も含め、風景画にあまり関心を示さなかった。現代芸術一般は、彼には何の魅力もなかった。彼は音楽にも何の親和性も持っていなかった。

予想できるように、世界文学へのフロイトの関心は群を抜いていた。彼はドストエフスキーに熱中していたが、それはドストエフスキーが誰にも増して人間の心の深淵を見抜き、無意識の中に深く隠された情動を探し出してそれらを芸術作品の中に表現する天賦の才能を持っていたからだった。『カラマーゾフの兄弟』の中で、ドストエフスキーは父親殺し、つまりエディプス・コンプレックスを扱っている。彼の作品には、いくつかの夢も出てくる。私の分析治療中に、フロイトがラスコーリニコフの見た夢の解釈をしたのを覚えている。フロイトは、ドストエフスキーより卑小な精神の持ち主がもっと早く、彼が後年に到達した政治的確信を楽々と獲得しているにもかかわらず、彼がうんざりするほどの長い回り道をしてようやくそこに達した点に、彼の政治的な思想家としての弱さがあると考えていた。よく知られているように、ドストエフスキーは青年の頃ある秘密結社のメンバーで、シベリアに流刑された。彼は刑に服した後にシベリアから戻ると、人生について保守的な哲学を唱道するようになったのだった。

フロイトは、ロシアの作家メレジコフスキーの書いた『ピョートルとアレクセイ』を高く評価していたが、その小説では父と息子間の感情的なアンビヴァレンスがきわめて精神分析的な手法で扱われていた。フロイトは、トルストイをあまり認めていなかった。トルストイが生活して描写した世界は、フロイトにとって異質なものでありすぎた。トルストイは叙事詩的な作品を著し、十九世紀ロシアの上流階級の生活を素晴らしく生き生きと描いたが、心理学者としてはドストエフスキーほど深く心の内部に入りこまなかった。それにフロイトは、トルストイの性に対する鋭い批判的態度には、ほとんど共感できなかったに違いない。

私がモーパッサンが好きだと言うと、フロイトは「悪くないね」と言った。当時はひどく大胆なテーマを取り上げるフランスの作家ミラボーが流行だった。彼の作品が好きかどうかフロイトに訊ねると、その答えはひどく素っ気ないものだった。

フロイトは、アナトール・フランスを特に好んでいた。あるとき、彼がアナトール・フランスの著作の一冊に出てくるあるシーンを話してくれたことがあったが、彼はそのシーンに明らかに強い衝撃を受けていた。品のよい二人のローマ人が、神話に出てくるたくさんの神々の中で、将来どの神が指導神となるかを議論している。そのとき、キリストの弟子の一人が、乞食のなりをして二人のそばを通り過ぎる。二人のローマ人は彼にほとんど気づかず、彼こそ古い神々を打ち倒して世界中に勝利の歩みを進める新しい宗教の予言者であるなんて、これっぽっちも考えない。

フロイトはまた、ユーモア作家を高く評価し、ヴィルヘルム・ブッシュを大いに尊敬していた。あるとき、たまたまコナン・ドイルと彼の生み出した人物、シャーロック・ホームズの話になったことがあった。私は、フロイトはこのタイプの軽い読み物は嫌いだと思っていたが、驚いたことにそれがまったく見当はずれで、彼はこの作家の作品をすでに注意深く読んでいた。幼児期を再構成する際に、精神分析では状況証拠が役に立つという事実から、フロイトのこのタイプの文学への興味は説明できるかもしれない。ところで、コナン・ドイルの有名な主人公、すべての警察組織を出し抜く素人探偵の精神的な父親は、実はコナン・ドイル自身ではなく、デュパン氏を作り出したエドガー・アラン・ポーに他ならない（詳細は、マリー・ボナパルトによるエドガー・アラン・ポーに関するきわめて興味深い精神分析的研究を読まれたい）。ポーのような「完璧な理論家（"raisonneur infaillible"）」にとっては、デュパン氏に、人間の行動の正確な観察とすべての状況の評価によって、きわめて非凡な結論に到達する才能を賦与するのは自然なことであった。ポーが「分析的」と定義づけたこれらの並はずれた才能のおかげで、シャーロック・ホームズの原型であるデュパン氏は、モルグ街で起こったきわめて複雑でミステリアスな犯罪を再構成して解決することができたのである。

フロイトは、政治的な問題にはまったく関心がなかった。それらは精神分析やフロイトの仕事の圏内から遠く隔たった、別の領域に属していた。この関連で、フロイトがドストエフスキーを政治思想家と結論づけたのは、私には注目すべきことと思われる。通常、この種の意見を述べる人は、まず最初に何であれ自分の考える哲学がすべて正しいと思っている。だから、ドストエフスキーより劣った精神の持ち主なら、あまり考えもせずに、無批判的に保守的な考えを受け入れるから、ドストエフスキーよりもっと早く同じ結論に達していただろうに、と考える人たちがいる。他方、ドストエフスキーの保守的な結論に対立する政治的見解をもっている人たちは、自らの主義に従って断固行動し、いかなる不運に見舞われようと若い頃の革命的な信念を棄てるべきではなかった、と言って非難する。この二つの意見は、いずれもフロイトが避けたいと望んでいた価値判断を含んでいる。つまり、心的過程に関する純粋に科学的な考えと、同じ結果を達成するのに必要な二つのエネルギー量の比較。ここにフロイトが踏み越えまいとした精神分析の境界線があるのである。

さて、これもまた境界領域の一つを占めるもう一つの問題に触れておきたい。それは、哲学で大いに論じられてきた自由意思の問題である。精神分析は神経症者の抑圧、つまり無意識過程と、病気の症状の間の因果関係を認めているので、精神分析は自由意思の存在をはっきりと否定し、厳密な決定論の立場に立っている、と一般に考えられているかもしれない。たとえばフランツ・アレキサンダーとフーゴー・シュタウプの著書『犯罪者と裁判官と大衆』をみると、それが当たっているのがわかる。この本によれば、一つの決定は、いわばそれぞれの目的をもった多様な力が作用し合った結果下されるものである。このような考えを進めてゆくと、これらの諸力はしばしば反対方向に働くことがあるのがわかるだろう。それらは目に見えないものだから、それらの力が協力し合ったり妨害し合ったりして生まれてくる結果、つまり決定そのものが、明確な原因によって生み出されたように見えないのである。

しかし、少なくとも自由意思の可能性を暗示していると思われる、フロイトの言葉が想起される。フロイトは、たとえ抑圧されたものが意識化され、分析がうまく進んでいると思われるときでも、自動的に患者の回復がもたらされるわけではない、と言った。このような分析の後で、患者は回復できる位置に立たされるのであって、これは分析前には不可能だったのだ。患者が真に回復しようと望むか否かは、彼の治りたいという願望、彼の意志にかかっている。フロイトは、この状況を旅行切符の購入と比較している。旅行切符は、旅行を可能にするにすぎないのであって、旅行にとって代わるものではない。しかし、この回復しようという意志とは何か。何がこの意志を決定づけるのだろうか。

フロイトの宗教に対する態度はよく知られている。彼は自由主義者であり、すべての独断論に反対していた。それにもかかわらず、彼は宗教と精神分析の間には基本的な対立はないので、宗教の信者は容易に精神分析の信奉者になれるはずだ、と主張していた。

精神分析は、抑圧された観念を意識化させる課題、抵抗の克服を必要とする課題を持っている。これに従って、フロイトは自分に対する攻撃を、精神分析的な意味で内的抵抗の表現と考えた。自我は抑圧されたものが意識化されることに対して自らを防衛するように働くのだから、自分に攻撃が加えられるのは当然だと思っていた。フロイトは、人類は発達途上において自己愛、ナルシシズムに三回の激しい打撃を加えられた、と述べている。第一回は、地球が宇宙の中心ではなく、太陽が地球のまわりを回転するというのは誤りで、地球が太陽のまわりを回っている、という考えによって。第二回は、ダーウィンの進化論によって。第三回は、精神分析によって。つまり、意識の領域が王座を追われ、代わって無意識が重視されて、この無意識がわれわれの感情生活を支配し、結局はすべての物事に対する関係を決定づける、と考えられるに至ったことによって。

このフロイトの立場は——すべてを理解する者はすべてを許すという格言通り——彼の教えを否定する人たちへの穏和な態度へと自然につながっていた。個人的な憎しみは、フロイトの性質とまったく相容れなかった。たとえば、フロイトとワーグナー゠ヤウレックの間に緊張があったことはよく知られているが、私はフロイトが彼に敵意を抱いていると感じたことはなかった。フロイトはただ、ワーグナー゠ヤウレックには深い心理学的理解が欠けていると考えていただけだった。ワーグナー゠ヤウレックの功績はまったく別の領域にあった——つまり進行麻痺のマラリヤ療法など——のだから、フロイトのこの判断は決してワーグナーの名声を傷つけるものではなかった。

(ところで、何年も経ってフロイトが英国に亡命した後に、私が強い関心を寄せていた患者について、ワーグナー゠ヤウレックと話し合う機会があった。それは彼が死ぬ六カ月前のことだった。彼はひどく年老いていたが、まだまったく丈夫そうに見えた。彼の人柄は大変好ましく思えた。フロイトの最も目を引く特徴は真面目で一つの思想に集中しているところにあったが、ワーグナー゠ヤウレックは、過ぎ去った時代ののんきで愛想のよいウィーン人という印象だった)

フロイトは、論敵に対して個人的には忍耐強く寛容な態度で接していたが、自分が真実の答えを見出したと信じている問題に関しては、一切の妥協や譲歩をしなかった。真理の探求こそが、フロイトにとっては第一原理だった。人間の知性と精神の勝利が最高の美徳であり、重要なのは何を為すかではなく、何を考えるかだった。これによってフロイトが、感情と思考が基本であって、そこから生じる行為は二次的なものと見なされるべきだ、という考えを表現しようとしていたのは明らかであった。にもかかわらず、彼は「人間的な、あまりに人間的な」ことに決して無関心ではなかった。このことは、彼があるとき言った言葉、すなわち、知的な活動から得られる満足と成功は、本能的目標の直接的な充足から得られる喜びの感情と、強度の点で太刀打ちできない、という言葉に示されている。知的な達成には、経験の直接性、つまりフロイトの粗野だが的を射た表現——私は今でもその言葉をよく覚えているが——「べらぼうにうめえや」といった表現で特徴づけられる感情が欠落している。この言葉からは、知性は本能の直接的な満足の断念という犠牲を払って、はじめて贖うことができるのだという、フロイトの物思わしげな気持ちが読み取れるのである。

私の分析が終了する数週間前、私たちは患者の気持ちが治療者にあまりに強く結びつきすぎている際の危険について、よく話し合った。患者が転移の中に「はまりこんでいる」場合には、治療の成果は長続きせず、早晩、原神経症が他の神経症にとって代わられたことが明らかになる。この点についてフロイトは、治療の終結時に患者のくれる贈り物は、象徴的行為として患者の感謝の気持ちを軽減し、その後の治療者への依存性を弱めてくれる可能性がある、という意見を述べた。そこで私たちは同意して、私からフロイトに記念として何かを贈呈することにした。彼が考古学を好んでいることを知っていたので、私は司教冠のような被り物をまとったエジプトの女性像を選んで贈った。フロイトは、それを机の上に置いた。二十年後、ある雑誌をめくっていて、机に向かっているフロイトの写真が目についた。〝私の贈った〟エジプト人像がすぐさま目にとびこんできた。それは私にとって、フロイトから受けた精神分析を象徴するものであった。フロイトは自ら私を〝精神分析の一編〟と呼んでいた。

フロイトによる分析の終わりは、一九一四年夏の世界的な政治的激動の時代と重なっていた。蒸し暑い日曜日、運命の一九一四年六月二八日に、オーストリア皇太子フランツ・フェルディナント夫妻が暗殺された。この日、私はプラーター公園を散歩していた。フロイトによる治療は数日中に終了する予定で、私はウィーンで過ごした数年間が次々に頭の中をよぎるに任せていた。その頃、私の転移性抵抗は時折ひどく強くなって、フロイトによる分析を成功裡に終わらせるのは難しいのではないか、と絶望的な気持ちになることがあった。しかし、今やその時期は過ぎ去り、私はあらゆる困難に打ち克って、フロイトとともにたゆまぬ努力を続け、今は健康な人間となってウィーンを離れることができるのだ、という勇気に満ち溢れていた。私はその少し前にフロイトに私の未来の妻を紹介したばかりだったが、彼女がフロイトに好印象を与え、私の選択の正しさが認められたことからも幸福な気持ちになっていた。彼将来がバラ色に見え、私は幸福感を抱いて帰宅した。アパートメントに入ると、すぐに女中が新聞の号外を持ってきたが、それには大公夫妻の暗殺事件が報じられていた。

翌日フロイトに会ったとき、もちろん私たちはこの事件について話し合った。当時、きわめて過激な反セルビア的な気分がウィーンを支配していた。私は一つの人種を巻き毛だとか丸太だとか樽だとか言ってひとまとめに非難し、ある種の悪い性質を、それが何であれ何もかも人種のせいにしてしまうのは、間違ったやり方だと感じた。フロイトはこの考えには同意できないらしく、悪い性質が特にはっきり認められる民族がいるのは確かだ、と言った。情勢について話し合っているうちに、フロイトは、もしフランツ・フェルディナントが権力の座についていたら、きっとわれわれはロシアと戦争することになっただろう、と言った。明らかに彼には、サラエボの暗殺がきっかけで球が転がり出すなんて、思いも寄らないことらしかった。

私がフロイトに再会したのは、第一次大戦後の一九一九年の春だった。私がこのような大量虐殺が二十世紀に起こりうるなんて、まったく理解し難いことだと言うと、フロイトはこの話題にそれ以上触れずに、いくらか諦めたような口調で、われわれは死に対して〝誤った態度〟をとっている、と述べた。戦後の世界のいくつもの大きな政治的事件に対して、フロイトは静観する姿勢をとっていた。これらの事件を正確に判定し、その結果を予測して欲しいと精神分析家に期待しても、それは無理なのだ、という主旨のことを彼は言った。フロイトが常に高く評価し、以前は自分の後継者と決めていたユングが、フロイトから離反して自らの道を歩み出したとフロイトから聞いたのも、この頃のことだった。

私は、フロイトの沈着さと自制について語ったことがある。彼はまったく新しい思想の世界を構築したが、それはとりわけ大きなエネルギーと忍耐力を必要とするものだった。彼の精神の強さは、時には非情な人物であるかのような印象を与えることがあったが、きわめて尊敬すべきものであって、それは彼が運命の苛酷な一撃を受けた時でも、決して失われることがなかった。

一九一九年から二〇年にかけての冬に、フロイトは上の娘の死によってこの上なく苦痛な喪失を体験した。私が耳にしたところでは、彼はこの娘に特別な愛情を抱いていた。私はこの悲しい出来事の翌日、彼に会った。彼はいつも通り静かで落ち着いており、いっさい苦痛の色を示すことはなかった。

数年後、フロイトは口蓋腔内に腫瘍が出来る病いに冒されたが、彼の態度は以前とまったく変わらず、決然としていた。手術を受けなければならなくなり、手術後に見舞いに行って気分を訊ねたときも、彼はまるで何も起こらなかったような態度を見せた。「人間はただ老いてゆくものです」と彼は言い、手を振って何かつまらぬものを払い除けるような仕草をした。フロイトはもちろん医者として、自分の病気の重大性は十分に認識していた。実際、最初の手術の後に二回目の手術が行われ、口蓋の一部が切除されて、人工口蓋を着けなければならなくなった。そのため話すのが少し不自由になったが、ほとんど気づかれない程度だった。しかし、この不幸もフロイトを屈服させる力は持たなかったし、彼から仕事への情熱を奪うこともなかった。彼はそれ以前と同じように著作に没頭し、限られた程度ではあったが、なおも分析治療を続けた。ヒットラーによるオーストリア併合後、フロイトは英国に亡命し、そこで第二次大戦初期に死亡した。

「予言者は母国では栄誉を得られぬ」と諺にあるが、残念なことにこれはフロイトに関して真実であった。フロイトは生涯のほとんどをウィーンで過ごし、そこで何十年にもわたって人類にとってきわめて重要な仕事を続けたにもかかわらず、精神分析はウィーンでは世界のどこよりも受け入れられなかった。その原因は何だろうか。たぶんそれは、オーストリアが最近の歴史の中で、たくさんの政治的・経済的危機に遭遇してきたからである。しかし、他にも一因となっているものがあるかも知れない。つまり、オーストリア人には物事を軽く受け取る幸福な性向があり、フランス人と同様に、人生を明るく楽しい側から見るという事実がそれである。その結果として、オーストリア人はコンプレックスのためにあまり苦しまずに、それらを容易に乗り越えることができるのかもしれない。

ともあれ、フロイトの死後十年経ち、彼の生活していたベルクガッセの家の壁に、何か適切な記念板を取り付けてもよい時間が空しく流れ去った。その家の前を通り過ぎるときに、今なお記念板がないのを見ると、悲しくなる。(原註4)

フロイトの「ある幼児期神経症の病歴より」への補遺（一九二八年）

ルース・マック・ブランスウィック

この論文は、――題名から内容は明らかだが――著者によって、雑誌『リーダー』(原註1)の編集者の許へ、次の覚え書とともに送られた。「以下に報告する狼男の分析は、一九二六年十月から一九二七年二月までの五カ月間に行われたものです。その後狼男は回復し、日常の実務において比較的生産的な能力を発揮しています」

「彼は約二年後に分析の再開を求めてきましたが、それは彼にとっても私にとってもやりがいあるものでした。精神病や妄想傾向の痕跡はありませんでした。唐突で荒々しい愛情関係を繰り返すうちに、厳密に神経症的な特徴を備えた能力障害が生じてきていました。今回の分析は、多少不規則に数年にわたって続けられましたが、新しい素材と、これまで忘れられていた重要な記憶を明らかにしてくれました。それらはすべて、前分裂病的な女性とその弟への複雑な愛着に関係しています。一九四〇年に得た最後の情報によれば、治療の結果は優れていて、大きな個人的危機に遭ってもたいして動揺せず、世界大戦の影響も、それほど……」

ニューヨーク　一九四五年九月　R・M・B

I　現在の病気の記述

一九二六年十月、フロイトの「ある幼児期神経症の病歴より」の主人公、狼男として知られる患者は、一九二〇年に分析が終了した後も時折会っていたフロイト教授を訪れて、診察を受けた。短く触れておくと、彼の境遇はすっかり変わってしまって、狼男の生活は窮迫していた。昔の百万長者が、今は病気の妻と彼自身をかろうじて養うに足りる給料で暮らしていた。にもかかわらず、一九二六年の夏、ある種の症状が出てきて、フロイトの診察が必要となるまでは、事態は平穏に過ぎていた。その頃、もし分析が必要と思ったら、私のところへ来るように、と伝えてあった。それで、彼は一九二六年十月の初めに、私の診察室を訪れた。

彼は、心気症的な〝固定観念〟に悩んでいた。彼の訴えは、自分は電気分解療法によって引き起こされた鼻の傷の犠牲者だ、というものだった。この電気療法は、当時、鼻の皮脂腺閉塞症に使われていた。彼によれば、傷害組織の傷跡や、穴や、窪みがおかしい、ということだった。鼻の形が損なわれた、と彼は主張したが、患者の小さめの、ロシア人に典型的な獅子鼻には、何の変化もないことが一目で見てとれた。患者自身、傷が目立ちすぎて困るのだと主張していたが、にもかかわらず、自分の反応が異常であると自覚していた。そのため、彼は皮膚科をあちこち訪ねまわった挙げ句に、フロイトに相談したのだった。鼻のために役立つ治療がないのなら、原因が現実であれ、空想であれ、精神状態を改善するために何かしなければならない、というわけだった。最初見たところでは、この論理的で賢明な考え方は、以前の分析で得られた洞察によるように思われた。しかし、現在新たに分析を受ける動機としては、それは部分的なものに過ぎなかった。他方その洞察は、明らかにこの症例の持つ異常な特徴、すなわち分析への開かれた態度を生む基盤となっており、この態度は以前に分析を受けていなかったら生まれていなかったと思われた。

彼は絶望していた。鼻はまったくおかしくないので、治しようがない、と言われて、不治の病にとりつかれたように思って、途方に暮れていた。彼は、以前の病気のたびに必ず口に出していた訴え、つまり子どもの頃に下着を汚して赤痢に罹ったと思ったときのこと、淋病になった青年時代のこと、最後にフロイトの分析を受けていた諸状況の中で口にしていたことを、ここでも訴えた。彼の病気の原因である母同一化の核を含むこの訴えは、「これではもう生きて行けない（"So kann ich nicht mehr leben"）」というものだった。以前の病気の〝ヴェール〟が、彼を完全に包みこんでいた。彼は鼻の状態に夢中になって他のことにはまったく注意が向かなくなってしまい、日常生活や仕事はおざなりになっていた。道を歩きながら、店ごとにショーウィンドウに映る自分を眺め、数分ごとにポケットの鏡を出して覗きこんだ。鼻に粉を塗っては、すぐにまたそれを点検して粉を拭い取った。次には毛孔が大きくなっていないか調べ、まるで穴が大きくなる瞬間を捉えようとするように、まじまじと見続けた。それからまた、鼻に粉を塗り、鏡をしまうが、すぐにまた同じ行為を繰り返し始める。彼の人生は、ポケットの中の手鏡に集中し、彼の運命はその手鏡が映し出すもの、あるいは映し出そうとしているものに支配されていた。

私のアパートの女中は、ドアを開ける際にいつも彼を怖がっていた。彼女の話では、彼はいつも狂ったように彼女の脇を走り抜けて、薄暗い待合室の長形の姿見の前に行くということだった。彼は私の診察室に呼ばれるまで、他の患者のように座って待つことをしなかった。小さな部屋の中を絶えず歩き回り、手鏡を取り出しては明るいところで鼻を調べたりしていた。彼が私の分析を受け始めたのは、このような状態のときだった。

私はここで、読者にお願いしたいのだが、フロイトが「ある幼児期神経症の病歴より」という題で刊行したこの患者の物語の断片をぜひ再読して、記憶を新たにしていただきたい。幼児期の素材は、すべてその中に現れている。私の分析においては、新しい素材は何一つ出てこなかった。新しい病気の原因は転移の未解決の残滓にあり、それは十四年の年月の後に、特異な環境のストレスの下に、古い病気が新しい形態で現れる基礎となったのであった。

Ⅱ　一九二〇—一九二三年

現在の病気とその治療について詳しく述べる前に、フロイトの分析期間中とその後の患者の生活と環境に関して、若干詳細に検討しておく必要がある。

読者が記憶しているように、狼男は父親から遺産を相続して大変な大金持ちになったが、父親は彼が二十五歳のときに亡くなった――それは患者が淋病に感染した二年後で、フロイトを受診する二年前のことだった。患者が金に対して、極端に神経症的な態度だったことも、想起されるだろう。彼自身、弁解せずに認めているように、彼はしばしば母が勝手に自分の財産を使っている、といって母を非難した。彼は何かにつけ自慢し、金に不当な力と重要性を与えていた。姉の死でさえも、歓迎すべき事件だった。それによって彼は父の唯一の相続人になったからである。彼は個人的な趣好において過度に贅沢で、特に衣服がそうだった。

ロシア革命とボリシェヴィキ体制は、これらすべてを一変させた。狼男と一族は、文字通りすべての金と全財産を失ってしまった。金も仕事もない苦しい時期を経て、ようやく彼はウィーンでちょっとした勤め先を見つけることができた。

一九一九年の末頃、彼はロシアから出国し、ヒステリー性の便秘を治す目的で、フロイトの許に戻って数カ月間分析を受け、治療はうまく成功した。彼はこの数カ月間の分析を受ける料金は支払えると思っていたようだが、その根拠は不明である。いずれにせよ、彼には支払う能力はなかった。さらにまた、この時期の終わり頃は、狼男には職もなく、生活の資はなく、妻は病気で、まさに彼は絶望的な窮境にあった。そのためフロイトは、この分析の理論的目的に貢献してくれた昔の患者のために、募金を計画し、この募金を六年間、春ごとに繰り返し行った。この金のおかげで患者は妻の病院の費用を払い、妻を転地療養させ、時々は彼も短い休暇を取ることができたのだった。

一九二二年の初め頃、患者の知人がロシアからウィーンに来て、患者の家に伝わる宝石類のうちの残っているものを持参してくれた。それらは数千ドルに相当すると推測されたが、後になって売ろうとしてみると、その価値は数百ドルを越えないことがわかった。患者は宝石類については妻以外の誰にも話さなかった。彼女は女らしくすぐに、フロイトには秘密にするように、きっと宝石の価値を大きく見積って、もう援助してくれなくなるから、と忠告した。そのネックレスとイヤリング類は、今や彼の全資産だった。生活のために余儀なく売らされたら、頼るものは何もなくなってしまう。だから彼は、宝石類が手に入ったことを、誰にも話さなかった。フロイトの援助が得られなくなる不安に襲われて、患者がわずかな資産を使い果たすのをフロイトが喜ばないことなどは、明らかに彼の頭に浮かばなかった。

彼は妻の忠告に従ったが、それは彼が認めているように、彼自身のある種の内的感情と一致したからだった。そして、この頃から、彼の金銭に対する貪欲さが強まっていく。彼は、次にもらえるのはどのくらいの金額か、たえず思い巡らし——その額は、集まる金額によって毎年違っていた——今度は何に使おうかと迷っていた。患者は、これまでの強迫的な正直さを備えた人間に顕著な、率直さを失い出した。妻に財政上の窮迫を隠し始め、インフレーションの時期に、いつもひどく用心深かったのに投機に手を出して、かなりの金額を失った。金銭上の事件のすべてにおいて、今やある種の不誠実さが顕わになっていくが、このような傾向は、以前の神経症的態度にもかかわらず、これまではついぞ認められなかったことだった。

にもかかわらず、どの点から見ても患者は健康だった。主治医について、規則的に受診していた患者、自分で着替えもできなかった患者が、今では何とか就職できた職場で懸命に働き、病気で沈みこんでいる妻を力のかぎり支えていた。彼の興味と野心は、青年時代と比較して、限られていた。明らかに彼は、以前の病気と治療のために、これを犠牲にしていた。しかし、彼はあいかわらず絵を描き続けていて、一九二二年の夏には、長時間にわたって鏡の中の自分を観察する必要のある自画像まで描いたのだった。

一九二三年四月、フロイト教授が一回目の口蓋部の小手術を受けた。狼男は夏前に金を受け取りに行き、フロイトの容貌にショックを受けた。しかし、そのことはあまり考えずに、休暇に出かけてしまった。田舎にいる間に、彼はわいせつな写真を見ながら、自慰行為をし始めた。それに過度に耽ることもなく、この症状が出たことに特に悩むこともなかった。妻は病気がちで、性交に乗り気でなかった。秋になって彼がウィーンに戻ったとき、フロイトは再び手術を受け、今回は病気の重大な性質が、狼男を含む私たち全員に知らされた。

Ⅲ　現在の病気の病歴

一九二七年二月、私たちの分析が終結した直後に、患者が私のために書き記してくれた患者自身の言葉を手がかりに、患者の今回の病気について、できるだけ厳密に物語ってみたい。

一九二三年十一月、患者の母がロシアから到着した。駅で出迎えたとき、彼は母の鼻に黒いいぼがあるのに気づいた。それについて訊ねると、あちこちの医者に診てもらったが、皆がこのいぼは切り取った方がいいと薦める。でもどの医者も、このいぼにはできたり消えたりする奇妙なところがあるので、本態は自分たちにもわからない、と言っている。だから手術はお断りして、今ではよかったと思っている、と母が答えた。しかし、患者は、母がいくらか心気症的になっているのに気づいた。彼女は隙間風を恐れ、埃やあらゆる種類の感染を恐れるようになっていた。

一九二一年までは、歯は特別に健康だったが、一九二四年初めになると、患者は歯の病気に悩み始めた。そのとき、初めて歯を二本、抜かなければならなくなった。このとき抜歯をしてくれた歯科医は、あなたは噛み方が乱暴なので遠からず歯が全部なくなるでしょうと予言までしてくれたが、彼の名前は、何と狼博士（Dr. Wolf）だった。こんな予言をされたので、患者は二度とこの歯科医のところには行かないで、代わりにあちこちの歯科医を受診したが、どこに行っても完全には満足できなかった。一度、化膿した歯根管の治療中に、彼は気を失った。時々、口蓋部に小さな膿疱ができた。

この頃、彼が雇われている事務所である変化が起こり、そのために彼はそれまでの独立した地位を失って、今度はひどくがさつで思いやりのない上司のもとに配置転換となった。

今回の病気の主症状は、一九二四年二月に現れ、患者は鼻にまつわる奇妙な考えに捕われ出した。彼は自分の小さな獅子鼻にたえず不満を感じてきたが、小学校でも鼻のことでからかわれて、ちん（Mops）と呼ばれていた。思春期の頃、鼻カタルが原因で、鼻の表面や上唇に腫れ物ができ、治療のために軟膏を塗る必要があった。この軟膏を処方してくれたのは、後になって別のカタル、つまり淋病の治療をした医師と同じ人物だった。フロイトの分析を受けていた期間、患者は皮脂腺閉塞症のため、ウィーンの指導的な皮膚科医X教授の治療を受けていた。このことからも、患者がいつも鼻について、自分でかなり不満に思い、あれこれ考えあぐねてきたのは明らかである。

大戦後、生活上の切迫した事情から、彼は多忙となって自分の容貌にあまり心を煩わされなくなり、自分の鼻をむしろ自慢するようにさえなった（私はたくさんのユダヤ人の知人のせいではなかったか、と思う）。ついには、欠点のない鼻を持っているなんて、まったくもって俺は恵まれている、と考えるようになった。ある人たちにはいぼがあり——妻には何年も前から鼻にいぼがあった——、また他の人たちにはほくろやニキビがあった。しかし、彼はその先まで考え続けて、もし俺の鼻に、たとえばいぼができたとしたら、なんて恐ろしいことだろう、と思うようになった。

こうして彼は、鼻を調べて皮脂腺閉塞症の跡がないか探し始め、約一カ月後、〝黒いしみのように〟目立つ鼻の毛穴（たぶん黒くなったニキビ）を、辛うじて発見した。このため彼はやや不安になり、以前X医師の治療がうまく行ったことを思い出して、もう一度彼の診察を受けて見ようと考えた。しかし、これは実際の計画というより、むしろ空想にすぎなかったようである。なぜなら、患者はその考えを実行に移そうとは、まったくしなかったからだ。

五月に、患者の母がロシアに帰国した。その二週間後に、彼は鼻の中央に小さなニキビがあるのに気づいた。それは彼の言葉によると、ひどく奇妙な外見で、絶対に消えそうもない、ということだった。ニキビはその後硬くなり、患者は叔母さんの顔に同じような病気があって、二度と消えなかったことを思い出した。

覚えておられるだろうが、強迫神経症の背後にあるヒステリー性愛着の代理症状である便秘が、ここで再び生じてきた。この症状は、一九一九年十一月から一九二〇年二月までの、フロイトによる四カ月間の分析の主題であった。病気の期間中の稀な発作を除けば、患者は六年間、一度も便秘にならなかった。便秘の再発とともに、彼はひどい疲労感を覚えた。彼は保健局(原註2)に行って、一連の活力回復温泉券の交付を申請した。彼は担当医師の診察を受けさせられて、松葉入り温泉と腹部の冷圧迫を処方された。冷圧迫については患者は辞退したが、それは母と同じように、風邪をひくのを恐れたからだった。いつものように彼の恐れは現実となり、聖霊降臨節に彼はインフルエンザに罹って床についた(クリスマスに生まれたこの患者の人生全体を見てみると、彼が症状産出その他の重要な行為のために、いつも大切な休日を選んでいたことがわかる。彼の激情的な性質からしたら驚くべきことだが、彼はオナニーに過度に耽ったことがない。その点について触れると、彼は次のように答えた。「いや、もちろん私がオナニーしたのは、きまって大きな祭日だけでしたよ」)。

患者は、冬中軽い咳をしていたが、医師の処方を見て、自分はインフルエンザから肺炎に進行するのだ、と思いこんだ。しかし、このような進行は見られず、数日後にまたこの医師を受診したときに(彼は一度満足しなかった医師や歯科医を、しばらくして再度受診する癖があった)、奇妙な出来事が起こった。患者の記憶では、この最後に受診した際に、医師が自分自身腎臓病を患って苦しんでいる、と訴えたという。大好きなこの医師と座って話しながら、彼は頭の中で次のように考えた。「患者である私がまったく健康で、医者である彼の方がひどい病気だというのは、なんてよいものだろう」

この状況で快感を抱いたことは、彼には処罰に値すると思われた。帰宅して、少し休養しようとして横になると、知らず知らず手が鼻の上に伸びていった。皮膚の下の硬いニキビに触れて、彼はそれを掻き出した。それから鏡の前に行き、鼻をよく見た。ニキビのあった跡が、深い小穴になっていた。この瞬間から、この小穴は治るだろうか、治るとすればいつか、という考えが、彼の主要な関心事となってしまった。彼は今や数分ごとに、おそらくは治り具合を見るために、手鏡を出して覗きこまずにいられなかった。しかし、その小穴は完全にはふさがらず、その不首尾のため毎日が惨めなものになってしまった。にもかかわらず、数カ月のうちにはすべてがよくなるのでは、と万一を期待して、彼は鏡を覗き続けた。今や彼は何をしても楽しいと感じなくなり、皆が自分の鼻にできた小穴を見ている、と感じ始めた。

夏休みの直前に、ついに患者はX教授を受診したが、奇妙なことに鼻の小穴のためではなく、ようやく見つけ出した皮脂腺の腫脹を治療するためだった。X教授は、戦争以来、また患者の運命の逆転以来、患者と会っていなかったが、親切に診察してくれた。彼は皮脂腺は簡単に治るが、しばらくの間鼻が赤くなるかも知れない、と警告した。それから器具を手にして、皮脂腺をいくつか切開した。残りの皮脂腺用に、彼はいろんな内服薬と軟膏と水薬を処方してくれた（十二歳のときに、患者は同じ状態で軟膏を処方されたことがあった）。

X教授の警告は現実となり、患者の鼻は数日経っても赤いままで、彼はX教授の治療を受けたことを後悔した。妻はもらってきた薬を飲むのに不賛成で、患者の意志に反して薬を棄ててしまった。

突然、田舎に出かける前日になって、何の理由もなく、患者は数カ月前に悩まされた歯のために、今度の休暇がまた散々なものになりはしないか、と不安になり出した。そのため彼は歯科医のところに行って、歯を抜いてもらったが、その歯は後で違う歯であることがわかった。翌日、彼は別の歯が具合悪いのを感じて、受診したことをひどく後悔した。喉の症状も出てきて、それも彼の心配の種となった。

しかし、田舎で過ごした休暇は、楽しいものだった。患者は熱心に絵を描き、次第に鼻や歯のことは考えなくなった。実際、現実の原因がなかったので、彼は歯についてあまり心気的にならなくなった。しかし、かつてはこの現実の原因が存在していて、治療を担当した歯科医に対して彼が不信感を抱いていることが、明白になっていた（フロイト教授が私に話したところでは、患者の裁縫師に対する態度が、後年の歯科医に対する不満と不信の正確な二重写しになっている、ということだった。つまり、最初の分析中、患者は裁縫師をあちこち訪ね歩き、金をやったり、懇願したり、怒ったり、騒ぎ立てたり、いつも具合の悪いところを見つけて、彼を不快にする裁縫師のところでぐずぐず時間を潰していたのだった）。

一九二四年から二五年にかけての冬は、何事もなく過ぎた。患者は鼻の症状をほとんど忘れていたが、再び鼻を鏡に映して調べて見ても、小穴のあった場所すら発見できなかった。ホッとして彼は、事件はすでに過去のものだと考えた。

この期間に、彼の性生活にある種の変化が起こった。彼は、以前、街で女性の後について行く癖があったが、それがまた始まった。「ある幼児期神経症の病歴より」の読者は、患者が下層階級の女性たちとさまざまな性的経験をしていたのを想起されるだろう。彼は今また、しばしば売春婦と一緒に彼女らの住居に行き出したが、性病に感染するのを恐れて、売春婦の前でオナニーをする以外の関係は持たなかった。一九二三年夏に始まったオナニーは、わいせつな写真を見ながら行われていた。売春婦との彼の関係は、したがってこの方向で一歩先に進んだものだった。

患者の鼻への捕われは、一九二四年二月からそれに続く夏の終わり頃まで、つまりほぼ六カ月間消えなかった。

鼻の症状が再び現れたのは、一九二五年の復活祭の日のことだった。妻と一緒に公園のベンチに座っているときに、彼は鼻が痛むのに気づいた。妻の手鏡を借りて覗きこむと、鼻の右側に、痛くて大きいニキビが見つかった。痛くて大きかったが、普通のニキビと思われたので、患者は別に心配しなかった。まもなく消えるだろうと思って、数週間待ってみたが、その間に時折悪化して、とうとうまた膿が出始めた（彼の母親のいぼも、出たり消えたりした）。聖霊降臨節が近づくにつれ、狼男は怒りっぽくなり出した。聖霊降臨祭の日、彼は妻と「白衣の天使」という映画を観に出かけた。この映画を観て、彼は何年も前に死んだ姉が、自殺する少し前に、「お姉さんはあんまりきれいじゃないね」と彼が文句を言ったのを口にしていたことを思い出した。姉もまた、顔のニキビをいつもひどく気にしていたことが思い浮かんだ。その夜彼は、がっくりと気落ちして帰宅した。翌日、彼は保健局の皮膚科医の許を訪れた（この時点でなぜ皮膚科医を変えたのか、不明である）。この皮膚科医は、患者の鼻のニキビは普通のもので、放っておいてもいずれなくなるだろう、と言った。しかし、少しもよくならないので、二週間後にまた受診すると、実はこのニキビは皮脂腺の感染と思う、と彼は言った。自然に治るものか、それとも何か治療が必要か、と患者が訊ねても、彼は消極的な答えしかしなかった。

そのために、患者は今や極度の絶望感に捉えられた。彼は、この病気の治療法がないなんて、そんなことがありえるのか、自分はこれからの人生を、ずっと鼻の上にこんな物を付けたまま生きて行かねばならぬのか、と訊ねた。医師は関心なさそうに彼を一瞥して、治療法は何もない、と繰り返した。こうして、患者の言葉によれば、全世界が転回した。彼の人生の構造が破綻した。これは、彼にとって終わりを意味した。こんな不具の状態では、生きていくのは不可能だった。

保健局の医師の許から、彼は大急ぎでX教授のところに行った。X教授は彼を暖かく迎えてくれ、問題は簡単に解釈できますよ、と言った。すぐに皮脂腺を除去しましょう、と言うと、彼は器具を使って、患者の鼻の感染部を圧迫した。患者は叫び声を挙げ、血が皮脂腺のあった部分から流れ出た。分析によって後に明らかになったところでは、彼は医師の手の下を自分の血が流れるのを見て、急性のエクスタシーを経験した。彼は深く息を吸いこみ、喜びを包み隠すことがほとんどできなかった。二時間前、彼は自殺の縁に立っていたのに、今や奇蹟が起こって、彼を破滅から救い出してくれた。

しかし数日後、傷口からかさぶたが取れたので跡をよく見ると、赤みを帯びた隆起があって、彼は愕然とした。傷口のあたり全体が、小さな腫れもののようになっていた。疑問がまたもや頭をもたげてきた、この腫脹ははたして消えるものなのか、それとも、保険局の医師がこの種の病気には治療法はないと言っていたのが正しかったのか。

同じ頃、口蓋部に膿疱ができたので、患者は歯科医を受診した。歯科医に、それは歯茎潰瘍で、大したことではない、と言われると、彼は別の医師の意見も訊こう、と決心した。しばらくの間は、かかりつけの歯科医をわずかにせよ信用していたのだったが、今や彼は事務所の知人に訊いて回って、ある人の薦める歯科医を受診することにした。新しい歯科医は、抜いた歯の状態がどうだったにせよ、本当に危険な歯がまだ口内に残っている、と断言した。彼の考えでは、患者の抱えているすべての苦しみの源《もと》はこの歯であって、鼻のニキビの原因もこれである、ということだった。この歯はひどい感染を起こしていて、ただちに抜かないと、膿が身体の器官に広がって、全身の敗血症にもなりかねない。最初にこの歯さえ抜いていたら、それ以上歯の障害は出てこなかったろうし、ニキビや皮脂腺の化膿にだって悩まずにすんだはずだ、と彼は言った。患者はそれとまったく同意見だったので、すぐにその歯を抜いてもらった。

今度はこの最後の歯科医が、すべての悩みの元凶として、非難の的になり出した。しかし、この抜歯とともに、彼の関心は再び鼻に向けられた。鼻はどんどん膨れていって、もはや元型とは似てもつかぬように思われた。一日中彼は膨らんだ鼻を眺め、〝以前と変わってしまった〟事実に苦しんだ。彼が再びX教授の許に行くと、教授は鼻にはまったく問題がない、と請け合った。それを聞くと、患者は安心するどころか、ひどくびっくりした。鼻は急速に大きくなって、鼻の片側は他の側と完全に釣り合わなくなっていた。一層ひどくなるのではないかと不安に駆られて、彼はまたX教授を訪れた。彼のたびたびの訪問に皮膚科医は興味を失って、背中を部屋に向けて立って窓から外を眺めたまま、患者を助手の治療に任せてしまった。〝運命に迫害され、医学に見離されて〟、患者はX医師の注意を惹くための、新しい計画を思いついた。記憶しておられるだろうが、鼻の尖端にいぼのある妻に頼んで、一人で行くのが怖くなったX教授のところへ、一緒に行ってもらおうと決心したのである。X教授はきわめて暖かい態度で迎えてくれ、すぐにいぼを切除してくれた。しかし、患者が自分の鼻は将来どうなるか、というお馴染みの質問をすると、教授はいらつき始めた。最後に彼は、原因は血管拡張にあるのだから、いぼと同様に、電気分解で治療するのが一番いい、と言った。そして、治療を受けに数日後にまた来院しなさい、と付け加えた。

一方では、患者は血管拡張という新しい病名を告げられて、不安だったが、他方ではこれは新たな治癒の希望も与えてくれた。しかし、彼はこの診断を疑っていた。日頃アルコールを断っていたので、アルコール中毒患者ならいざ知らず、なぜ自分の血管の口径が拡がるなんてことがありうるのか、理解できなかった。その上、そんな病気になるには、彼はまだ若かった。妻は、夏の休暇前はもうX教授を受診しないように忠告した。「彼はあなたに腹を立ててるのよ」と彼女は言った。「だからあなたがずっと後悔し続けるようなひどいことを、何かやってやるつもりなのよ」。二人とも、X教授が、この貧しいロシア人亡命者を、かつての裕福な、フロイトの患者に対して取っていた態度とは違う態度で扱い出したのを感じていた。

八月初めに、患者は以前に新しい歯科医を薦めてくれた知人を訪ねた。この知人は、鼻の表面に何か変わったところは見当たらないか訊ねられると、患者の鼻を注意深く観察して、皮脂腺を切除した跡は残っていないが、鼻の片側が少し膨れているようだ、と言った。この言葉は、患者を激しい興奮状態に陥れた。彼は自分の病気は少しもよくなっていない、だから秋まで電気分解を延ばすのは、意味がない、と考えた。彼は残っていた忍耐力を失って、X教授の指示した治療を受けようと決心するが、ここでもまた、第三者の意見を聞きたいと思った。彼はそのために他の皮膚科医を訪ねるが、その皮膚科医は、ここに記しておく価値があると思うが、フロイトが住んでいる通りの角に治療室を構えていた。

新たに受診した医師は、X教授の診断は正しいと確証し、感染した皮脂腺はきれいに切除してある、と付け加えた。彼は電気分解は害はないが、現在の病気には不適切なので、ジアテルミーの方がよい、と薦めた。患者はこの医師を電話帳を見て選んだのだが、明らかにフロイトに近い住所に影響されていた。この医師はとても陽気な人で、患者のおかれている経済状態には気づかず、通常の一回分の診察料を請求した。X教授に一文も払わなかった患者は、再び〝紳士のように支払って〟得意な気分になった。

彼は今や安心してX教授の判断に従う気持ちになった。教授はこれまで、正しい治療をしてくれたのだから、ジアテルミーより電気分解法を薦めるのも信頼していいはずだ、と彼は考えた。その上、ジアテルミーが有効だという医師は、患者が受診した日にウィーンを離れる予定だったので、彼の治療を受けるのは問題外だった。患者は、休暇を取る前に、問題を全部片づけてしまいたい、と思った。そこで彼は、翌日夏休みでウィーンを離れると聞いていたX教授を、即刻訪ねた。強い信頼感を抱いて受診した彼は、いつもと違って愛想よく迎えてくれたX教授にすべてを任せて、電気分解療法を受けることにした。その後帰宅すると、彼を見て妻が叫んだ、「まぁ、一体鼻をどうなさったの?」治療後、鼻の上に跡が残ったが、患者は別段気にしなかった。X教授について話してくれた他の皮膚科医の意見や、教授の言葉は、全体として患者の心の平衡を取り戻させ、彼は再び自分が状況を支配していると感じ出した。彼はまた、二番目に受診した皮膚科医のおかげで教授と和解できたという、奇妙な感情を抱いた。

三日後、患者と妻は田舎に発った。休暇は楽しいものとなった。患者はあいかわらず鼻について若干はあれこれ考えたり、電気分解の跡を気にしたりしていたが、どうにか休暇を楽しんでいた。彼は絵を描いたり、遠足に出かけたりして、全体としてよい気分で過ごした。

秋になって街に戻ってきたとき、彼は一見正常に見えたが、必要以上に鼻の傷跡を探したり、眺めたりしている姿は認められた。

彼は今度は歯に関心を持ち出した。最後の歯科医は五本の充填《じゅうてん》をし、一本は新たに歯冠を作り直す必要があり、「そうしないと駄目ですよ」と言った。しかし患者は、歯科医の判断に確信が持てず、他の歯科医の助言を聞くまでは歯冠を作るのは辞めておきたい、と答えた。他の歯科医を訪ねると、新しく歯冠を作るなんて、まったく必要ない、しかし、もう六本充填しないと駄目だ、と言われた。わずか二カ月前に五本の充填をしてもらったばかりだったので、患者はこの歯科医を信頼できなくなり、また次の歯科医を受診した。この歯科医は、歯冠は適切なので、作り直す必要はないと思うが、六本でなくて、二本は充塡する必要がある、と言った。しかしながら、第三の歯科医によれば、歯冠については第二の歯科医が正しいと思われたので、患者はこの歯科医の治療を受ける決心をした。それは六本の歯の新しい充塡をしてもらうことを意味していた。しかし、保険局の医師は、患者がそんなにたくさんの歯科治療を受けるのを認めてくれず、そんなにきれいな歯なのに、あちこち充塡して汚くするのは考えものですよ、と言った。そして私がこんなことを言ったのは、黙っていて欲しい、と頼んだが、それは変な感じに聞こえた（明らかに同性愛的な讃美が隠されているのを感じ取ったためだった）ので、狼男は、鼻を見てくれた友人にその言葉を伝えた。友人は今度は別の歯科医を薦め、この医師なら豊かな経験と判断力を備えているから、他の医師の仕事がどんなか、きちんと判断してくれるはずだ、と言った。この医師は、明らかに斯界の長老で、名前は何とウォルフ博士だった。

このウォルフ博士が、最後の歯科医の診断が正しいと判定してくれたので、患者は渋々彼のところに戻った。この歯科医は、これまで受診してきたたくさんの医師たちの一人と同様に、〝噛み合わせがきつすぎる〟ので、遠からず充塡した歯どころか、全部の歯が抜けてしまうだろう、と言った。

一九二五年のクリスマスまでは、いつになったら鼻の傷跡は治るのだろう、という不安がいくらかあったが、患者は事務所内のいろんな問題に追われて、かなり元気に過ごしていた。しかし、一九二六年に入ると、鼻の症状が再び活発になり、彼の注意を惹き始めた。復活祭の頃には、鏡がまた重要な役割を演じ出して、今やほとんど一年中、存在している傷跡が一生消えないのではないか、と疑い出した。

一九二六年の夏、彼の症状は最高潮に達した。六月十六日、彼はフロイトを訪問して、集まった援助金の一年分を受け取った。彼はもちろん、自分の症状については何も話さなかった。(原註3) その二日前、彼は保険局の医師を訪れていたが、最近心臓の動悸がだんだんひどくなってきたために、よくそこを受診していた。彼は肝油が心臓に悪いという新聞記事を読んで、理由はわからないが、二年間肝油を飲んできたために、心臓が悪くなっていないか不安になったのだった。医師は〝心臓神経症〟と診断した。

突然、翌日の六月十七日に、彼は以前自分の慰めになることを言ってくれた皮膚科医を訪ねてみよう、と思い立った。彼はその決心をただちに実行に移した。その皮膚科医は、皮脂腺の感染による傷痕は見落としたが、代わりに、電気分解で治療した部分（彼はジアテルミーを薦めた人だった）が傷になって、はっきり残っている、と言った。患者が、この程度の傷痕はそのうち消えるのではないか、と言うと、彼はそんなことはない、傷痕は一生残るし、治療法もまったくない、と答えた。これを電気分解法で治療するなんて、まったく考えられない。あなたは本当に、ちゃんとした皮膚科医のところに行ったのですか？　これはとても専門医のやった仕事とは思えませんね。

〝傷痕は一生残る〟という言葉を聞いて、患者は恐ろしい感情に捕えられた。これまでのどの病気でも経験したことのない、底なしの絶望感が襲ってきた。出口はなく、そこから逃げる可能性はなかった。しかなかった。何の慰めにもならなかったが、たえずポケットの手鏡を出しては覗きこみ、具合の悪さを確かめようとした。一瞬たりとも、彼は手鏡を手離すことができなかった。一方ではまたその皮膚科医を受診して、助けて欲しいと懇願したり、治せないまでも、少しはよくなる治療法があるはずだ、と言い張ったりした。医師は、治療法はないし、治療は必要ないと答え、ごく薄い白線が鼻の皮膚に見えるだけで、プリマドンナだって自慢に思うほどだ、と断言した。彼は患者をなだめようとして、鼻のことばかり考えるのはやめるように忠告し、〝固定観念〟に捉われていますね、と付け加えた。

〝傷痕は一生消えない〟という皮膚科医の言葉が、たえず耳の中で鳴り続けた。残された行動は、一つ

しかし、彼の言葉も患者には効果がなかった。実際、それらの言葉は、不具の乞食に投げ与えられた

施し物にしか感じられなかった（フロイトの「幼児期神経症」を参照されたい。そこには、乞食たち、特に聾唖の召使いに対する態度が、去勢された父への、憐憫を交じえた自己愛的関心に由来することが示されている）。彼はさらに第三の皮膚科医に行くが、彼も患者の鼻に何の異常も見出さなかった。絶望し切った状態で、患者は次のような考えに付きまとわれた。ウィーンで第一級の皮膚科医であるX教授が、こんな修復不能な傷害罪を犯すなんて、一体ありえることなのか。何か恐ろしい、まったくの事故だったのか、それとも過失だったのか、あるいはもしかしたら無意識的な意図があったのか。この高い教育を受けた、頭の鋭い患者はあれこれと考え続けるが、どこで無意識は終わりを告げ、どこで意識の帳《とばり》が明けるのか。患者は心の底から、X教授を憎んだ、それはあたかも終生の敵のようだった。

Ⅳ　現在の分析経過

以上が、患者が私の治療を受けるに至った病気のあらましである。白状すると、これが本当に「ある幼児期神経症の病歴より」の狼男であるのか、また、フロイトが後に「強迫的に正直で良心的な、立派な人間で、あらゆる点からみて完全に信用できる人間」と記載しているあの狼男なのか、最初私は信じ難かった。私の許に現れた男は、ちょっとした不正をたくさん犯していた。たとえば、ある後援者から受け取った金があるのを隠して、その人物から金をもらうのは当然、と考えていた。中でも最も印象的なのは、自分の不誠実について、まったく自覚していないことだった。彼は実際に嘘の名目で金を受け取っていたが、彼にとってはそれはとるに足らぬことだった（彼の相続した宝石類が、当時彼が考えたところでは、数千ドルの価値があったという事実がある）。

分析中の彼の態度は、偽善者そのものだった。彼は、自分の鼻や、皮膚科医との対応について話すのを拒んだ。フロイトに話が及ぶと、奇妙な感じのする小さな笑い声をあげて、鷹揚な態度でやり過ごした。彼は長時間にわたって、科学としての分析の驚異や、私の技術が正確で、そのことにはすぐに気づいたこと、私に任せていると気持ちが安まること、彼を無料で治療してくれる私の親切さ、その他同類の話題について話し続けた。彼の面接時間前に待合室を通ったとき、私は彼が歩き回りながら、まず大きな姿見を覗き、次に手鏡を覗く姿を目撃した。しかし、私がこの行為に触れると、彼はひどく頑なな態度で答えた、鼻なんかのことより、議論すべきことは他にあるはずです、その問題が解決するまでは——それには数週間かかるが——他のことは考える気になれません、と。ようやく鼻の主題を扱えるようになったとき、私は患者が実に些細なことにまで、頑固であるのを思い知らされた。しかも、今なお人を寄せつけぬ性格であることが、明らかとなった。おそらくは自己愛から、私の与える示唆にはつねに固く心を閉ざし、非浸透性の膜の背後に身を潜めてしまう。正確な分析を行う上で通常大きな価値をもつ一つの性格傾向が、主要な抵抗となった。

彼の最初の夢は、有名な狼の夢の改版であり、他の多くの事柄は繰り返しに過ぎなかった。面白い変化が一つ、起こっていた。以前は白かった狼たちが、今度の夢では一貫して灰色だったのである。フロイトの分析を受けていた頃、彼は一度ならずフロイトの飼っている大きな灰色の警察犬を見たことがあったが、それは家畜化された狼に似ていた。最初の夢がまたしても狼の夢だったという事実は、患者には、自分の抱えている困難は、すべて父親との関係に由来している、という自分の言葉を確証していると思われた。そういう理由があるから、私は女性の治療者に分析を受けるのを喜んでいます、と彼は付け加えた。この言葉から、彼が父親を回避しようとする傾向を持っていることが見て取れるが、それは正当化の中核をなしてもいた。今の彼にとっては、女性の分析を受ける方が、同性愛的な転移を避ける上で安全だったのだ。この同性愛的転移は、この時点で明らかに強くなりすぎていて、治療の手段になるより、むしろ治療の邪魔になっていた。その後の治療経過は、この見解を証明していると思われた。狼男が四歳の頃に父親に対する受動的態度の核になるものを内包していたこと、その受動的態度は、一歳半の時に両親の性交を見て、母親と同一化したことに起源を持つことについては、改めて指摘する必要はないだろう。

私が無料で治療を引き受けたことに対して、彼は何度も「あなたは親切ですね」と繰り返した後に、彼は宝石類を所持していることを漏らす夢を持参した。

彼は船のへさきに立ち、宝石類の入ったバッグを持っている。中には、妻のイヤリングや、妻の銀の鏡などが入っている。手すりにもたれかかると、鏡が割れて、これで七年間不幸が続くことになる、と悟る。

ロシア語で、船のへさきは船の〝鼻〟と呼ばれており、この鼻こそ患者の不幸が始まった場所だった。彼の症状の中で大きな役割を演じる鏡も夢に出ていた。その鏡が妻の持ち物だった事実は、患者が自分の鼻を調べるために最初妻の鏡を借りたこと、そしてしょっちゅう自分を鏡に映して見るいわば女らしい習慣を身につけたことと同様に、意味深いものがある。その上、鏡を壊すと、それは同時に自分自身の映像も壊すことになる。こうして、患者の顔は、鏡とともに損壊されたのだった。

この夢の目的は、患者が宝石類を所有していることを開示する点にあり、宝石類の中には実際に夢の中のイヤリングが含まれていた。七年間とは、フロイトの分析を受けた後の年数であり、その間のある年月、宝石類は隠されていた。しかし、年数について自分から進んで解釈した以上には、患者はこれについて何か不正があることに、触れようとしなかった。彼は宝石類が手に入ったことを、すぐに話した方がよかったかもしれない、と認めた。なぜなら、その方が気持ちが楽になったでしょうからね、と彼は言った。「しかし女って奴は――妻のことだった――いつもあんなふうで、疑い深くて、誰も信用しなくて、何か盗られる心配ばかりしてるんですからね。宝石類を隠しておくように言ったのは、妻だったんですよ」

私は再び、患者にまったく接近不可能な状態に立ち至った。彼の無節操ぶりとその自覚のなさが、広範な性格変化の徴候であることを知るには、長くはかからなかった。鋭敏な頭脳と分析的感受性を備えている以外には、彼ともとの狼男との共通点はわずかしかなかった。たとえば、かつての狼男は、女性たち、特に母親と妻に対して支配的だった。それに対して、今の患者は、妻に完全に支配されていた。妻が彼の衣服を買い、医師たちを批判し、彼の財産を管理していた。受動性は以前はもっぱら父親に向けられていて、その場合も積極性の仮面を被っていたが、それが今や限界を突き破って、同性愛関係と異性愛関係の両方を含むまでになった。その結果、ちょっとしたごまかしが、頻回に見られるようになった。たとえば、患者は仕事をさぼるようになって、仕事中、勝手に外を出歩いた。それを注意されても、彼は何一つ弁解しなかった。

これらの症状は、それ自体は際立ったものではなかったが、患者の以前の性格とはひどく食い違っていたので、誰しもそれが三年半の間に彼の身に生じた大きな変化と同様の、広範な性格変化の徴候であることを認めないわけにいかなかった。

分析開始時の下痢の発作は、金をめぐる重要な主題が存在することを予告していた。しかし、患者は明らかに症状自体に満足していて、借金を返済するとはまったく言い出さなかった。それどころか、フロイトの贈った金は、受け取って当然のものであって、父親が息子に与える愛情の印と考えていることが明らかとなった。このようにして、患者は父が姉の方を偏愛していた頃の、昔の屈辱感を代償していたのだった。しかし、このような態度とともに、ある種の誇大観念が生じてきた。患者は、自分がフロイトと異常に親密な関係にある、と話し始めた。それは、職業的な関係を遥かに越えた、親しい関係だ、と彼は述べた。事実、フロイトは彼に強い個人的な関心を抱いたために、後には不合理とわかった助言を与えるようなこともあった。一九一九年から一九二〇年にかけての分析中に、患者は財産保全のためにロシアに戻りたいと望んだ。当時、彼の母親と弁護士がロシアにいて、諸事きちんと管理していたと思われるが、患者は家族の財産を守れるのは自分しかいない、と考えた。フロイトはしかし、「君が帰国したいと言うのは、抵抗にすぎない」と言った――ここで患者は、フロイトの助言は事実に基づいたものではなく、自分の安全を心配してくれてのものだ、と微妙な言い回しで述べた。そして、彼はフロイトの説得（彼の言葉のまま！）に従って、ウィーンに滞まった。彼は、勝手にフロイトが心配してくれていたと考えて得意になっていたが、その一方で、財産を失ったことについては、ひどく自分を責めていた。他方、彼はフロイトに意図的な害意があったとは、一度も疑ったことはなかった。おそらくフロイトを咎める気持ちが、フロイトから金銭上の援助を受ける行為を正当化していたのだろう。現実から見て、当時患者がロシアに帰国することは、不可能だった。彼の父親はロシア自由党の有名なリーダーだったので、患者自身疑いなく銃殺されていたことだろう。

しばらくの期間、患者が重要な問題についてまったく心を閉ざしているにもかかわらず、あるいはまさにそれゆえに、彼と私の関係はきわめて良好だった。彼は毎回きちんとこの上なく明快な夢を持参し、私の方はそれらを解釈して技能を発揮し、フロイトの治療を受けているときより私の治療を受けている今の方がよい、という彼の言葉を証明することとなった。彼の言うには、以前の分析中に見た夢は、混乱していて、理解し難かった、ということだった。終わりのない抵抗が続いた期間もあり、その間は分析素材がまったく浮かんでこなかった。時折彼は、フロイトよりも私の方が彼に対する態度が客観的なので、私といる方が心が安まるのだ、というようなことをほのめかした。たとえば、「先生だったら、私がロシアに帰国することについて、あんな間違いは犯さなかったでしょうに」等々。さらにまた、当時はフロイトの個人的な影響が強すぎたので、現在の分析の方が、全体的な雰囲気として、以前の分析より明晰だ、とも言った。毎日の分析が、彼とフロイトや、妻や、私との関係に、新しい光を投げかけた。唯一彼は、鼻やX教授に対する態度について、議論するのを拒絶した。最初の分析中にX教授を受診したこと、X氏はフロイトが推薦してくれたフロイトとほぼ同年の友人で、患者がただちに言ったようにに明らかにフロイトの代理人物だったこと、話はそれ以上には進まなかった。

やがて、運命が私に幸いした。狼男の治療を開始した数週間後、X教授が日曜の夜に突然死亡したのだ。当時ウィーンには、月曜にはよい朝刊が出ていなかったので、狼男は午後の版が出る頃に、予定通り私のオフィスに現れた。私は最初「今日の新聞を見ましたか」と訊ねた。予想通り、彼は「いいえ」と答えた。そこで私は「X教授が昨夜亡くなりましたよ」と言った。彼は寝椅子から跳び起きて、拳を握り、両手を挙げて、まるでロシアのメロドラマ風に叫んだ。「おお神よ、これであいつを殺さずにすみました！」

かくしてくさびが打ちこまれた。私は彼にX教授について話すよう促した。彼はX氏を殺そうとはっきり計画していたわけではなかったが、X教授のオフィスに突然現れて追及し、その正体を暴き、告訴して被害を蒙った賠償金を取ってやろう、と考えていた（ここに表れている好訴的な妄想傾向に注意されたい）。彼はX氏を殺したいと思い、幾度となくX氏が死んでくれたらと願い、自分自身がX氏によって傷つけられたように、どうやってX氏を傷つけてやるか思いめぐらせた。「しかし、自分が受けた傷を償うには、死んでもらうしかありません」と彼は言っていた。

それを聞いて私は、患者自身が以前X氏は明らかにフロイトの代理人物であると認めていたけれども、そうだとするとX氏に向けられた敵対感情は、フロイトに対する敵意の中に潜んでいるものに違いない、と彼に伝えた。それを聞くと、彼は断固として否定した。フロイトに敵意を持っているなんて、ありえない、彼はいつも自分をとてもひいきにしてくれ、愛情をかけてくれていたのだから、と彼は言った。再び彼は、自分たちの関係は職業的な関係ではなかった、と強調した。そこで私は、もしそうだとしたら、なぜフロイト家に客として招かれたことがなかったのか、訊ねた。彼はフロイトの家族に会ったことがないのを認めざるを得なくなり、それによって面接経過全体がしどろもどろになった。彼の答える言葉は、彼自身にとっても、あいまいで不満足なものとなった。彼の議論は異常な調子を帯び、必ずしももっともらしくは聞こえなかったが、空想と現実とが驚くほどごちゃまぜになっていた。仮に主義信条について見ても、彼は論理的で強迫的な知能を使って、とても本当とは思えない考えをまことしやかに語ることができた。そうやって彼は自分の見解を押し通した。

彼が満足感を保つ二つの技術、一方で財産を失ったことについてフロイトを責め、それを理由にフロイトからのあらゆる金銭的援助を受け取るやり方、他方、これを理由に自分がフロイトのお気に入りの息子だと主張するやり方、この二つを結び合わせているかぎり、治療を前に進めることは不可能だった。この強固な壁を突き抜けて、患者の病気の主要症状を攻撃することはできなかった。そこで私は、技術上、患者が自分をお気に入りの息子と考えている点を突き崩すことに集中した。そう考えることによって、彼が自分は異常な性質だと感じないですんでいるのは、明らかだったからである。私は、フロイトにとっての彼の位置、二人の間にいかなる社交的、個人的関係もまったくないこと（私はそれが真実であることをフロイトから聞いて知っていた）を、彼にぐさりと指摘した。私は、あなただけが唯一の出版された症例ではない、と言った――患者にとっては、そう思うことが巨大な誇りの源泉になっていたから――。彼は、自分ほど長く分析してもらった患者はいない、と言い返したが、これにも反証を挙げて私は反論した。今や私たちは、戦争状態から包囲戦に移った。

私の攻撃の結果、彼の夢はついに変化し始めた。この時期の最初の夢は、ズボンに長靴をはいた一人の女性がそりに乗って立ち、横柄な態度で走らせながら、素敵なロシア語で詩を吟じている、というものだった。患者は、女性のはいていたズボンはちょっとユーモラスなもので、男性用とは違って、実用的なものではない、と付け加えた。ロシア語の吟誦については、それが最高の嘲笑であると彼も認めないわけに行かなかった。私はロシア語の文は一語たりと理解できなかったが、彼はドイツ語で話しながら、時折その中にロシア語をはさみ込んでいた。二番目の夢は、もっと直接的な夢で、彼を分析しているX教授の家の前の道路に、ジプシーの老婆が立っている。新聞を売りながら（私は以前に、X氏が死んだことを彼に伝えて、新聞の役目を果たしたことがあった）、ぺチャクチャしゃべったり、好きなことを独り言（誰一人聞いていない！）を言ったりしている。ジプシーは、もちろんのことだが、嘘つきで悪名が高いことで知られている。

ここでは、二つの因子が明白である。第一は私に対する侮蔑であり、第二は再度フロイト（X教授）の分析を受けたいという願望である。患者は結局、いろいろお世辞を言っているが、私を分析家に選んだことを後悔していて、フロイトのところに戻りたいと思っていることに私は気づいた。私がそう言うと、彼は否定し、直接フロイトの許に行かなくても、先生を通して、私はフロイトの知識と経験の恩恵を余すところなく受け取っています、と付け加えた。私がどうしてそんなふうに思うのか訊ねると、彼は私が彼の治療について、フロイトから助言を受けるために（！）、細部にわたってフロイトと話し合っていると確信している、と言った。私は、それは当たっていない、分析を始めるに当たって、フロイト教授にあなたの以前の病気についての説明をお願いしたが、それ以降あなたの話をしたことはほとんどないし、フロイトの方からもあなたについて訊ねてきたことはない、と言った。この言葉は患者を怒らせ、かつショックを与えた。彼は、フロイトが自分のような（有名な）症例にほとんど関心を示さないとは、信じられなかった。彼は、フロイトが自分に深い関心を持ってくれていると、いつも考えていた。「私をあなたに紹介するときに、こうも言ったんですよ」――こう言ったきり、フロイトが何と言ったか、彼の記憶はかすんでしまった。彼はフロイトに腹を立てたまま私のオフィスから出て行ったが、その夜、父親が明らかに去勢される夢を見た。

患者の父親が、夢の中では教授になっていて、患者の知っている乞食の音楽家に似ている。その父親が、テーブルに向かって座り、まわりの人たちに、患者の前ではお金の話はするな、あいつは投機に手を出すからな、と警告している。父親の鼻は長いかぎ鼻になっていて、患者はその変わりざまに驚く。

夢の中の音楽家は、現実に古い音楽の楽譜を患者に買わせようとしたことがあり、患者はそれを断った後で、強い罪悪感をもったのを覚えている（ここでは、乞食に対する昔の態度が想起されている）。乞食はひげを生やしていて、キリストに似ている。連想によって、彼は父親が"sale juif"（汚いユダヤ人）と呼ばれた事件を思い出すが、もちろん父親はそうではなかった。

キリストと患者の父親に似ていて、同時に教授でもある乞食の音楽家は、鼻の形からみて、明らかにユダヤ人である。鼻は性器の象徴そのものなので、父の鼻がユダヤ人のように変わったのは、割礼――つまり去勢を意味している。乞食もまた、患者にとっては去勢された人間である。こうして、報われぬ愛情に発した父親への怒りから、私たちは父親の去勢に思い至り、さらにこの夢の解釈の直後の連想の中で、フロイトが受けた手術とそれに対する患者の反応――換言すれば父親に対する死の願望で浮かび上がる。私は、ここでの死の願望は、男性的な競争心によるものではなく、息子の抱く受身的な、満たされぬ、拒絶された愛情に由来している点を強調しておきたい。

患者がこの時期のフロイトを見てショックを受けたことを読者は記憶しておられよう。彼はその帰り道で、フロイトは死ぬのではないか、もしそうなったら、自分の運命はどうなるだろう、と思った。彼は遺産を少しもらえるのではないかと思ったが、それが数年間に集められた金額より少ないのではないか、と心配した。つまり、もしフロイトが回復してくれたら、患者にとってはその方が有益だった。患者は自分の父親の死によって、莫大な利益を得たことがあったので、彼の遺産相続の期待が、合理的な計算を圧倒したのは、驚くべきことではない。彼が言っているように、合理的な計算はしていたが、彼はフロイトの死が自分に何物かをもたらしてくれるのを期待していた。

しかし、患者の鼻の傷が、死によってのみ復讐されうるのだとしたら、それは去勢は死の等価物であることを示している。その場合、去勢された父親は、おそらくは息子によって殺害された、死せる父親である。金の濫費の問題も、息子の投機についての父親の話として、夢の中に現れている。事実、患者は資金が手に入ると投機に費やしていたし、もちろん父親からの遺産も、この目的のために使うことができた。換言すれば、夢の中の父親は、自分が持っている財産のために殺されるのではないか、と恐れている。キリストに似た（去勢された）父親の容貌からは、患者がこの去勢された父親と自分を同一視していることが明らかである。

フロイトに対する患者の死の願望が表現されるとともに、患者の過剰代償的な誇大妄想に加えた私の攻撃の成果が出てきた。このときから分析は進展し、死の願望が再びあらゆる形をとって現れ出した。父親は息子を去勢し、そのために息子に殺されなければならない。去勢された父親についてのたくさんの夢の中に、死の願望が常に存在している。そこまでは患者は認めることができたが、それ以上のメカニズム、すなわち、患者自身の敵意が父親に投影されて、次にそれが息子によって迫害として知覚される、というメカニズムについては、さらに分析を続ける必要があった。

患者の高校時代の夢からは、十三歳のときに起こった将来の病気のモデルとなる事件が明らかになった。その頃、彼はきわめて治り難い鼻のカタルに罹っていた。思春期に当たっていたので、それはたぶん心因性のものだった。軟膏や膏薬を使った結果、それが原因でニキビがたくさんできた。少なくともそのニキビは、思春期によくあるものだが、薬のせいにされた。こうして彼は鼻と皮膚に注意を集中する結果となり、鼻がニキビだらけのため、ついに学校に行かなくなってしまった。彼は赤面と皮脂腺の腫脹にも悩んだ。冷水治療は、ほとんど効果がなかった。学校に戻ると、彼は酷いいじめに遭い、モップス（パグ犬）とあだ名をつけられた。裕福でしかも感じやすい少年として、彼はいつも生徒たちの優れた目的であり続けてきた。しかし、今では鼻について過敏になりすぎていて、以前ならちょっと困惑しただけの苛めにも耐えられなくなってしまった。彼は次第に家に閉じこもるようになり、バイロンを読み、身体と衣服にひどく気を使うようになった。ちょうどこの頃、生徒の一人が淋病になったのがわかった。この少年は、慢性的な病気を特に恐れていた私たちの患者にとって、恐怖の的となった。彼は、そんな病気には絶対に罹らないようにしよう、と決心した。しかし、十七歳六カ月のとき、彼も淋病に罹ってしまった。「これは慢性的な病気です」という医師の言葉は、彼の最初の挫折の原因となった。病気が急性のものであれば、彼は不幸であっても、絶望することはなかった。しかし、慢性病と聞くと、彼はがっくりと気落ちして、淋菌があるかないかについて強迫的に考え始め、淋菌が見つかると途方に暮れた。すなわち、若い頃に惨めな気持ちになって引きこもったのは、実際に鼻の病気になったのが原因だった。第二の外傷となった淋病も現実であって、直接に性器を冒したという意味で、本当の去勢だった。しかし、第三の病気である鼻の傷は、純粋に空想的なものだった。X教授を初めて受診したときに、彼が鼻の皮膚の傷痕については一切触れず、皮脂腺の具合についてだけしか訊ねなかった事実は、患者自身、自分の訴えの仮空性に気づいていたに違いないことを示唆している。

患者の、去勢された父親と自分との同一視（部分的には、もちろん、死の願望ゆえの罪悪感に由来する）は、フロイトに手の長いひっかき傷を見せる次の夢にも、引き続き認められる。フロイトは何か答え、〝無傷の（whole）〟という単語を何度も繰り返す。この慰めとなる夢は、患者は去勢されてはいない、というフロイトの保証を含んでいる。去勢のテーマは、次の夢の中でさらに発展する。

患者は、私のオフィスの長椅子に横たわっている。突然、敷居の近くに、輝かしい半月と星が現れる。患者はこれが幻覚であると知り、自分が発狂すると思って、絶望して私の足下に身を投げる。

月と星は、トルコ、すなわち宦官の国を意味している、と彼は言う。私の足下に身を投げる彼の身振りは、彼の受動性を示唆している。彼の狂気は、それゆえ幻覚化された去勢、すなわち鼻の皮膚の傷痕、によるものである。

父親の去勢、患者の父親同一視、そして最後に彼自身の独自の去勢とその結果としての完全な受動性から、私たちは今や当面する迫害的素材に接近することになる。

広い道路に、閉じた扉のついた壁がある。その扉の左に、大きな空の衣装だんすがあり、それには閉まった引き出しやまっすぐな引き出しがついている。患者は衣装だんすの前に立っており、妻が、影のような姿で、後ろにいる。壁の一方の端近くに、大柄で陰気な女性が立っていて、どうやら壁の後ろに回り込もうとしているらしい。しかし、壁の後ろには、多数の灰色の狼がいて、扉の方に押し寄せ、あちこちに突進している。狼どもは目をギラギラさせて、明らかに患者と妻ともう一人の女性に挑びかかろうと狙っている。患者は恐怖心に襲われ、狼が今にも壁を打ち破って出てくるのではないか、と不安になる。

大柄の女性は、私ともう一人の実際に背の大変高い女性を組み合わせたもので、患者は彼女に会ったことがあり、彼女は鼻に小さな傷があるが、彼が驚いたことに、そのことをまったく気にしている風がない。したがって彼女は、狼も傷も（二つの間のつながりを示唆する並置）恐れない、勇気ある人物である。彼の妻、つまり背後に立つ影のような人物は、彼自身の女性的自己である。扉は、もとの狼の夢に出てくる窓である。空の衣装だんすは、ボリシェヴィキの連中が空にしたたんすであり、以前母が話したところでは、そのたんすがこじ開けられたとき、患者が洗礼を受けた際に用いた十字架、悲しいことに十歳のときになくしてしまった十字架が、中に見つかった、ということだった。さらにその衣装だんすから、患者は、ザリヴィッチ（旧ロシア皇子）についての妄想、つまりザリヴィッチが部屋（衣装だんす）に閉じこめられて、叩かれる、という空想を思い出す。このつながりで、X教授が思い浮ぶ。患者が初めて受診した際に、X氏がアレキサンダーⅢ世について強く共感しながら話し、ついで彼の無力な後継者ニコラスⅡ世について、軽蔑するようなことを口にした。この記憶は、次にピョートル大帝と、彼が殺した息子アレクセイの物語を思い出させる。そう言えば、神もまた、息子が死ぬのをそのまま見ておられた。二人の息子たち、キリストとアレクセイは、ともに父親によって苦しめられ、迫害されたのだ。〝迫害〟という言葉から、患者は夢の中の狼たちを思い浮かべ、さらに連想を続けて、ロムルスとレームス（狼に育てられた双生児兄弟。ローマを建設し最初の王になった）と初期キリスト教徒の迫害を思い出した。次いで彼は、この夢を狼たちを通して、四歳のときに見た狼の夢、すなわち狼たちが木の上に動かずに座っていて、子どもをじっと見つめている夢と結びつけた。解釈は、矛盾を明らかにした。すなわち、子どもが両親を見つめているのであって、両親の方が子どもを見つめているのではないはずだ、と。狼たちの光る目から、彼は四歳時の夢の後、しばらくの間、じっと見つめられるのがとても嫌だったことを思い出す。彼はいつもかんしゃくを起こして叫んだ、「どうしてそんなふうに僕を見つめるの？」。観察するような目で見られると、この夢が、悪夢そのものとなって甦えるのだった。この早期の症状の思い出は、子どもの頃の狼の夢に直接由来しており、ランクがこの夢を、四歳時から、フロイトの分析を受けた年齢に移し変えようとしているのを、完全に否定するものである。狼の夢を見たのは、本当に四歳だったか質問しても、患者はほとんど返事をしてくれようともしなかった！

もちろん、この夢の主要な意義は、迫害的な内容にある。彼にとって、狼は常に父親であったが、この夢では狼たち——全部が父親たちか医師たちだ！——は、彼をやっつけようとして彼に襲いかかってきている。もし扉が開いたら（性交の目撃を可能にした、もとの窓）、狼たちは彼を貪り食ってしまうだろう。

そして今、患者の誇大妄想が崩壊するとともに、完全な迫害狂が現れてきた。それは、心的症状から予想されたものより、もっと漠然としたものだった。X氏が意図的に自分の顔を醜くしてしまった。その後でX氏は死んでしまったので、もはや報復する手段はない。どの歯科医にもひどい治療をされたし、自分がまた精神的な病気になったものだから、フロイトにまで疎かにされる。医療関係者は皆自分を敵視していて、医師たちには、幼い頃からずっと裏切られたり虐待されてきた。彼は、自分の苦難の物語を、たえずキリストの苦難と比較した。子どもの頃、彼は残酷な神をひどく恐れていたが、その神がキリストに、自分と似た苦難の道を歩ませたのだ。キリストとザリヴィッチの同一視は、苦難の比較と、苦難の代償を結び合わせている。なぜなら、キリストと皇位の継承者は、高貴な人物だからである。これと同じ結びつけから、自分がフロイトの寵児であるという患者の信念が生じたのであった。

この苦しい時期に、患者はきわめて異常な行動を示した。彼はだらしのない格好で、まるで悪魔に追いかけられているように苦し気な表情で、店の飾り窓から飾り窓へと鼻を調べるために走った。分析の時間には、完全に現実から切り離された空想に基づいて、でたらめな話をした。彼は、X医師は死んでしまったから、フロイトと私を撃ち殺すと言って脅したが、この脅しはこれまで聞き慣れたものより実意がこもっているように聞こえた。彼は完全に絶望し切っていたので、何でもやれそうだった。彼の誇大妄想が、いかに必要でしかも保護的なものであったかを、私は思い知った。彼は今や、自分でも分析でもどうしようもない状況の中に落ちこんだようだった。次の夢が出てきたとき、私はよい前兆と思ってホッとすると同時に驚いた。私はこの変化をどう説明すべきか、考え惑い、患者がついに迫害妄想の背後に隠れた無意識的素材を乗り越えた、という明白な事実を示していると考える他ない、と思った。

　患者と母親が一緒に部屋の中におり、一方の壁が聖画で覆われている。母親がそれらの聖画を取りはずして、床の上に投げつける。聖画は壊れて、粉々になる。患者は、敬虔な母親のそんな行為を見て、驚く。

　子どものかんしゃくと不安にがっかりして、四歳半の彼にキリストの話を聞かせたのは、この母親だった。その話を聞いて、それまで悪夢が怖くて眠れなかった子どもは、儀式をするようになり、その儀式をするとすぐに眠れるようになった。儀式は、就寝時間になると部屋を歩き廻り、十字を切ってお祈りをし、それから壁の聖画に次々に接吻する、というものだった。この儀式が、彼の強迫神経症の始まりだった。

　前記の夢の中では、私が母親に当たるが、歴史の中とは逆の役割になっていて、患者に宗教を教える代わりに、私は患者に代わって宗教を破壊する。私が現実に破壊するのは、キリスト空想と、それが内包するすべてである。

　翌日の夢は、事実上、狼の夢の意味を明らかにするものだった。

患者は立って、窓から牧場を見ており、牧場の向こうには森がある。木々を通して、陽の光が射しこみ、草原にまだらを作っている。牧場のあちこちの石は、奇妙なふじ色の影になっている。患者はある一本の木の枝を、ことさらに見つめて、木の枝がからみ合っている様子に見とれる。これまで、どうしてこの風景を描かなかったのか、彼は理解できない。

この夢の風景は、四歳時に見た狼の夢の風景と比較できる。今は太陽が照っているが、以前は夜で、恐ろしい時間だった。怖い狼たちが座っていた木の枝には、今は何もいなくて、それらは美しい形でからみ合っている（性的な抱擁中の両親）。以前は不気味で恐ろしかったものが、ホッとするような美しいものになっている。患者はこのシーンをこれまで描かなかったのを不思議に思っているが、それはつまり、これまでこのシーンを美しいと感じなかったことを不思議に思っているのだ。

このように、昔自分を脅かしたものと和解したことは、まさしく彼が去勢される恐怖を克服し、他の人々が美しいと思うもの――男と女のラヴシーン――を彼も美しいと思えるようになったことを意味している。女性と同一化している間は、彼はこのような美しいと思う気持ちを持つことができなかった。彼の自己愛が、総力をあげて、そこに内包される去勢を受け入れることに反撃したからだ。しかし、もし女性との同一化を断念してしまえば、もはや去勢を恐れる必要はなくなる。

予想されたように、患者は夢に現れた進歩を必ずしも十分には達成していなかった。次の日、彼は私の足もとに横たわる夢を持参したが、それは受動性への復帰を意味していた。彼は私と一緒に高層ビルの中にいるが、そこからの出口は窓しかなくて（もとの狼の夢と、すぐ前に引用した夢を参照されたい）、その窓から一本の梯子が、危なっかしく地上に伸びている。脱出するには、窓を抜けなければならない。

つまり、他の夢のように、彼は中に滞まって外を見ているわけに行かず、恐怖を克服して出て行かねばならない。彼は絶望的な気持ちで他に脱出の方法がないか探し回り、ひどく不安になって目を覚ます。

しかし、唯一の脱出の出口は、自分の去勢を受容する経路を通る以外になかった。すなわち、この道を取るか、あるいは父親に対する女性的態度の病因となった原光景に対して、昔子どもじみた足取りで反応したが、その足跡をもう一度現実に辿るか。今や彼は、すべての誇大的観念と父親恐怖、なかんずく父親によって回復不能な傷を負わされたという感情は、自分の受動性の口実にすぎないことを悟った。そして一度この仮面がはがれると、これまでは受動性を受け入れないために妄想が必要だったのだが、この受動性自体が耐え難いものとなった。女性的役割を受容するか拒否するかの選択の問題と思われていたものが、現実にはまったくそうでなかった。もし患者が女性的役割を引き受けて、自分の受動性を完全に認めることができていたら、女性的役割に対する防衛のメカニズムから生じた現在の病気に、罹らずにすんでいたことだろう。

同じ夜に見た第二の夢は、患者の昇華が制限されている、その原因を明らかにしている。彼はフロイトに向かって、刑法を学びたいという希望を話すが、フロイトはそれに反対して、政治経済学の道に進むよう助言する。

患者の父親はロシア自由党員で、政界や経済界で活動していたが、患者は常に刑法に特別な関心を持っていた（彼は弁護士だった）。しかし、分析の間中、患者はフロイトがこの希望の実現を妨げ、（明らかに父に対する反感から）まったく興味の持てない政治経済学の勉強に専念するように言っていた、と主張し続けた。今では私は、彼のフロイトについての考えが誤っているのを知っているが、この夢が出てくるまでは、患者にその事実を納得させることはできなかった。

昇華の中で父親になることができなかった患者は、昇華に制限を及ぼす力をフロイトに投影した。彼は自分の選択に従うことを認めてもらえず、代わりに父親の足跡に従順に従うべきだと諭された。

ここで彼は、自分の同性愛を昇華したいこと、その手段を見つけ難いこと、などについて、かなり詳しく話した。彼は環境と内的な能力の欠如によって、これまで妨げられてきたことに気づいた。事実、現在のオーストリアでは、彼の興味を惹くような仕事を見つける機会は限られているが、しかし、たくさん残っている自由時間を勉学にあててもよかったはずである。この点で彼の抱えている勉学制止が、彼の発達を妨げた。実際に、かつて勤勉に勉学に励み、知的な読書に耽っていたこの患者が、何年も前から一冊の小説も読めなくなっていた。

この後に直接続く一連の夢は、父‐息子関係を明らかにし、息子が自由を獲得し始めたことを示している。従順な息子が、父親同一化の開始を示す患者と、同格の位置に立っている。

多年ロシアで過ごし、全財産をロシアで失った若いオーストリア人が、患者を訪ねてくる。この青年は、今はウィーンの銀行で、ちょっとした仕事をしている。彼が頭痛を訴えるので、患者は妻に粉薬を頼むが、妻が拒むのを恐れて、粉薬が友人のために入用なのだとは伝えない。患者が驚いたことに、妻は粉薬と一緒にケーキも一個渡してくれる。しかしそのケーキは、彼と友人二人のためには小さすぎる。

明らかに、若いオーストリア人は、患者自身である。病気(頭痛)の際に、彼は粉薬を投与されたが、(健康な)患者は、明らかな褒賞として、一箇のケーキを受け取る(彼が望んでいる昇華)。しかし、それは二人のためには十分な大きさではない。つまり、(健康な)患者に足りる大きさしかない。

次の夢は、去勢された父親に立ち戻った。

患者は（X教授に似た）ふっくらした丸顔の医師の診察室にいる。彼は、財布の中に、医師に支払うだけの金がないのではないか、と心配している。しかし、医師は治療費はほんの少額だ、十万クローネンで十分だ、と言う。患者が去ろうとすると、医師は患者を説得して何か古い楽譜を持たせようとするが、患者はそれを使うことはありません、と断る。しかし、ドアのところで医師が何枚かの彩色した絵ハガキを彼に押しつけ、彼もそれを拒む勇気がない。突然、患者の（女性の）分析家が現れる。彼女は青いヴェルヴェットの半ズボンをはき、三角の帽子をかぶっていて、ホテルか何かのボーイのような服装をしている。男性的というよりむしろ少年のような服装だが、彼女は完全に女性的に見える。患者は彼女を抱擁し、膝の上に座らせる。

医師の請求額が払えないのではないか、という患者の不安には、現実的な意味と、皮肉な意味がある。彼は実際、フロイトから受けた最後の分析では、治療費が払えなかった。他方、以前は裕福な患者だったので、今現在、無料治療を受けたってかまわないと思えるほどの、十分な額を支払っていた。以前に分析を受けていた頃、十万クローネンは、彼にとって何でもない額だったろう。しかし、この夢を見た一九二七年の初めには、十万（金）クローネンは、貧窮したロシア人にとって、一財産を意味していたことだろう。オーストリアでは今ではシリングが使われていたが、彼があいかわらずクローネンという単語を使ったのは、その方が金額が多く聞こえるからだったろう。彼は夢の中の十万クローネンが、十万ゴールドクラウンを意味するのか、それとも十シリングを意味するのか、わからなかった。つまり、十彼はとてもお金持ちなので、十万ゴールドクラウン払うのは、何でもないことだった、あるいはまた、十シリングという治療費は――おそらく医者の価値に準じて――おかしくなるほど少額だった。いずれの場合にも、患者は通貨と医師の価値切り下げによって、負債を支払うことが可能となる。

医師のふっくらした丸顔は、フロイトの顔と正反対である。フロイトは、患者の目に、やせていて病的に映った。この細部は、父親の病気を無視しようとする試みを表わしているようだが、一方、夢の中の他のすべては、父親の去勢と価値低落の事実を強調している。彼は現に乞食の音楽家（二一三頁の夢参照）だが、音楽を売る代わりに、患者に音楽を与えようとする。しかし、それはまったく価値のないものなので、患者はそれを断り、彩色した（すなわち、安っぽい）絵ハガキをもらう。これらは確かに、今や患者にとって無価値となったフロイトの贈り物のシンボルである。その意味は明らかである。つまり、いかなる贈り物といえども、それを受け取ることに含まれる受動性を、患者に代償するには不十分である。かくして贈り物は、患者が四歳になったクリスマスの誕生日に贈られて、狼の夢のきっかけとなり、実際に幼児期神経症全体を惹き起こし、後年の人生と分析治療の中で中心的な役割を果たしてきたが、ついにここでそれが持つリビドー的な価値を奪われることとなった。

夢の中の医師は、特別に無言な人間である。つまり、去勢されていて、死人と同じように善良である。この夢の異性性の性質は、歴史的に見て正しい。読者は記憶しておられようが、患者は幼児期に、早熟で攻撃的な姉に誘惑された。この誘惑は彼の中に潜在した受動性を活性化し、それを女性に向かわせた。こうして私の少年風の衣装は、いくつかの意味を持つことになる。第一は、姉の攻撃性という歴史的な意味、第二は、分析家であり、父親代理でもある私の役割、第三は、女性の去勢を否認し、ファルスを女性の持ち物にしようとする患者の試み。夢の中で、私はボーイに似ているというが、舞台の上ではそれらの役は通常、明らかに女性が扮するものである。つまり私は、男性でも女性でもない、中性の生き物である。しかし、女性へのファルスの付与は、患者にとっては征服に転化して、患者はただちに彼女の女性性を発見して、彼女に求愛し始める。こうして、彼女の男性性の持つもう一つの目的が顕わになる。患者は彼女にファルスを与えたが、それはファルスを彼女から取り上げるためだった。換言すれば、過去において彼が父親によって去勢されたいと望んでいたように、父親と同一化して、彼女を去勢するためだった。

この夢は、患者の異性性並びに陽性のエロス的転移が歴然と認められる、最初の夢である。女性との同一化という要素が明らかに存在するが、患者の主導的役割は、男性的なそれである。明らかに今初めて彼の父親同一化は十分に強くなって、私に対する正常で異性愛的な転移を発展させることが可能となったのであった。

今回の分析の最後の夢の中で、患者は二番目の皮膚科医と道路を歩いている。皮膚科医は非常な興味を持って、性病について論じている。患者は、自分が淋病になったときに、ひどい劇薬で治療した医師の名を口にした。その名を聞くと、皮膚科医は、いや、いや、彼ではありません、他の医者ですよ、と言う。

ここで、患者の現在の病気と、最初の挫折を惹き起こした淋病の間に、最終的なつながりのあることが確証された。記憶しておられようが、患者の母は、出血と痛みを伴う何か骨盤内の病気に罹ったことがあった。当時まだ子どもだった患者は、母は父のせいで病気になった、と考えたが、たぶん、それは間違っていなかっただろう。ついで夢の中で、患者はずっと自分の治療に当たってくれた穏健な家庭医と対照的に、過激な治療を施した医師に言及するが、そのとき彼が意味したのはX教授であり、このX

教授の過激な電気分解法が昔に受けた過激な治療とまったく同じ傷害を自分に与えたと思ったのだった。皮膚科医が、「彼ではない、別の医者だ」と言うが、その意味は、名を挙げられていない父親（フロイト）だけに、すべての病気と治療に対する責任があるのだ、ということである。病気が去勢の象徴であるのは明らかである。

この夢の後、初めて患者は実際に、また完全に妄想を放棄した。彼は今では自分の鼻の症状が事実でなくて観念であり、無意識的願望とそれに対する防衛に基づいていて、無意識的願望と防衛が一緒になって彼の現実感覚を圧倒していることを自覚したのだった。

彼の最終的な回復は、突然、一見些細なかたちで現れた。まったく不意に、彼は小説を読んだり楽しんだりできるようになった。彼は、これまで二つの因子が働いて、かつて自分の楽しみの中心だったものから、引き離されていた、と述べた。彼によると、一方で彼は本の主人公と自分を同一視するのを拒んでいた、なぜなら主人公は、作家が作り出したものであって、完全に作者に支配されているからだった。他方、創作が制止されているという内部感覚があって、そのために彼は作者と同一化することができなかった。かくして彼は、あぶはち取らずに終わったのであった——彼の精神病の場合と同様に。

このときから、彼はよくなった。絵を描き、好きな分野の勉強をし、生来彼のものだった人生や芸術や文学に、再び一般的な知的関心を持てるようになった。

彼の性格も変化したが、今回は正常の性格へと逆戻りし、しかも妄想が消えたときと同様に、顕著な変わり方を示した。彼は、読者がフロイトの物語中で知ったと同じ男性に戻った——周到で魅力的な、鋭いパーソナリティ、多様な興味と才能、絶えざる喜びの源泉である分析的理解の深さと正確さ。

彼は、自分の行動を理解しようとして、困惑した。宝石類を隠したこと、毎年集められた金を無頓着に受け取っていたこと、けちな不正行為を重ねたこと、それらはすべて彼にとって謎だった。しかしながら、その秘密は、妻についての彼の評言の中に隠されている。「女なんて、いつだってそんなもんですよ――疑い深くて、誰も信じられず、何かを失うのではないかと心配しているんですよ」

V 診断

パラノイアと診断するには、症例の病歴自体が提供するものより、もう少し証拠が必要であると思われる。病像は、パラノイアの心気症型として知られる症例群に、典型的に見られるものである。真性の心気症は、神経症ではなく、より精神病に近い。心気症という用語は、不安神経症の場合と同様に、健康全般に関わる不安が中心的な症状となっている症例に対しては、用いられない。またそれは、神経衰弱と一致するものでもない。それは特徴的な病像を示し、一つの器官（時によってはいくつかの器官）への排他的な没頭があり、その器官が傷害されているとか、病気に冒されているという信念がある。初期分裂病によく見られる中心症状は、この型の心気症の一例となっている。時折、軽い病気が基になってこの疾病観念が生じたように見えることがあるが、心気症は通常、現実に何一つそれを裏付ける基礎がないのに生ずるのである。かくして心気症は、妄想の一種として分類されることとなる（パラノイアの非心気症型においては、何らかの一つの観念が中心的な症状を形成する。事実、パラノイアは典型的な単一症候性の妄想病で、妄想の性質に応じて分類される――迫害妄想、嫉妬妄想、心気妄想がそれである。最初期のかたちでは、パラノイアはしばしばいわゆる〝優格観念（überwertige Idee）〟として現れるが、ここでいう〝観念〟は、どんな性質のものであってもかまわない）。

ブロイラーは、教科書にはパラノイアの心気症型について記載されているが、自分自身は見たことがない、と述べている。疑いなくこのカテゴリーに属する患者でも、心気的観念が、迫害的性質を帯びた観念を背後に隠す役割を果たしているにすぎない場合が観察される。つまり、形態は心気症的でも、精神病の全内容は迫害的なのである。私たちの患者は、自分に悪意を抱く奴に、鼻を意図的にメチャメチャにされた、と主張していた。それが意図的でない傷害だった可能性については、この分析的な教育を受けた患者は賢明に対処して、「どこで無意識的活動が終わり、どこから意識的活動が始まるか、誰にもわからない」と述べている。そして、専門分野で指導的な人物が、そんなに下手な治療をするはずがない、と付け加えた。次いで彼は、X教授に怒られたことについて、自分を責め出した、頻繁に受診して、しつこく訊ねたために、X氏の忍耐が切れたのだと。もしこの観念について、表在性の内容より潜在性の内容に注目するならば、そこには次のことが認められる。（1）患者による迫害的状況の構築（2）それに対する自らの責任の自覚。迫害とは、現実には、対象に投影された患者自身の敵意である。実際、狼男は、自分の不信感を助長するような状況を自ら作り出す能力に長けていた。十二歳のとき、彼は鼻カタルに処方された薬を使いすぎて、容貌を損なってしまった。その結果、医師が強すぎる軟膏をくれたせいだ、と非難されることとなった。淋病になったときは、かかりつけの医師の治療が手ぬるいと不満を訴えて、他の医師を受診するが、この医師は、〝刺激が強すぎる〟洗浄をした。一人の歯科医の診断は、必ず他の歯科医にチェックしてもらわないと気がすまず、最後は必ずどこかにミスが見つかるありさまだった。実際、患者はこの時期、明らかに歯を失う強迫に駆られて、とうとう歯を抜いてもらう決心をするが、健康な歯を抜かれてしまい、後にもう一度抜歯しなければならなくなった。フロイト教授の話では、この頃の患者の歯科医に対する振る舞いは、以前の仕立屋に対する振る舞いとまったく同一で、仕立屋に対しても彼は懇願したり、金品を贈ったりして、よいものを作ってくれるよう頼みこんでいたが、決して満足することはなかった、ということだった。その際も、彼はしばらくの間は特別な仕立屋の顧客でいて、やがてその仕立屋に満足しなくなっていた。私は、仕立屋（Schneider. 切る人）は去勢する人のありふれた人物像であるというだけでなく、それに加えて、患者の幼い頃の生活史がこのような選択をする素因を作っていたことに注目したい。子どもの頃の狼の夢は、祖父が話してくれた狼の尻尾を引き抜く仕立屋の話に大部分基づいていたことは、読者も記憶しておられよう。

どの医師も、どの歯科医も、自分に正しい治療をしてくれない、という患者の主張は、表面的にはある程度当たっている。しかし、患者が受けてきた治療の長い経過と、それを取り巻く状況を、つぶさに調べてみると、彼自身が誤った治療を要求したり促したりしていた、と結論せざるをえない。不信が治療の第一条件だった。正常な人なら、医師に満足できなくなれば治療を中止するし、自分の敵と見なしている人の手術をあえて受けるような真似はしない。私たちの患者の受動的性質は、父親代理とのあらゆる不和や対立を難しくした。彼の最初の試みは、敵と思った相手を懐柔することだった。この態度は、以前の分析に現れており、そこでの分析者への振る舞いは、〝私に優しくして〟という意味を表していた。同じ振る舞いは、同一の内容を持って、私との分析中にも現れた。

X教授は、もちろん中心的な迫害者だった。患者は、X氏は明らかにフロイトの代理人物だった、とただちに認めた。フロイト自身に関しては、迫害はあまり明瞭でなかった。患者は、ロシアでの財産を失ったことについて、フロイトを責めていたが、フロイトの助言が意図的な悪意から出たものだといった考えは、一笑に付していた。彼には、最も悪意に満ちた動機を、意識的かつ全霊をあげてその人のせいにできる、平凡だが象徴的な迫害者を探し出す必要があった。さらにまた、自分を欺したり、ひどい扱いをしたり、時にはからかったりすると患者が思いこんでいる、いろいろな人たちがいた。まさしく彼が本当に欺されているような関係では、彼は何一つ疑いを持つことがなかったが、その点は銘記するに値する。

主要な診断上のポイントは、要約すると次のごとくである。

（1）心気妄想
（2）迫害妄想
（3）誇大妄想に見られる自己愛への退行
（4）妄想が存在する一方での、幻覚の欠如
（5）軽度の関係念慮
（6）心的機能の低下の欠如
（7）性格変化
（8）精神病の単一症候的性質　患者は、鼻以外について語るときは、完全に正気だった。鼻について触れると、彼は古典的な意味での狂人のごとき振る舞いをした。
（9）X氏が鼻の腺を切除したときに患者の経験したエクスタシーは、必ずしも典型的な精神病的なものではないが、本質的に非‐神経症的である。神経症者は、去勢を望み、かつ恐れるが、私たちの患者は去勢を歓迎しない。

心気妄想が迫害観念を覆い隠し、病気全体の内容に対して好都合な形態を与えている。ここで使われている凝縮のメカニズムは、夢の中のメカニズムの一種を想起させる。

Ⅵ　メカニズム

精神病のメカニズムとシンボリズムについて一言しておきたい。鼻は、もちろん性器であり、患者が鼻とペニスが小さいと思って、いつも気にしていたのは事実である。鼻の傷は、最初は彼自身によって、次いでX氏によってつけられた。患者が自己‐去勢によって満足を得ようとして、それに失敗したことは、動機が罪悪感から生じたよくあるマゾヒスティックな動機を越えていることを示している。マゾヒスティックな動機なら、加害者が誰であれ、加害行為自体によって満たされるはずである。それ以外の動機とは、もちろんリビドー的動機であって、肛門‐加虐的言語による父親の愛情の表現として、父親の手で去勢されたいと望むのである。さらにまた、父親から性的満足を得るために、女性に変えられたい、という願望がある。私はここで、患者が幼い頃に、指を切り落とされたと思ったときに経験した幻覚に、読者の注意を促したい。

精神病の全経過を通して、患者は以前に罹った病気の〝ヴェール〟にすっぽりと包まれていた。何ものといえども、それを通り抜けることはなかった。私との分析時間がこのヴェールに包まれた状態と同じに感じられた、という多少あいまいな患者の言葉は、子宮‐幻想という以前の解釈が正しかったことを示していた。この関連で、自分はフロイト教授とあなたとの間の一種の中間位置を占めている、と患者が述べたのは興味深い。フロイトと私が、彼についておそらく議論を重ねているはずだ、と彼があれこれ空想していたことが思い出されよう。彼自身、自分はあなた方二人の〝子ども〟だ、と言っていたし、彼の夢の一つは、彼が私の横に並んで横たわり、背後にフロイトが座っている様子を現していた（〝後背位〟の重要性が、ここで再び示されている）。子宮－幻想の言語で、彼は両親の性交に実際に参与しているのである。

現在の精神病的な母同一化と、過去のヒステリー性の母同一化の差異について注目してみよう。そこには、興味深いものがある。以前に患者がとっていた女性的役割は、彼のパーソナリティと調和しないように見えた。つまり彼が役を演じているのは明らかだった。あるときは――たとえば女性との関係では――男性だったが、分析者や他の父親像に対する場合には、彼は明らかに女性だった。しかし、現在は、このような解離は認められない。女性的役割が彼のパーソナリティ全体に満ち溢れ、彼はそれと完全に一体化している。不快でつまらぬパーソナリティだが、解離してはいない。以前モスクワにいて、現在ベルリンにいるウルフ博士（Dr. Wulff）に、私はこの症例について話したことがあった。彼は患者と両親の知人で、治療にも当たっていた。このウルフ博士の言葉は、患者のポイントをきわめて明瞭に指摘している。「彼はもう母親を演じていませんよ。頭からつま先まで、母親そのものです」と彼は言った。

母親同一化の現れ方は、それぞれ印象的だった。患者は鼻にいぼのできた母親がウィーンに来た後に、自分の鼻を気にし始めた。たまたま妻の鼻にも、同じような傷ができたことから、運命が狂い出した。以前に、姉が皮膚病を患って、患者と同じように外見を気にして悩んでいたことがあった。容貌を気にするのは、本来女性的な特性である。患者の愚痴は、「こんなことでは、もうやっていけないわ」という母親の愚痴を、そのまま引き継いでいる。健康に関する母親のヒステリー性の不安は、子ども時代から後年に至るまで、患者の中に反映して現れた。たとえば現在の病気では、風邪をひく心配となって現れている。その上、患者は母が自分の遺産に、しばしば不正に手をつけていると言って、母親を非難していたが、彼の金にまつわる不誠実さは、一部はこの母親との同一化に由来していた。

母親同一化が頂点に達したのは、X氏の手で自分の血が流れるのを見て、エクスタシーに陥ったときだったろう。私たちは、母親が医師に〝出血〟（たぶん性器出血）を訴えているのを聞いた後で、患者が赤痢と血便に対して子どもっぽい恐怖を抱いたのを思い出す。彼は母の骨盤の病気は、父との性交の結果だと考えた。つまり、X教授が器具で小さな皮膚腺を切除した際にエクスタシーを惹き起こしたのは、受動的な性交空想だった。そこに、出産という要素も含まれていたのは、明らかである。

患者の最も女性的な特質は、ポケットから手鏡を取り出し、顔をしげしげと見て鼻に粉を叩く仕草に現れていた。最初は妻から手鏡を借りていたが、やがて自分用の手鏡を買い、おしろいも買って、鏡のついたおしろい入りのコンパクトを持った女性のように振る舞っていた。

もし鼻の症状が母親同一化だったとしたら、歯の症状は父親同一化、それも去勢された父との同一化だった。フロイトの受けた手術は、本来歯科領域のもので、口腔外科医が執刀した。つまりフロイトと患者の父親は、ともに長い病気の挙げ句、能力を失って、いわば去勢されていた。幼年時代に患者がとても好きだった召使いが、舌を切られていたらしいことは、読者も記憶しておられよう。

患者の現在の性格変化は、子どもの頃に比べてさらに広範囲にわたっているが、にもかかわらず子ども時代と似通っている。三歳半のとき、彼は姉に誘惑されて受動性が活性化されたために、いらいらして攻撃的になって、まわりの人たちや動物を苦しめた。彼のかんしゃくの裏には、父の手で処罰されたいという、マゾヒスティックな欲望が隠されていたが、外側から見た当時の彼の性格は、サディスティックな形をとっていた。父親同一化の一要素が存在した。現在の性格変化には、肛門サディズム的、あるいはマゾヒズム的水準への同じ退行が存在するが、しかし患者の役割は受動的である。彼は、苦しめる人である代わりに、苦しめられ、虐待される。彼は今や、ピョートル大帝と彼が殺した息子、という大好きな空想に従って生き、X氏はまさに最初に受診したときにもう一人の皇帝と息子の話を持ち出して、彼の心を刺激した。ペニスを叩かれる空想は、X氏によって鼻を傷つけられる妄想の中に反映している。ここには、父親役割の要素はまったく存在しない。子どもっぽいかんしゃくが、父親による処罰（換言すれば誘惑）を惹き起こす試みだったように、X氏を何度も受診して、明らかに去勢を意味する治療を要求し続けたのも、父親に罰せられようとする試みだった。

フロイトの言う、患者のサディスティックな態度からマゾヒスティックな態度への振り子のような揺れは、フロイトによれば、患者のすべての関係に反映していた。つまり、この二つは、彼の持つ強力な両性素因の結果なのである。

贈り物の持つリビドー的な意義は、赤い糸のように患者の全生活史を貫いている。患者が四回目のクリスマス（そして誕生日）の直前に見た狼の夢は、その中心的観念の一つに、父親から大切なクリスマスの贈り物として性的満足を与えてもらう期待を含んでいた。父親から贈り物をもらいたいと願ったのは、息子の受動性の最も重要な表現だった。〝フロイトの死〟という観念は、フロイトから遺産をもらいたいという（根拠のない）期待と結びついていた。この遺産は、特にフロイトの生前には、贈り物という意味を持っていて、子どもの頃にクリスマスが呼び起こしたとまさに同じ感情を、患者の中に呼び起こした。毎年フロイトから受け取る金銭的援助は、これと類似した役割を果たしており、彼はこれらの贈り物を受け取ることを通して、最初の分析後も未解決のまま残された無意識的受動性を満足させていた。外見と同じように、もし父親に対する女性的態度が分析によって治っていたならば、これらの贈り物は情緒的意義をまったく欠くものとなっていただろう。

患者の破産に対する態度について、一言触れておこう。彼は生活を一変させた戦後の諸状況に、容易に適応できたが、それは私たちには不思議に思えるかも知れない。しかし、この無頓着ともいうべき気質は、病気によるというより、むしろ国民性に由来するものである。ロシアからの難民と付き合うようになると、誰しも彼らの適応の早さに驚かされる。彼らが新しい生活を送っている様子から、昔の生活がどれほど異なっていたかを推測することは、誰にも不可能である。

Ⅶ　諸問題

この症例では、同一の人物の中に二つの病歴があり、二つともが分析によって成功裡に治癒されている。その意味で特別な考察の機会を提供するものだが、この症例にはいくつかの問題がある。ここでいう成功した治療とは、無意識的素材がすべて意識化され、病気の動機が明らかになることを意味している。

二回目の分析は、あらゆる点で最初の分析を補強するものであって、新しい素材を明らかにするものではまったくなかった。すべての関心は、フロイトに対する転移の残存に向けられていた。当然のことだが、この転移の残存は、患者が父親固着から完全に脱け切っていないことを意味していた。愛着が持続している原因は、無意識的素材が存在しているためではなく、転移自体の不十分な徹底操作（living-through, Durcharbeiten）のためであることは、明らかだった。私は、患者がフロイトの分析を四年半受けて、その後約十二年間健康だった事実を認めながらも、あえて言っているのである。分析家が一つの症例を完全に考察するのは、大切なことだが、一方で患者がそうすることもまた大切である。分析家として、私たちは病気の歴史的事実を完璧に手に入れることは可能だが、患者が自らの治癒のためにどの程度の徹底操作を続けなければならないか、知ることはできないのである。

患者が最初の分析を受けている間に、父への反応を解消しなかったのではないか、という私の仮説を支持する一つの事実がある。この患者は、分析家が分析の期限設定を行った、最初の症例だった。フロイトは、完全な停滞状態が何カ月間も続いた後で、この期限設定を行うことに決め、それによって決定的な素材を入手することができた。期限設定をするまでは、患者は分析の準備ができた状態にあるとはとても言えない状態にあり、分析作業も現実にあまり進んでいなかった。それが今や、無意識の中から素材が溢れ出して、狼の夢のもつきわめて重要な意味が明らかになった。

患者たちがどれほど素材の最後の一かけらを手放したがらぬものか、またそれと交換するためなら、他の何だってどれほど喜んで差し出すものかを想起するなら、私たちは分析に期限設定（terminal setting）を導入する効果について、その理由を理解できるのである。時には期限設定の圧力によって、実際に心の内部にあるものがすべて引き出されることもあるだろうが、期限設定を余儀なくさせる接近不能性が、それ自身の目的のためにこの設定を利用する場合も多いのではなかろうか。狼男の場合も、そうだったと思われる。私たちの持つ加圧の手段――期限設定――を用いずに、これ以上分析を続けても無意味だっただろう。私たちの患者は、分析状況の中で、安住し切っていたからである。分析状況自体を除去する以外に、この抵抗に対処する方法はなかった。その結果、患者は治癒するに十分な素材を想起して話すに至ったが、他方では期限設定があるために、後になって精神病となって現れるまさにその核心部分を、心の奥に秘めておくことが可能となった。換言すれば、彼の父への愛着は、きわめて強かった。つまり、一つにはそれはあらゆる分析的接近を妨げたし、二つにはそれは患者を最後の要塞に立てこもらせ、接近不能にしたのだった。

患者がなぜもとの神経症にもどらずにパラノイアになったのか、その理由を挙げるのは難しい。最初の分析が、彼から通常の神経症的な解決法を奪ってしまったのかもしれない。患者が生来、潜在性のパラノイドだったのではないか、と考える人もいよう。この考えを支持するものとして、子ども時代を通して認められた心気的傾向、思春期における羞恥心と閉じこもり傾向、やはり同じ頃の鼻への過度の関心、などが挙げられる。しかし、彼が決して妄想を持ったことがない事実、つまり、いずれにせよ現実感覚を失ったことがないという事実は残る。さらにこの説に反する主要な証拠は、フロイトの分析を受けていた期間の彼の行動にある。確かに転移は、患者が産出可能な心的メカニズム、特にパラノイド的性質のメカニズムを明らかにしており、子どもの頃の強迫神経症の一部は、フロイトにシュレーバー症例を想起させもしたが、それにもかかわらず、フロイトの分析中には、パラノイド的メカニズムは片鱗たりとも認められなかった。

私は、患者の病気の持つパラノイド的形態は、彼の父親に対する愛着の深さと、その表れ方の程度によってのみ、説明可能だと考える。この父への固着は、その大部分が、子ども時代およびその後の多様な神経症性の病気の中に現れていた。これらの女性性の表現としての諸症状は、治療可能なものであった。男性の受動性には、三種類の表れ方をする可能性がある。すなわち、マゾヒズムと、受身的同性愛と、パラノイアであり、これらは、一つの態度の神経症的表現と、倒錯的表現と、精神病的表現なのである。そして私たちの患者では、神経症によって表現された受動性の部分は、治療可能であったが、触れられずに残った最も深い部分が、パラノイアを形成するに至ったのであった。

最初の分析によって得られた心的平衡は、フロイトの病気が原因で失われることとなった。このようなことが起こるのは、理解し難いことではない。愛する人物の死が差し迫ってくると、持てる愛情のすべてが動員されるものだ。しかし、父――フロイトに象徴される――に寄せるこの患者の愛情は、彼の男性性の最大の脅威となっており、愛情を満たすことは去勢を意味していた。この危険に対して、患者の自己愛は途方もない力で反撃して、父への愛情は、一部は抑圧され、一部は憎しみに転換された。こうしてフロイトの病気は、患者の持つ危険な受動的愛情を高め、その結果去勢に服したい願望が強まる。そして敵意が高まっていき、ついにはその吐け口となる何らかの新しい心的メカニズムが必要となるまでに至る。この吐け口が、投影なのである。患者は敵意を他者の属性とすることによって、同時に自分の中の敵意を取り除き、自分自身の敵意が正当化される状況を作り出す。

私は、最初の分析中に得られた洞察が、患者の最終的な接近可能性に道を拓いてくれた、と信じている。それにもかかわらず、私には、男性分析家による分析が可能だったとは思えない。男性の分析家が、女性のパラノイア的患者――すでに去勢されている！――に対して、迫害者の役割を演じることと、まだ去勢される可能性を残している男性に対して迫害者の役割を演じるのは、まったく別の事柄である。精神病者においては、恐怖が現実には信念になっていることを銘記しなければならない。つまり、精神病患者は現実にペニスを切り取られることを恐れているのであって、分析家が何か象徴的な行為をするのを恐れているのではない。空想が現実となっている。かくして状況は、患者にとって危険すぎるものとなる。これは、分析家の性が重要となる事態の一つである。

同性愛的転移を回避することによって、時には治療が成功する条件となる転移の深まりは、もちろん犠牲に供される。治療の効果全体が危うくされる。問題の症例では、この点について理想的な妥協が行われたが、それは最初の分析から引き続いて、フロイトとの間接的なつながりがあるせいだった。この患者にとって、分析とはフロイトそのものであった。あたかも父親の影響力が存続して、十分な効果を発揮しているかのごとくであって、その程度がもし強まっていたら、たぶん治療にとっては致命的となっていただろう。現在の分析の全過程を通して、私が果たした役割はほとんど無視できる程度のものにすぎなかった。私は、純粋に、患者とフロイトの間の媒介者として行動した。

二点について、特に強調しておく価値がある、と思われる。第一点は、治癒のメカニズムである。私は、聖画の夢（二二〇頁）とともに生じた最終的な転回点については、どのように説明すべきか、説明を保留したい。ただ、その変化は、患者が最後には父親に対する自らの諸反応を十分に生き切り、それゆえそれらを断念することができたという事実に帰することができる。分析的治療の様式は、二重になっている。第一の様式は、それまでの無意識的な反応を意識化することであり、第二の様式は、これらの反応の徹底操作（Durcharbeiten）である。

強調すべき第二点は、明らかに病因となっているこの患者の一次性両性素質である。彼の男性性は、つねに正常な吐け口を見つけていたが、他方、彼の女性性は、必然的に抑圧されてきた。しかし、この女性性は、体質的に強かった、それもきわめて強かったので、正常なエディプス・コンプレックスは、発達過程で犠牲に供されて、陰性のエディプス・コンプレックスが形成されることとなった。もし強い陽性エディプス・コンプレックスが発達していたら、それは患者が現実の健康度より高い健康度を持っていた徴候と見なすことができただろう。言うまでもないことだが、誇張された陽性エディプス・コンプレックスは、しばしばその反対のコンプレックスを覆い隠している。他方、この反応といえども、私たちの患者よりも、もっと大きな生物学的健康度を前提としているのである。

患者は、現在までにすでに一年半健康でいるが、この状態が今後も続くかどうかは、不明である。彼の健康は、彼にどの程度まで昇華が可能か、その程度に大いに依存していると考えるべきだろう。（原註4）

第三部　後年の狼男

狼男との出会い（一九三八—一九四九年）

ミュリエル・ガーディナー

一九三八年の浅春、ナチスがオーストリアを併合したすぐ後に、私はウィーンの人々の行き交う路上で、狼男と出会った。彼はいつもの礼儀正しい儀礼的な態度で挨拶する代わりに、叫んだり両手をもみ絞ったりしながら矢つぎ早に話し始めたが、興奮してすすり泣きながら話すので、何を言っているのかよくわからなかった。街頭でそんなことをしていたら目立ちすぎるし、それは好ましくないどころか危険な時代でもあったので、私は少し歩いて私のアパートメントに行って、そこで二人で話しましょう、と誘った。私たちがアパートメントの入口の間を通り抜けるとき、管理人が狼男のほとんど叫びに近い興奮した声に驚いて、管理室の戸口からうさん臭そうに私たちをじろじろと見ていた。

私と狼男とは、彼がルース・マック・ブランスウィックの分析を受け終わってから、数年間にわたって、一定の距離をもって付き合ってきた。最初私たちは毎週水曜日の午後に一緒にお茶を飲み、彼は辛抱強く私にロシア語を教えてくれた。真剣にロシア語文法に取り組んだ後で、私たちはリラックスして、もっと面白い話、たとえばドストエフスキーやフロイトやフランスの印象派のことなどについて、語り合った。彼にはこういった好きな話題を話せる知人が少なかったし、私の方も、人間性や芸術や精神分析についての実に深い理解から生まれる彼の鋭い意見は、聞いていてとても楽しくて、また有益でもあった。

後になって、私が医学の勉強のために、もうロシア語のレッスンを続けられなくなってからも、彼は私の保険証券の更新のために、年に一、二回、ひょっこり訪ねてきた。彼は保険会社で働いていた。ロシア文学や精神分析について少しばかりおしゃべりをした後で、彼は私の手に儀式ばったキスをし、私たちは互いに別れの挨拶を交わした。「さようなら《アウフヴィーダーゼーエン》、先生《フラウ・ドクター》」「さようなら《アウフヴィーダーゼーエン》、博士《ヘア・ドクター》」

さて、この一九三八年四月の明るい日に、私は自分の居間の椅子に座ったが、彼の方は自分を抑えられぬ様子で、落ち着かなく歩き回っていた。私は彼の言葉を何とか聞き取ろうとしたが、すすり泣きと涙にさえぎられて、なかなか聞き取れなかった。しかし、やっとのこと、私は理解できた、「妻が自殺したんです。今、墓地からの帰りなんです。なぜ自殺などしたのか。なぜこんな目に会わねばならないのか。私はいつも運が悪いんです。私はいつだって最大の不運に見舞われるに決まっているんです。どうしたらよいのでしょう、先生《フラウ・ドクター》。どうすべきか、教えて下さい。どうして自殺なんかしたんでしょう」。彼は仕事から帰ってきて、妻がガスの充満したキッチンで死んでいるのを発見したのだった。自殺は、ナチ・オーストリアの初期には珍しいことではなかった。そのことは、総合病院の解剖室での病理の仕事を通して、直接知っていたので、私は初めは政治的な動機があったのではないか、と考えた。しかし、これは明らかに問題外だった。狼男も妻もユダヤ人ではなかったし、二人とも政治にはまったく無関心だった。驚いたことに、彼はナチスが権力を握ったことすら、ほとんど知らないでいた。

この偶然の出会いの後、私たちは何回か会って話したが、その間、彼はしゃべりづめだった。私以外に、彼は悲しみを訴え、抱えている問題を話せる友人がいなかったのだ。しかし、彼の言葉はいつも同じだった。「こんなことが、なぜ私に起こらなければならなかったのか。どうして妻は自殺なんかしたのか」。私はこれらの疑問に答えることはできなかったが、自分の考えを声に出して話すのが、彼にはある種の救いになるらしかった。

狼男が援助を必要としているのは明らかで、彼と私は自然に精神分析を思いついた。しかし、分析家たちはすべて、ウィーンから離れてしまったか、あるいは立ち去る途中だった。その上、分析自体がナチ体制に受け入れられないものとなって、分析治療は秘密で行われるようになり、わかれば身の危険が生じた。ルース・マック・ブランスウィックは、ドイツによる併合のすぐ後にオーストリアを離れて合衆国に渡り、その夏にはフランスと英国に行く予定になっていた。そこで私は、もしブランスウィック博士がこの夏の数週間、分析してくれると言ったら、フランスか英国で会うことにしたらどうか、と狼男に訊ねた。彼は、溺れる者は藁をも摑むと諺にあるように、私の提案にすぐとびついた。私はブランスウィック博士に海外電報を送った。彼女からは、喜んで会いたいという返事が来たので、私は実際的な手続きに取りかかった。

今になって見ると、一九三八年の春に、とても不可能と思えるようなことを、あえて企てる勇気がよくあったものだと思う。パスポートをもらい、オーストリアを離れる許可を得るためには、役所まで何度も足を運ばなければならなかった。外国のヴィザは、当時は純金の山より、遥かに熱望の的になっていた。どの国の大使館にも、ナチスから逃れようと懸命な人々が、たくさん詰めかけていた。狼男は、精神的な問題によって破滅する危険は抱えていたが、直接的な危険にさらされているわけではなかった。彼は、一九一七年の革命前は、富裕なロシア地主階級の一員であり、今はいかなる国の市民でもなかったが、第一次世界大戦によって〝無国籍〟となった数千人の忘れられた人々の一人として、ウィーンの賃貸アパートの一室で、社会から引き離され忘れられた生活を送っていた。彼とは対照的に、ユダヤ人や社会主義者や共産主義者や君主制主義者、それに理由は何であれ反ナチス主義者はすべて、脱出しなければ生命の危険が迫っていた。

私はロンドンにいるフロイトに手紙を書き、パリのマリー・ボナパルト王女にも書いた。助けてくれそうな個人的な友人たち皆に手紙を書いて、各国大使館が旅客ヴィザを発行する上で必要な手紙と保証書を送って欲しいと頼みこんだ。これらの書類が全部揃い、狼男がナンセン・パスポートと呼ばれる公文書を受け取った後で、私たちは運を試すつもりで英仏大使館に出頭した。

私たちは、朝の六時に、英国大使館の前で待ち合わせた。あるいは人々の列が長く伸びていたので、二ブロックくらい離れたところだったかもしれない。たくさんの人々が前日から並んでいたが、門の内側に入れずに、一晩中道路に立っていた。夕方、キャンプ用具や毛布を携えてくる人たちもいた。絶望的な光景だった。オペラ「領事」を観た人なら、当時の大使館の特徴だった全般的な欲求不満と絶望を思い描くことができようが、最大の悲劇は、門の内側についに入れなかった人々の運命だった。

私はウィーンに滞まっていたが、それは医学課程の残りの数週間を終えるためだけでなく、一人のアメリカ人として、危険な状況に陥って逃亡を目論んでいる人たちの役に立ちたいと思ったからでもあった。だから、何の疑いもかけられていない非政治的なアーリア人のために、二枚の貴重なヴィザを得ようとして時間を費やすなんて、ひどく贅沢なことに思わないわけではなかった。しかし、これは決まって彼と一緒でないときだけだった。彼のそばで、彼の苦しそうな強迫的な疑問に耳を傾けていると、彼もまた、私のユダヤ人の友人たちがナチの残虐さと強制収容所の危険にさらされていると同じように、内部からの崩壊の危険にさらされていることが察せられた。

どういう経緯だったか、もう覚えていないが、何とかして書類が手に入ると、私は六月遅くにウィーンを離れてパリに向かい、狼男は二、三週間後に私の後に続いた。

彼は約六週間、初めはパリ、後にはロンドンで、ブランスウィック博士の分析を毎日受けていた。私はパリで何回か彼と会い、一緒にボアやセーヌ川沿いに散歩し、再び彼の苦しげな、また人を悩ます疑問に耳を傾けた、「なぜ、なぜ、なぜ妻は自殺したのか」。今では芸術や建築について考える余裕もなく、これならウィーンで人混みのするシュピタール通りを重い足どりで歩いていた方がましなくらいだった。

狼男は、ブランスウィック博士がパリからロンドンに移ると、一緒について行き、やがて一人でウィーンに戻った。ウィーンは今やドイツの第二の首都のようになっていて、ミュンヘン協定が結ばれた九月の日々、権力と野蛮さで騒然としていた。狼男は、これにまったく気づかなかった。私が紹介状を書いた親友のアルビンは、一カ月に二回、狼男に面談するという犠牲を払ってくれた（当時としては、これは犠牲以外の何ものでもなかった）。アルビンは、最初のうち狼男の気遣いのなさと神経症的な行動に当惑したが、しだいに強迫という遮断壁の背後に隠された異常な知性と理解力の深さに気づくようになって、自分流のやり方でこの厚い壁を破っていった。彼はチェスを一緒にやろうと誘ったり、無理に時事問題や日常の興味ある事柄を教えこんだりした。ミュンヘン協定からパールハーバーまでの三年以上の期間に、私は狼男から時折手紙をもらった。その手紙は内容は限られていたが、理性的で、この友人の与えてくれる健康な援助に対して、心からの感謝を伝えていた。その後、合衆国が参戦して、私たちの文通はまったく途絶えてしまった。

一九四五年、戦争は終わった。オーストリアと合衆国は、再び鉄砲と爆弾による以外の接触を持つようになった。アルビンは東部戦線からウィーンに復員し、一九四五年に私にくれた長くて痛切な手紙の中の一通で、私たちの共通の友達の中で、誰が死に、誰が生き残ったかを知らせてよこした。彼は狼男を見かけたが、狼男はかなりよい健康状態にあり、困難な戦時下の年月によって、かえって精神状態がよくなったようだ、と書いてあった。私は、「ある幼児期神経症の病歴より」について、一九二三年にフロイトが書いた「補遺」を思い出さざるをえなかった。それは、第一次世界大戦後の狼男の心と精神の状況についてコメントしたものだった。すなわち、「戦争によって故郷も財産も、すべての家族関係も奪われてしまったにもかかわらず、この患者はそのとき以来、自分を正常と感じていて、行動にも非の打ちどころがない。おそらく、彼の身に起こった災難が、彼の罪悪感を満たすことによって、彼の健康の回復を強固なものにしてくれたのだろう」。

手紙は狼男自身からも来始めて、私は返事を書いたり、小包みを送ったりした。彼の生活は、あまり変わっていなかった。彼はあいかわらず保険会社で働いていて、一緒に住んでいる母親を養っていた。彼からの手紙は、彼の身にふりかかってきたことのすべてを何とか受け入れるようになったこと、人生に幸福の要素は少ないけれど、世間とはまた何とかうまくやって行けるようになったことを伝えていた。アメリカから受け取った最初の手紙は、彼にさらなる打撃を与えた。それは、ルース・マック・ブランスウィックの、突然の早すぎる死の知らせだった。

狼男の好きなリクリエーションの手段は、絵を描くことだったが、これはブランスウィック博士が彼が治りきるために大切だと考えた昇華の方法でもあった。しかし、右手が拘縮したために、これは長期間にわたって身体的に不可能だった。彼はこんなことにまでわが身に降りかかってきた運命を呪ったが、一方では自罰的な欲求が、この症状を生む上で一役買っているのではないか、と疑ってもいた。彼は折を見て、哲学的な問題や芸術について、精神分析的な観点から評論を書き出した。これは執筆に興味があったためと、お金を多少稼ぎたかったためでもあった。私宛の彼の手紙は、素晴らしいドイツ語で書かれていて、第一級の知性を証明しており、表現は明晰で、私が思っていた以上のユーモアを備えていた。それらの手紙には、いつも仕事と健康についての詳しい説明と、単調できまりきった日常生活からのちょっとした逸脱についての報告が述べられていた。彼は以前よりも、私や私の仕事や、すでに幼児の頃から知っている私の娘の成長に、個人的な興味を示すようになった。彼は私の娘の勉強や活動や興味について訊いてきて、娘は動物が大好きで動物の知識もたくさんあると書いてやると、娘のこの性質を喜んで、次のような返事をよこした。「若い人たちにとって、自然への愛と自然科学の理解、特に動物たちへの愛と理解ほど、価値のあるものはありません。動物たちは、私の子ども時代にも、大きな役割を果たしていました。私の場合は、特に狼たちでしたが」

第二次世界大戦後の数年間に、狼男は手紙の中で、それまでの個人的な付き合いでは見せなかったような一面を見せてくれた。知らず知らず、私たちは手紙を通して親しい友人となっていた。それで一九四九年夏にオーストリアを訪れた折に、私は狼男に再会したいと強く思った。それは好奇心からではなく、彼の几帳面な心と、敏感な性質と、この孤独な人物がそれを武器にして自分に決して優しくない人生に立ち向かってきた、ユーモアと皮肉が好きなためだった。私は狼男に手紙を書き、ザルツブルクに数週間滞在するので、もしよければザルツブルクとウィーンの間のどこかで会いたいのだが、と伝えてやった。彼から熱のこもった返事が来て、二つの都市のほぼ中間にあるリンツで会いましょう、と提案してきた。そしていつもの几帳面なやり方で、私たちが朝のほぼ同時刻にリンツに到着して、夕方また同じ頃に出発できるように、正確な列車の時刻表を送ってくれた。

一九四九年八月の美しい日曜日の朝、彼は爆撃で破壊されたリンツ駅で、立って私を待っていた。最後に彼に会ってから、十一年のつらい歳月が過ぎていたが、彼の風貌はあまり変わっていなかった。背が高くて体格のいい姿はあいかわらずしゃんとしていて、表情豊かな顔にはあきらめの色が浮かんでいたが、つらそうではなかった。豊かな褐色の髪と口ひげは灰色になりかけていたが、私には六〇歳のときよりも若く見えた。彼は微笑と涙を浮かべて、私に挨拶した。

私たちはその日一日、コーヒーハウスから公園のベンチへ歩いたり、そこからまたコーヒーハウスに戻ったりしながら、互いに話し合って時間を過ごした。狼男は、心からの興味をもって、私の家族、私の仕事、この数年間の私の経験、そしてブランスウィック博士のこと、などについて質問してきた。彼は自分の経験について熱心に話し、特にそれらの背後にある動機や意味について、私の意見を聞きたがった。それまで私たちが親密でなかったことを考えると、彼は驚くほど率直で、二人の分析家が死亡した今、私を分析家の役割につけているのは疑いなかった。

彼はナチスに政治的な興味を持っていなかったし、ナチスに興味を持たれてもいなかったので、たぶん、他の人々に比べてナチスの被害は少なかったし、戦争に積極的に参加しなければならぬ年齢層にも属していなかった。しかし、戦争の終わり頃に、赤軍がウィーンに進軍してくると、以前ロシアからの亡命者だった彼は、当然身の危険を感じることとなった。しかし、ロシア人たちは、もっと直接的な問題の処理に追われていて、特に彼に目を付けるでもなく、むしろ通訳として時々彼を利用していた。週が過ぎ、月が過ぎるにつれて、彼と母親は安心して、自分たちは苦しめられることはない事実を、感謝して受け入れた。占領後四年経った八月のこの日、リンツに来るために、彼は初めてロシア占領地帯を通り抜けてアメリカ地帯に入った。そのためには許可を申請して身分証明書を示す必要があり、彼はそのことを不安に思っていたが、それは何事もなく進行した。

彼は、手紙の中でほのめかしていたこと、つまり保険会社の仕事が退屈で冴えないことや、つまらぬことでたえずいらいらさせられることなどを話した。さらにまた、あと一年かそこらで年金生活者になること、それを喜びと不安の混じり合った気持ちで待ち構えていること、を話した。このような状況の中で、彼は絵を描くことから得られる満足に、次第に頼るようになっていった。手を使うことのできなかった時期は、フラストレーションでひどくいら立たしかった。今はまた描けるようになったが、この数カ月、彼は自分の作品に満足できないでいた。最近になって、ようやくその理由がわかった。すべての色に褐色絵の具を混ぜすぎて、何が間違いかわからぬままに、色を汚したり濁らせたりしていたのだった。

狼男は、妻の死についても話してくれた。妻の死を、彼は長い時間をかけて、ようやく受け入れることができるようになっていた。彼は一九三八年の夏、自分がひどい絶望状態に落ちこんでいたことを想起して、ブランスウィック博士の面接治療のおかげで、そこから抜け出せた、と語った。そして、自らの心の状態をよく理解して付け加えた、「けれども、あれは本当の分析だったとは言えないでしょうね。むしろ慰め《トロースト》(comfort, consolation)に近かったと思います」。彼は、再婚はまったく考えていない、年齢《とし》もとっているし、母親の世話もしなければならないし、経済状況もぎりぎりだから、と言った。しかし、妻が死んでから、彼は一度ならず、何人もの女性に興味を抱いてきていた。それらの女性との関係を話しながら、子ども時代に、姉の影響や、召使いや領地の百姓の女の子に心を奪われて形づくられた心的パターンから、私が今も逃れられないでいる、と思っていらっしゃるのではないか、と訊ねた。私は、その通りです、と答えざるをえなかった。

彼は、母親との間がずっと親密になった、と語った。母親は、自分の人生や家族や、彼の子ども時代について、たくさん話してくれ、おかげでこれまでわけのわからなかったいくつかの謎も解けた。彼は、今では八十五歳になった病弱でほとんど目の見えない母の世話をするのは、重荷であることを否定しなかったが、この重荷を背負う義務ないし欲求を疑ったことは、一度もなかった。彼は感動的な愛情をこめて、母について語っていた。彼は私に一枚の母の写真を見せてくれて、それから恥ずかしそうに自分の写真を取り出した。それは一九四六年に撮られた写真で、その中の彼はやつれてやせ細っていて、彼とは見分けがつかないほどだった。母親が、この写真を必ずあなたに見せるように、私に約束させたんです。そうすれば、アメリカの送ってくれた食糧の箱詰めが、私たちを餓死から救い出してくれたことを、自分の目で見てわかって下さるでしょうから、と彼は説明した。

私たちが一緒にいた六、七時間は、急速に過ぎ去り、夕刻に彼は私を列車まで送ってくれた。彼はこれまでよりもずっと暖かい、心のこもった別れの挨拶を告げた。この日は、私にとって実りある豊かな一日となったが、狼男にとっても幸福感で一杯の一日だった。彼は、この機会に大切な事柄について語り合い、また、独裁政治と戦争と占領軍によって十一年間遮断されていた、広い世界から吹くそよ風に触れられたことを、感謝していた。

狼男との再会（一九五六年）

ミュリエル・ガーディナー

序文

以下の記録は、一九五六年三月、ここに記載する狼男との会合の直後に、草稿の形で書かれたものである。その後、公刊する意図で、一九五九年に現在の形に書き改めた。この記録を書き上げたすぐ後で、狼男に会ってそのことを伝えたが、手許に記録を持っていなかったので、彼に見せることができなかった。そのとき彼が公刊を望まなかったので、この問題は立ち消えになった。一九六七年九月、狼男と再会した折に、私は今ならこの記録を発表されてもかまわない気持ちになっているか、彼に訊ねてみた。嬉しいことに、彼は自分からこの問題を持ち出してきて、出版して欲しいと言った。

私は狼男に、占領下におけるロシア人たちとの経験について、自伝的な説明を書いて欲しいと提案した。彼自身の言葉で書かれたものが読めたら興味深いし、私が犯しているかも知れない誤りを訂正するためにも意味があると思ったからだった。一九五六年に会ったとき、彼は数時間のうちにとてもたくさんのことを話してくれたので、私は彼が話した際の一般的な気分や感情は正しく捉えていたけれども、いくつかの細部を取り違えていないか心配だった。そして実際に、この心配が当たっていたことがわかった。狼男は、エピソードを詳しく記載することに、かなり熱心に同意してくれた。彼はこの時期までに、すでに彼の〝回想録《メモワール》〟の何章かを書き終えていた。

私たちは規則的に手紙を交わしたが、一九六七年十二月に、私は彼からこの計画に関わる一通の手紙を受け取った。この長い手紙には、たくさんの事柄が書かれていて、特徴的でもあり、彼の絵画や文筆についても教えてくれるところがあるので、以下にその全文を引用してみよう。

ウィーン、一九六七年十二月十八日

親愛なる先生《フラウ・ドクター》

一九六七年十二月四日付の温かいお手紙を拝受して、あなたが書いて下さったすべてについて、私がどれほど幸福に思ったか、とても書き切れないくらいです。また、私でなくあなたがなさった講演の、以前のお手紙にあった謝礼金をお送り下さったことに対して、お礼の言葉もない気持ちです(原註1)。あなたが私の絵を六枚売って下さったこと、また最近の絵の方が以前よりよいという御意見は、同様に大変に嬉しいものでした。それによって私はとても励まされ、再びもっと積極的に絵と取り組んでみようという気持ちになりました。お手紙にもありますように、ウィーンとドナウ川の景色を描いた風景画は特に評判がよいので、この夏には同様の絵をまた描いて、お送りしたいと思います。

私の書いた「スペインの城」(原註2)が、「フィラデルフィア精神分析協会誌」に受理され、一月か二月に出版される、とお手紙にあったことも、私にとってこの上ない満足でした。

あなたが十月二十七日のフィラデルフィア協会での講演の主題に、私の〝スペインの城〟でなく、私のロシア人たちとの経験をお選びになったのは、――これまでいつもそうだったように――あなたの優れた着想を示していると思います。今では私はテレーゼについてたくさん書いておりますし、またあなたの講演の聴衆たちにとっては私のロシア人経験はまったくの初耳だったでしょうから――私の母は、その経験を「この誰にも理解できっこない気狂い沙汰」とうまく表現していましたが――、十月二十七日の御講演は、聴衆を大いに驚かせたに違いないと思います。スライドを見せようというお考えも、とてもよかったと思います。そうすれば会場で写真を回す必要もありませんし、それに講演でスライドを使用すれば、いつだって聴衆の関心が増すものだからです。

親愛なる先生《フラウ・ドクター》、御講演の成功に対して、もう一度お祝い申し上げます、そしてお送り下さった［お金］に対して、心からお礼申し上げます……。

さて、あなたは御講演のテキストを私に送るつもりはない（私に影響を与えないために）と書いておられます。私がまもなくロシア人体験を執筆するだろうから、その後で二つの文書を比較してみたら面白いだろう、とお考えになってのことです。このお考えに従って、私は休暇が終わったらすぐにこのロシア人体験について執筆を始めるつもりでおります。私は事態を次のように予測しています、私の報告を受け取ると、あなたはまず以前にお書きになった文書に何か付け加えることがあるかどうか、あるいはどこか変更する点があるかどうか検討なさる。すでにはっきり申し上げたことですが、私はあなたが私のロシア人体験について、論説をお書き下さることに同意しております。私が現在執筆しているものすべて、あなたが出版なさることにも、当然のことながら完全に同意しております。ただ、私のロシア人体験を公刊する際、私の名はたとえ偽名の狼男でも論説の著者として挙げられるべきではなく、むしろあなた自身のお名前がこの仕事を執筆した人物として明示されることを望んでおります。もちろんあなたは〝狼男〟から報告を受けたことに言及なさるでしょう、それがなければ私の体験をお知りになれなかったのですから。いずれにせよ、二つの文書——一つはあなたの、もう一つは私の——の公刊は、何の問題もないと思います、同一の出来事についての二つの文書は、きっと読者の心に、どちらの文章が事態を正確に記載しているか、疑いを生じさせるでしょうから。

これを書いている今は一九六七年であり、もうすぐ一九六八年になります。しかし、私がロシア人たちと〝遭遇〟したのは、一九五一年、つまり十六年以上前のことです。記憶がまだ新鮮なうちにあなたにお話したことを、すべてあなたが書き留めておいて下さって、とてもよかったと思います。しかし、この体験はひどく印象深かったので、忘れていることがそれほどあるとは思いません。いずれにせよ、二つの文書を比較するのは、とても興味深いことでしょう。

あなたと御主人が、クリスマス休暇を娘さんのコニー一家と一緒にアスペンで過ごされるとお聞きして、大変嬉しく思います。きっとその地でとても幸福な時間をお過ごしになり、新鮮な空気と美しい自然に囲まれて、リフレッシュなさることと信じます。この手紙がクリスマス前に間に合ってくれますように。そしてもう一度、あなたと御主人とお嬢さん一家に楽しいクリスマスと、幸福で美しい新年が訪れることを祈ります。

あなたと御主人と、お嬢さん一家に、心からの挨拶をお送りします。

敬具

翌年、一九六八年の夏、夫はウィーンを訪れて、狼男と楽しい一刻を過ごした。狼男はいくつかメッセージを送ってくれたが、その一つに、彼がまだロシア人たちとのエピソードを書き上げていないことがあった。彼は実際に〝回想録《メモワール》〟の執筆に忙しかったし、体調の悪い時期とも重なっていた。狼男は、私が文章を送ってくれたら、それに訂正や提案を加えて送り返しましょう、と言ってきた。そこで私は狼男に、〝狼男との再会〟の後半部分、彼のロシア人体験を扱った部分を送ってやった。この文章は英語で書いてあったが、Y教授が狼男のために、口頭でドイツ語に翻訳して下さった。それに対して、狼男は一九六八年十月二十三日に返事をくれたが、それには〝写生時のエピソードについての短い記述〟が同封されていた。この文章は、以下の〝狼男との再会〟に収録されている。狼男が私の〝外的な〟誤り――人と場所の取り違え――をいくつか指摘しているが、私は自分の論説に変更を加えていない。しかし、狼男が除いて欲しいと言ってきた二つの短い重要でない数行の文章は、削除した。彼が加えた訂正は、この論説の後の手紙の中に見て取ることができる。

狼男との再会

私が戦後初めてウィーンを再訪したのは、一九五六年三月で、ロシア占領軍が撤退した数カ月後のことだった。ナチスによる併合前に十一年間住んだ街を再び訪れるのは、不思議で悲しい気持ちを呼び起こしたが、一九三八年以来ウィーンを覆ってきた長くて悲しい冬と、長い年月に及ぶ恐ろしい秋の嵐の後で、今、大気には春の息吹きと、明日への希望が感じ取れた。

この数日間に私がまずやったのは、狼男に再会することで、これは一九四九年にリンツで会って以来、初めての出会いになるはずだった。彼は陽気な態度で挨拶し、熱心に話し、聴き、さらにまた話した。彼は数年前に、手紙で母親の病気と死について詳しく知らせてくれていたし、退職したことについても教えてくれていたので、会ったときは現在の生活のもっと私的な状況について語った。

彼には親しいと言える友人は少なかったが、彼が親しくしていた友人たちは皆どこか神経症的な問題を抱えていたり、性格障害があったりして、彼自身の問題も加わって、友人関係はどれもうまく行かないようだった。時々、女性との紛糾が生じた。たとえば、彼の話では、以前の友人の奥さんである若い女性が、彼を好きになった。彼女は夫と離婚して彼と結婚したい、と言った。彼は、自分はもう六十九歳だから、そんなことは信じられないし、理解もできない、と思った。それに、自分には他にも不利な点がいろいろあることは、十分にわかっていた。最後になってその女性は、アメリカ兵とのかつての恋愛事件の話をして、狼男にその青年の写真を見せた。狼男は自分にとても似ていることに気づき、彼女が自分を好きになったのは、転移と呼べるような心の働きで説明できると考えた。この洞察めいた考えは、彼にかなりの満足を与えたようだった。

彼と結婚したいと望み、彼の方では結婚を望まなかった、もう一人の女性がいた。狼男は、彼女とかなりの長期間にわたって、厄介でこみ入った関係を続けていた。何回か危機的な状況があり、再び彼は強迫的な疑惑の時期に落ちこんで、この考えからあの考えへと絶えざる動揺を繰り返していた。彼は、何らかの意味で友人と呼べるような人々や、何人もの精神科医や心理学者と、自分の問題を話し合った。これらのさまざまな人たちの忠告は、一つの極端から他の極端まで、全領域にわたっていて、彼らと話しても少しも解釈には近づかなかった。彼は深い抑うつと無気力状態に陥り、これは〝メランコリー〟と呼ぶべきではないか、と思い惑った。一方の極から他の極へと揺れ動き、問題の思いきった解釈を試みてはまた別の手段にとりつき、すべてに満足できず不幸なままだったが、ようやく妥協点を見つけ、それが今日まで約六カ月間続いていた。これは、彼が手を切って、もう二度と会うまいと思っていた女性と道路で偶然出会ったことによってもたらされた、とも言えるものだった。概して言えば、彼は〝偶然〟に強い印象を抱いていて、このような多くの偶然の出来事に運命の女神の指針を見出す傾向が強かった。おそらくこれは、彼自身の強迫的な疑惑癖と不決断の彼なりの解決法で、多少知的なコイン投げのようなものだった。妥協によって解決してからは、彼は気分がよくなり、抑うつ感は消失して、以前より熱心に絵が描けるようになった。もちろん彼は、自分の選択が正しかったかどうか、私の考えを訊きたがったが、いつものように私はごく一般的な意見を述べるにとどめ、結果を見て判断するのが一番でしょう、と答えておいた。「思い切った解決法をいろいろやって見ても、どれにも満足できなかったのですから、無理に決めることをせずに、力ずくじゃなく、自然の成り行きに任せるのが最善ではないでしょうか」。私がそういうと、彼は明らかに力ずく（Gewalt）という言葉に反応して、嬉しそうにそれに跳びついた。「そうなんですよ！」と彼は叫んだ。「私が力ずくでやったことは、全部間違いでした。私は自分の決定を無理強いできません」

彼はなおいくつかの女性関係について話したが、その大部分は女性の方が彼に関心を持っていて、狼男の方は明らかにアンビヴァレントである点に特徴があった。それらの話の後で、彼は穏やかでこみいってもおらず、しかも持続的な唯一の関係について語り出した。「私には、とてもよく世話してくれる女中がいます」と彼は言った。彼はその関係に何か性的な要素があるとは言わなかったが、それが彼にとってきわめて重要な関係であることが見て取れた。彼はこの女性の献身と世話が、毎日の生活の細々したことすべてに行きわたっているのを感じており、おそらくそのおかげで妻の喪失と、さらに十六年後には母親の喪失を受け入れることができたのだった。オーストリアでは、雇い主の世話に全身全霊を捧げるような女中や家政婦を見つけることは、アメリカよりも一般によくみられるのである。これは、時には明らかに女性の持つ母性愛によるだろうし、時には子どもらしい感情によることも、また深い真

の友情によることもあるはずである。私は、狼男に対するこの女性の献身には、これらの要素が混在していると感じた。(原註3)

前年の夏以来、狼男は絵を描くことに再び大きな喜びを見つけていて、私と会ったとき、彼は小さな風景画を一ダースほど見せてくれて、好きな絵があったらどれでもどうぞ、と薦めた。私が二枚いただきますと答え、気に入った五枚の絵の中からなかなか選べないでいるのを見ると、彼は五枚全部お持ち下さい、と言い張った。私に絵を与えるのは、とても嬉しいことらしいと感じられたので、私は喜んで五枚とも受け取った。彼は確かに以前より、スタイルと色の使い方が自由になっていた。以前は長いこと、絵を描くときに良心的（gewissenhaft）にやりすぎていましたよ、と彼は言った。「良心的なことは、芸術の敵です、少なくとも絵画ではそうですね」と彼はつけ加えた。「不満を感じてあちこち修正すると、突然本来の自発性と気分が失われてしまうし、正確に描こうとするとかえって固有の色彩効果が損われてしまうんですよ」

しかし、七年後のこの最初の出会いで、狼男が最も話したいと思っていたのは、ロシア軍当局との間に起こった事件についてだった。彼はとうとう、そのいきさつを語ってくれた。私はひどく心を揺さぶられ、その夜、ホテルに戻ると、できるだけ彼の言葉通りに、大切な内容を書き記した。もちろん私の英語に翻訳して、大幅に要約してはあるが。以下に掲載するのは、一九五一年夏に起こった事件について、その夜書き記した覚え書きである。

ある日、私は絵の具箱とカンヴァスを持って、ウィーン郊外の、運河近くの牧場に出かけました。突然あたりの風景から、私はロシアと少年時代を思い出し、強いノスタルジーに襲われました。オーストリア最大の製パン工場だった建物が目の前に見えましたが、荒れ果てていたし、私は少年時代の記憶に心を奪われて、過去の気分にひたっていましたので、特に変わったことには気づきませんでした。私はこの風景をカンヴァスに捉えたいと思って、絵の具や画材を取り出しました。最初に起こったのは、絵画用の小椅子が壊れたことでした――これがいくつかの悪い前兆の始まりだったのです――。しかし、また何にも妨害されずに、私は絵を描き始めました。雲が出てきて、光が変化しました。私は憑かれたように描き続け、景色と気分にしか気を留めていませんでした。しばらくたった頃に、建物の背後から二人の人影が現れましたが、私は何の注意も払わないでいました。すると、五人の男が近づいてきました。彼らはロシア兵でした。私は、現在ではなく、過去の中に生きていたので、ついうっかりしていましたが、兵隊たちに見つかったときには、もう遅すぎました。でも先生《フラウ・ドクター》、後になって気がついたのですが、この日が姉の命日だったなんて、信じられますか？

私はロシア軍の占領地区に迷いこんでおり、ロシア軍がこのパン工場を軍隊の駐屯所として使っていたのでした。兵隊たちは私を建物の中に連れ込み、ベルトと靴ひもと眼鏡をはずさせて、訊問し始めました。明らかに私はスパイと疑われていました。私は趣味で絵を描いていただけだと説明しましたが、まったく無駄で、彼らは理解してくれませんでした。兵隊たちはたいがい素朴で親切でしたが、恐ろしかったのは、秘密警察の将校を連れてきたことで、この連中は相手を混乱させ、苦しめて、心をズタズタにするやり方を心得ていました。「しかし、おまえの名前は本物のロシア名だね」と訊問に当たった将校が言いました。「本物のロシア人が祖国を裏切るなんて、ありえないことだぞ」。私は激しい罪悪感――置き換えられた罪悪感を感じました。思いもよらないことでしたが、彼らは私に自分があたかも祖国に対する裏切り者であるかのような気持ちを抱かせたのです。この瞬間、私はロシアにおける審問の犠牲者たちが、なぜ犯してもいない犯罪の自白書に署名したのか、完全に理解しました。確かに私も、同じことをやりかねませんでした。私はわずか二日半留置されて訊問されただけでしたが、この二日半の間、私は恐怖に曝された（このような状況下で、たくさんの人たちがそのまま姿を消して、二度と行方がわからなくなっていた）だけでなく、自分がまるでスパイか犯罪者であるような、恐ろしい道徳上の罪悪感におしひしがれたのです。次第に私は自分が信じられなくなり、抗弁する力を失って行きました。四六時中、頭痛に悩まされましたが、もっともこれは、これほど悲惨でない日常生活でも、よくあることでした。不思議なのは、チャンスさえあれば眠れることでした。たとえ数分、数時間でも、忘却の中に沈みこめるのは救いでした。

もちろん彼らは私が持っているすべての紙の切れ端やノート類、電話番号など調べあげました。そのため、私は友人たちを危険に巻きこむのではないか、と不安になりました。私は訊問する将校に、私の描いた他の絵もお見せしましょう、そうすれば絵は私の余技で、無害な気晴らし以外に何の目的もないことがわかってもらえるでしょう、と何度も言いました。とうとう彼は、私に家に戻って、絵を持ってくるように、と命じました。私は、翌日、あるいは遅くとも翌々日に戻ってこいと命令されると思いました。しかし、違っていたのです！　彼は、二十一日後に出頭するように命じたのでした。この待機期間が私にとってどんなものだったか、想像できますか？　被害妄想が強まってきて、まわりに誰もいないのに、皆が私のことを噂したり、見張ったりしていると考えました。けれども、誰かに後をつけられていると感じたことは、一度もありませんでした。しかし、私は他のことはまったく考えられなくなってしまいました。鼻のことでブランスウィック博士を訪れたときに似ていましたが、あのときは身体の損傷（Entstellung）が恐怖の的だったのに対して、今は道徳の損傷が恐ろしかったのです。私は、どうしたらいいのか、何を話したらいいのか、わかりませんでした。アメリカ人との関係は、何であれ大きな危険をもたらすと思われましたが、奇妙なことにアメリカに友人がいるかどうかは訊かれませんでした。

私は何を話したらいいのか見当もつかず、次に出頭したときにそのことを訊かれたらどう返答すべきか、終日頭を悩ませていました。待機していたこの三週間は、この上なく恐ろしい悪夢でした。私は、その間に体重が十ポンド落ちました。かわいそうに、母もまたオロオロと心配していました。

ようやく（まるで数年も経った感じでしたが）その日が来て、私は自分の描いた絵を持って、ロシア軍の駐屯所に出頭しました。私の気持ちがどんなだったか、想像できますか？　私は二度と出てこれない、これで終わりだ、と思っていました。しかし、出頭してみると、誰も私を待っていないようでした。私を訊問した担当将校は、そこにいもしませんでした。他の者が対応してくれましたが、彼は私について何も聞かされておらず、名前すら知らないようでした。事情を説明して、絵を見せると、彼は息子が画家で、自分も絵を描いていたことがあるといって、興味を持って見ていました。私たちはしばらく絵について話し合いましたが、彼は私の事件にはまったく何の関心も示さず、そのまま解放してくれました。

しばらくの間、私は自分の幸運が信じられませんでした。連中が後を追いかけてくるのではないか、となおも不安でした。何も起こらずに何カ月も経って、ようやく私は、これでもう危険は去ったのだと信じ始めることができました。

どうお考えですか、先生《フラウ・ドクター》。私がこの事件を重大に受け取りすぎたのは、精神的な病いのせいだったでしょうか。

私は、何と答えることができただろうか。彼の恐怖には、確かに現実的な原因があったし、彼のような状況になれば、正常で現実的な人でも不安や恐怖に駆られることだろう。このような正常の恐怖が、神経症のためにさらに恐ろしいものに増幅された、ということはあったかもしれない。私は、彼の場合と似た危険な状況の中で、神経症のために恐怖感をあまり感じないですんだ私の症例について話した。この患者はポーランドのユダヤ人青年で、ナチス占領下を恐怖感も抱かずに無傷で生き残ったのだが、この青年はおそらく神経症に促されて各地を転々とし、たえずアイデンティティを変えて、勇敢に敵であるナチスのふりをして生き続けたのだった。狼男はこの話に惹きつけられて、さらに詳細に、特にそこで働いている神経症的なメカニズムについて、説明して欲しいと言った。彼の示す共感や質問から、私は彼がそこに含まれる精神分析的原理や自分との比較や対照に興味を持っただけでなく、生きて感じている人間としての未知の患者に興味を持った、という印象を受けた。狼男のリビドーは、今や自分自身を越えて、他の共存者たち、個人的には知らない人々にまで行き渡っていた。これは、彼がもっと神経症的だった頃にはできなかったことだった。リビドー対象が外部に広まったのと歩調を合わせるように、彼は私や私の仕事だけでなく、私の家族や友人にまで温かい関心を寄せてくれた。当然のこと、私たちはブランスウィック博士についても話さないわけにいかなかった。狼男は、博士が若くて積極的で、どんなにエネルギッシュだったか、また自分が最も助けを求めているときに、いかにすばやく、しかも寛大に援助してくれたか、熱心な口調で話した。

私たちは、この数時間にたくさんのことを話し合ったが、特徴的だったのは、別れる間際になって、狼男が彼につきまとっている疑問、つまり、ロシア秘密警察に対する恐怖が、どの程度現実的で、どこまで神経症によって惹き起こされたものだったか、という疑問に、もう一度立ち戻ったことだった。しかし、これに対する答えは、誰もが知っているように、もう一度分析を行って、私たちが所有する神経症と現実についてのすべての知識を適用することを通して、初めて見出されることだろう。

狼男からの手紙

ウィーン、一九六八年十月二十三日

親愛なる先生《フラウ・ドクター》

……X教授が口頭で、私のロシア人体験に関するあなたのお原稿を訳して下さいました。このお原稿は大変よく書かれていて、スタイルも生き生きとしており、精神分析家としてあなたは、この事件の無意識的動機に優れた理解を示しておいでです。私はもちろん、あなたがお原稿の中でノスタルジーないしホームシックと呼んでおられたことをさしています。外的な事柄については、ロシア人たちの性格に触れた箇所に若干の誤りがありましたが、それは些細なことです。でも私は、主として外的な事情について、つまり出来事の継時的な順序と個々のロシア人について、このエピソードを簡単に記載しておきたいと思います。おそらくあなたも、この記述の中に、何か役に立つことを発見なさることと存じます。

さて、親愛なる先生《フラウ・ドクター》、私はあなたのお原稿の中にある二箇所の文を省いていただきたいと思うのですが……。(原註4)

さて、議論したい点がもう一つあります。つまり、この体験後の私の自己非難についてです。

X教授は（彼はあなたのお原稿を二度読んでくれましたが）あなたがお原稿の中で、私がロシア人に接収された建物を描いた点で悪いことをしたと思って自分を責めている、と示唆しておられると話してくれました。もしあなたがこのように理解しておられるなら、それは誤りです。私はその建物自体は描いておりませんでしたし、風景は眼前に広がっており、その家は、軽くスケッチした色彩の点描のような、一つのアクセサリーにすぎませんでした。しかもその建物は全面が壁でできていて、窓の代わりにあちこち黒い穴が見えるだけでした（爆弾で完全にやられていたのです）。実際、ロシア人たち自身が最後に話していたところでは、もし私が願い出ていたら、この二階建のあばら家を描く許可はすぐに出ていただろうということでした。それに、訊問将校がどれほどよく自分の仕事がわかっていたとしても、この家を描くことがロシア人にどんな危険をもたらすか、私を説得することはできなかったでしょう。このエピソードの後、何カ月間も私を苦しめた自責感は、まったく違う性質のものでした。それらは、以前の抑うつ症のときの自責感とよく似ていました（たとえば、鼻の悩みを抱えて、マック博士の治療を受けたときの自責感）。その本質は、私が自分をコントロールする力を失った点にあり、フロイトなら私が現実を掌握できなくなったと解釈するだろうように、半分正気を失った人でもしないことをしてしまったことが問題なのです。私はもちろん、ロシア人である私が、写生のためにロシア軍占領地区に足を踏み入れたことを意味しています。

精神分析家の人たちなら、何が私を駆り立て、ロシア軍占領地区に入らせたか、たぶんノスタルジーかそれに似た感情だったことは、よくわかってくれるだろうと思います。しかし、私は自問したのですが、もしこの馬鹿げた話を聞いたら、友人たちは何と言うでしょうか。その上、母親はこの〝誰にも理解できっこない気狂い沙汰〟（よりによってロシア地区で写生するとは）と何度も何度も口にして、火に油を注いでくれました。精神分析の立場からは、これらの自責感は〝自我〟と〝超自我〟の間の葛藤と解釈できるかも知れません。あなたはお原稿の中で、〝モラルの損傷〟を〝肉体の損傷〟（鼻の問題）と対比して書いておられますが、それはこのことと格別によく合致しているようです。

ここで、お原稿の中のもう一つの要点に触れておきたいのですが、それは私が、どうして人々は自分が犯してもいない罪を認めることができるのか、理解できると述べている箇所です。私は、あなたにそう話したことをよく覚えています。当然のことですが、今では私はこういった事態が以前よりよく理解できます。人は訊問されるとどのように感じるものか、知っているからです。にもかかわらず、私は当時、少々断定的に述べすぎたと思います。犯してもいない罪を裁判で告白するのは、苦痛な審問を――しばらくの間なりと――終わらせたいと思うからです。後になって、これらの〝告白〟は撤回されるでしょうが。あるいはまた、いずれは耳を傾けてもらえるという希望を失ってしまうことも、そのような告白をする理由かも知れません。

私のロシア人体験について書いて下さったお原稿に関して、私が述べたいと思ったことは以上で尽きます。補う意味で細いことを書きましたが、これがあなたのお役に立ってくれますかどうか……。

あなたと御主人に心からの挨拶をお送りします。

敬具

狼男による写生時のエピソードの記述

その日、私は戸外に出かけていって写生したいと思ったが、頭痛がしたので、母は家にいた方がよいと助言した。それでも私は頭痛薬を二袋飲むと、絵の具箱を持って外に出た。私は、イギリス軍の占領地区でだけ、写生するつもりだった。しかし、イギリス地区はロシア地区と隣り合っていて、あたりの風景が故郷の風景にそっくりだったので、私はついうっかりロシア地区に迷いこんでしまった。

最初私は、陽光が魅力的に戯れている一軒家を描きたいと思った。通りかかった人に訊いてみると、それは運動場だということだった。もしこの家を描いていたら、不愉快なことは何も起こらなかったはずだ。しかし、私が写生を始めようとすると、暗い雲が太陽を覆って、この画題に対する興味を完全に損なってしまった。それで私は画材をしまいこんで、新しい目標を探して歩き出した。険しい丘のふもとに着いたので、私は向きを変えてこの丘に登った。頂上からは、足下を川が流れ、その川の反対側に、爆弾でやられたまったく普通の家が数軒立っているのが見えた（そこには工場はなかった）。暗い雲がこの眼前の風景にむしろロマンティックな感じを与えていたので、私はこれを描くことにした。

誰にも邪魔されずに三時間ほど写生した後に、私は画材をしまって、先刻、運河まで乗ってきた市街電車の路線の方向に戻りかけた。そのとき、突然五人のロシア兵が現れて、私の背後と両脇を囲んで歩き出した。ある地点まで来て、そこからまっすぐに市街電車の方に歩いて行こうとすると、兵隊たちはそれを妨げて、私を無理矢理、まったく違う方角に向かう脇道に連れこんだ。私はロシア語でロシア兵たちに、私の描いた絵を見せましょう、そうすれば私の絵が何の害もないことがわかるでしょうから、と言った。しかし彼らは、決めるのは上官で、俺たちではない、と答えた（あなたの御文章の中で、これらの兵隊たちが私に親切だったと書いておられますが、親切だったのは、私が拘束された後に食物を運んでくれた、他の兵隊たちでした）。

連行された場所には、たくさんのロシア兵がいた。そこはロシア人向けの製パン工場という話だった。私が写生していたところからは、そのようなことは何一つ見えなかった。私たちは、ロシア人将校たちが起居しているらしい大きな家か別荘に入った。私は二人の人物のいる部屋に連行されたが、一人は制服でもう一人は平服だった。訊問が始まり、それは数時間続いた。訊問が終わると、この別荘の各部屋の責任者である将校が入ってきた。彼を仮に隊長と呼ぶことにするが、彼は私を地下に連れて行って、その部屋を割り当ててくれた。そこで私は夜を過ごし、事件が片づくまで留まるようにと言い渡された。その部屋には板張りのベッドが一つ置いてあり、隊長はそれを指さして言った。「ベッドに横になって、何も考えないで、休みたまえ」。寝る時間ではなかったし、休める場所でもなかったが、彼の助言には好意がこもっていたので、私はすぐにその隊長が好きになった。

翌日――水曜日だった――、私は前日に私を訊問した将校と、平服を着た男の前に連れ出された。将校は、私の陳述を記録した。つまり、訊問中に私が自分の正当性を主張して述べたすべてのことを書き取った。たとえば、私は次の文章を記憶している、「私がここに来たのは、ロシアの事物を描くためではありません。ただ美しい絵を描くために来たのです」。私は眼鏡を取り上げられていたので、文字はまったく読めなかった。それで、手書きの報告書に、何カ所かでたらめのチェックをした。そして私の前で読み上げられたものと内容が同じと仮定して、私は文書を読みもせずにそれに署名した。

翌日、木曜日には、私は誰にも呼び出されなかった。兵隊たちが食物を運んでくれ、とても親切に扱ってくれた。

金曜日に、将校と一緒に火曜日に私を訊問した平服の役人の前に連れて行かれた。ひどく驚いたことに、彼は私を相手に親しげな態度でロシア文学について議論し始め、その後すぐに、君は逮捕されたわけではなく、〝拘留〟されただけだから、今日にも釈放されるだろう、と言った。彼は私に別れを告げ、「家に帰って、これまでと同じ生活を続けなさい」と言った。もちろん、私は大喜びしたが、次の瞬間、彼はあまり愉快でないことを要求した。三週間後に、私の描いた風景画と、身分証明書類を入れた箱を持って、もう一度出頭して欲しい、と。もちろん、私は同意した。

この三週間、私はこの出頭要請に応じるべきかどうか決めかねて、つらい時間を過ごした。母と何度も相談して、この事件は完全に解決したわけではないので、出頭を恐れるべきではない、という結論に達した。そこで私は小さなスーツケースに何枚かの風景画を入れて、市内の指定された場所に出頭した。その場でほぼ一時間待ったが、誰も出てこなかったので、私はロシア人たちが私のケースを忘れてしまったのだと結論づけた。しかし、問題が完全に片づいたことを確信したかったので、翌日、親切な隊長に会いに行って、私の絵を見てくれるように頼んでみた。彼とは一時間ほど一緒に過ごしたが、その間に彼は私の風景画に強い関心を示した。彼は、息子が画家であり、以前は自分も絵を描いていた、と話した。私が立ち去るときに、彼は言った、「君の失敗は、この家を描いてもいいか、われわれに訊ねなかったことだよ。もし訊いていたら、何の騒ぎもなく、絵を描けていただろうにね。だが、もう問題は何もない。すべて片づいたからね」。かくして事件の全体は、コップの中の嵐のようなものだったが、しかしそうであっても、事態はまったく違った成り行きを辿る可能性もあったのだ。

老いゆく狼男

ミュリエル・ガーディナー

一九四九年にリンツで狼男と会ったときと、一九五六年にウィーンで再会したときとの間には、ほぼ七年の歳月が流れたが、その間私たちの文通は、途切れることなく規則的に続けられていた。それは、私たち二人にとって楽しいことだった。「あなたが誠実な友情を持っていて下さる証拠がたくさんありますので、私はあなた宛のすべての手紙に、私の思想を次々と自由に書き記すことができますし、そうすると心がとても安らぐのです」と狼男は書いている。

戦後の初期の数年間、狼男からの手紙は、彼の言う〝現実問題〟、すなわち彼自身の健康や病気がちの母親の看病や、何よりも餓えとの戦い、などの記載で一杯だった。ウィーンの飢餓期は、第二次大戦が終わった後も、数年間続いた。この時期には、暖房用の燃料や、衣類や、その他の生活必需品すべてが欠乏していた。しかし、この現実との戦いは、狼男の内的な問題を取り除いてはくれなかった。ある手紙の中で、彼は次のように書いている。「人は無意識の圧倒的な圧力を逃れるために、時には現実原則に反した行動をとらざるをえないことがあるのではないでしょうか。つまり、内的葛藤を外的な戦いに変えた方が楽だ、と人は呟くことがないでしょうか、なぜならある種の無意識的コンプレックスを抑圧し続けるよりも、困難な現実状況を支配する方が容易な場合があるからです」

この初期の頃も、彼の手紙には画業についての記載がよく見られたし、全文が絵画全般について書かれていることも、古い芸術と現代の芸術の違いについて、またある特定の画家について論じられていることもあった。絵画は、全期間を通じての変わらぬテーマであり、狼男の病気ないし抑うつ状態のときには、彼の手紙はどれを見ても絵を描けない嘆きが書き連ねてあった。初めの数年間が過ぎると、読んだ本の感想を書いてくれることが多くなり、時には本の主題を短かくスケッチしてくれるようにもなった。ロシアの古典、特にドストエフスキーに次いで、狼男は伝記と歴史小説が好きらしかった。ある手紙の中で彼は書いている。「最近、アウグストゥス・カエサルに関する大変面白い本を読みました。このような本を読み終えると、私はいつも両親を奪われた［verwaist みなしごの］ような気持ちになります。私は現在に生きるより、過去に生きる方が好きです——おそらく老化した徴候でしょう」

この期間ずっと、狼男は古くて新しい健康上の問題を抱えていた。おなじみのカタル、特に呼吸器系のカタル、暖房のまったくないオフィスでの多年の仕事が原因と彼の考えるリウマチ、頭痛、虫歯、それに将来前立腺の病気や緑内障になる不安、等々。もっとも、これらの不安は、医者が与えた注意が原因になっているようにも見えた。抑うつ症は頻繁に起こり、時には重くなった。完全に寝込んでしまうことは滅多になかったが、人生の喜びはもちろん奪い去られた。抑うつ状態は時には数週間続き、また時には数カ月間続いた。そうなると彼は絵が描けなくなり、書き物も中断したり、遅くなったりした。しかし、差し迫った仕事をある期間内に終わらせなければならないときには、いつもきちんとやり遂げていた。そして、保険会社に雇われていた間は、欠勤することは滅多になかったようである。

一九四八年から一九五三年にかけては、狼男にとって困難な時期で、彼は自分と母親双方の老化の問題にどう対処するかに心を奪われていた。一九四八年は、妻の十周忌に当たっていたが、すでに知られているように、何かの記念日は狼男にとって格別な意味があって、心を激しく揺さぶられるのだった。彼は、八という数字を含む年は、自分に不幸をもたらす年だと考えていた。

一九五〇年に、六十三歳になると、彼は退職を言い渡された。これは、予想していたより、一年半早かったが、当時ウィーンで失業者が大量にいたせいだった。こうして彼は人生の大きな転換に直面して、自分が年老いて行くのを実感することとなった。

一九五三年、狼男の母親が八十九歳で死亡した。彼は十五年前に妻が死んでから、ますます母と親密になっていた。私宛の手紙の中で、彼は自分と母親をさして、〝私たち〟という呼称をよく使っていた。その頃、彼には家政婦のフロイライン・ガビー以外に、近しい関係の続いている人はほとんどいなかった。このフロイライン・ガビーについては、「回想録《メモワール》」の中で触れてあるが、この女性は母親の死後、彼にとっていっそう重要な人物となった。

この年月に交わしたたくさんの手紙の中から、彼が老いについて考えをめぐらせている手紙を何通か選び出してみよう。また、彼の抑うつ症に言及している手紙も掲載しておく。狼男自身、抑うつ症と老年を比較して、抑うつ症も老年も、生きたいと望まないのに死を恐れている点で、死に対して似た態度を持つ、と述べている。これらの手紙では、彼の空虚感や余計者意識についても触れられている。

一九四八年七月九日

私たちを含めて、人々は絶えざる興奮状態のうちに生活していますが、私たちのように年を取ると、何事にもひどく否定的に反応してしまいます。

母は次第次第に衰弱してきています。部屋の中を歩くのも難しくて、テーブルや椅子につかまらなければなりません。血圧が大変高いので、いつも悪いことが起こらないか、注意していなければなりません。精神的には何の問題もなく、母は元気で社会の出来事にも興味を持っていますが、新聞がよく読めないので困っています。

私の勤め先では、たいした変化はありません。亡くなった同僚の補充が見つからないので、毎晩、私は遅くまで残業しています。とにかく忙しい毎日ですが、でもまもなく休暇が始まります。不幸な雑事が重なって、私は緊張しすぎて神経質な状態に陥んでおり、それが数カ月続いて不眠と頭痛に悩まされています。

私たちの生活は陽光よりも暗い影に閉ざされていますので、親愛なる先生《フラウ・ドクター》、あなたから小包みが届いたと郵便局から知らせがあるたびに、私たちがどんなに嬉しく感じるか、お察しになれると存じます。それは私たちに安心感を与え、私たちが年老いた、孤独で見棄てられた存在でないことを悟らせてくれます。

会社での余分な仕事のおかげで、私の他の面の活動は完全に麻痺させられています。この夏は、まだ一度も自由で美しい自然を愉しみに、野外に出かけておりませんし、写生にも行っておりません。それこそ、私が心から願っていることなのですが。会社での仕事は、どんなに多忙であっても、また誰もが私の能力を評価してくれても、何一つ精神的な満足を与えてはくれません。私はこの落ち着かない心を、瞑想的な傾向のある母より、むしろ父から受け継いだようです。母がもし私のようだったら、母が被ってきた数々の失望や運命の打撃を考えても、これほどの高齢まで生きるのはとても難しかったろうと思われます。

一九四八年八月十八日

最近、私はまたたくさんの夢を失わなければなりませんでした。これはいつも私の困った気分と関わりがあるようです。人生は確かに楽ではありません、もしかすると、これは過労のせいかもしれません、何しろ以前と同じくらいやることが一杯あるのですから……。私は目下のところ、いつも軽蔑していた百パーセント〝お役人風の社員〟になりきっています。でも、会社の仕事を完全にやって、以前なら思いも寄らなかったある種の組織力を発揮できても、何一つ満足感は得られません。暇がなくて、個人的に興味のあることも考えられませんし、絵を描く機会もまったくありません。しかし、最悪なのは、絵筆を持つ意欲さえ失っていることです。私は、何が問題なのか、よく考えてみることがあります。母は、おそらくもう長くは生きないでしょう。私もまた、悲しいことですが、賢くもならずに日々老いてゆくのを認めざるをえません。私は運命の苛酷な打撃を次々に受けてきましたが、それによって少なくとも年齢とともに多少は人間味が円熟して、一種の哲学的な人生観が得られるのではないか、と長い間考えてきました。老年になれば、長い年月苦しんできた感情的な悶えとは距離を置いて、静かな余生を過ごせるものと思っていました。しかし、これらもまた、幻想だったようです。私は、今もなお瞑想的な生活を送る能力をまったく獲得できないままです。さまざまの精神的問題が目の前に山積して、私をひどく混乱させます。

理論的なことでは、〝イド〟がどれほど陰険でありうるかは、興味深い問題です。イドは〝自我〟と〝超自我〟の命令に一見従いながら、秘かに〝復讐〟を企てて、突然これらの自分より高い審級に対して勝利するわけですが、どうしてそんな偽装が可能なのでしょう。イドが勝利すると、古い感情的葛藤が生じてきて、ずっと昔に苦しんだけれど表面的には抑えられていた、大きな喪失の哀しみが、再び感じられるようになります。フロイトは、無意識の世界に時間はないと言いましたが、その結果として、無意識は老化を知ることができません。これらは、誰しもが内心恐れている危険な衝迫［Momente］です。なぜなら、このような精神状態では、連想や転移や、他のすべての無意識過程が優位に立つことになるからです。

親愛なる先生《フラウ・ドクター》、こういったことすべてを率直にお書きしても、どうぞ気になさらないで下さい。あなたは精神分析家で、過去にこういった問題に大きな理解を示して下さいましたし、妻の死後私を襲った人生の最も暗い時間にも、私の大きな力になって下さいました。もしウィーンにまたお出で下さいましたら、これらの問題すべてについてあなたとお話できるのですが、今は残念ですが示唆するだけで満足しなければなりません。

まもなく休暇が始まります。たぶん自然の広々した大気の中で、私は自分をリフレッシュして、また感情の平衡を取り戻すことができるでしょう。

一九五〇年一月四日

親愛なる先生《フラウ・ドクター》、今回は重要なニュースを一つお知らせしなければなりません。それは、一方で私を幸福にし、他方で悩ませもするのですが……。

クリスマスで、私は六十三歳になりましたので、まもなく年金生活に入ります……。御存知の通り、私は仕事に興味を持ったことがありませんので、この三十年間、仕事を続けるのは容易でありませんでした。三十三歳という壮年期に、私は病気の妻を抱えて、外国で新しい生活を始めなければならなくなりました。これらはすべて、重い神経症を患い、私たちの所有する大きな財産を完全に失った後のことでした。しかし、私にとって苦痛だったのは、財産を失ったことではなく、むしろ自由の喪失と、満足できる知的活動や創造的活動に献身する可能性が失われたことでした。そして今や、あと半年で、私は再び自由になります！　会社で過ごした三十年間は取り戻せないにしても、これは確かに救いです。しかし、六十三歳で、しかもこんな困難な時代に、どうやったらもう一度やり直せるのでしょう。でも、この楽しからざる三十年の夢も、やっと終わります。それに、頭痛はよくならず、頭痛薬を飲むとやっと柔らぎますが、それも長くは続かないので、私は退職を楽しみにしています。これは、事態の陽性の側面です。

否定的側面は、鉛筆を持って計算書を書いてみると、すぐに明らかになります。そうすると、現在の収入の約三分の一がなくなることがわかります。衣服の問題は別にしても、私のアパートはひどく惨めな状態です……。それに母が一層年取って、一層病弱になったときのことも考えなければなりません……。言い換えると、生きるための戦いがまた始まるのです。

一九五〇年七月二十四日

私自身に関しては、妻を失ったことから、二度と立ち直ることはできないだろうということに、繰り返し何度も気づかされています。そして、私の人生の夕方は、どんなに孤独だろうか、とよく考えます。今は以前より暇な時間がありますので、これらの悲しい思いがまるまる意識されることが多くなりました。これらすべての影響で、私は再び感情的危機のさなかにあり、今はほとんどメランコリーの状態です。

一九五〇年九月二十一日

仕事から退いたことが、この四カ月間にわたって、私の感情状態に破滅的な影響を及ぼしています。残念ですが、そのことを御報告しなければなりません。人生への嫌悪感（taedium vitae）に捉えられており、そのため朝目覚めると、これから夜まで、〝丸々一日〟を生きていかねばならないのかと考えて、身震いします。ついで、打ち寄せる波のように、絶望感の発作に襲われて、人生が恐ろしく醜く思われ、それを埋め合わせてくれる死が美しく思われてきます。これは、〝老年期のメランコリー〟でしょうか。しかし、自分が人生の終末に近づいており、にもかかわらず人生で何も成し遂げたものがなく、絶えず不運に遭遇し、たぶんあと何年もたった一人で、何の目標も目的もなく生きるよう運命づけられていると考えると、実に憂うつになります。一体何のために生きるのでしょう。人間の歴史の初期の時代に、老人を砂漠に連れて行って、そこで餓死するままに放置したのは、おそらくとても賢明な習慣だったと思います。

一九五三年三月二十三日

前回の手紙で、母の状態について詳しくお書きしました。残念ながら母の病気は一時的な健康の悪化でなく、時間とともに一層悪化してゆくだけの、〝老年期の消耗性疾患〟でした。特に悲しいのは、母が絶えず自分の状態を分析していることで、母はそうやって些細なことでも途方もなく大げさに心配しています。こういったことはすべて、一種の精神病と考えるべきなのか、母の年齢で母の身体状態の人間が絶望感に襲われるのは当然なのか、迷ってしまいます。

率直に言って、もし私が母の立場だったら、私はもっと重大に考えるだろうと告白せざるをえません。彼女の苦労の一つは、判断力が冒されておらず、高齢である点から見て、自分がもうあまりよくはならないことに気づいている点にあります。それゆえ、母は視力の進行性の悪化――これが彼女を最も苦しめています――と、体力の全般的な消失を予想しているに違いありません。母の場合……〝知性は苦悩を生む〟と言うことができそうです。

当然のことですが、母のこのような状態は、私の気分に好ましい影響を与えるものではありません。頭痛は……ひどく悪化しています。……にもかかわらず私は、絵を描くことを含むさまざまなことで時間を埋めようと、できるかぎりの努力をしています。

一九五三年五月十二日（母親の死後の、狼男からの最初の手紙）

母の状態はたくさんの困難な問題を引き起こしましたし、母の生活はもはや苦しみ以外の何ものでもありませんでしたが、それでも母の死は、私の中に大きな空虚感を残しました。まさしくこの最後の二年間は、おそらく母の人生で最も悲しい時期だったろうと、後悔しております。まず母は私の重い抑うつ症を見守らなければなりませんでした(原註1)し、私の状態がよくなってからは、母自身の体力や精神力の解体と病気と、やがては死が差し迫ってきました。死は、最初のうち母は望んでいましたが、やがて――終わりが次第次第に近づいてくるのを感じると――死をひどく恐れるようになりました。しかしそれでも、最後の瞬間には母は死を救済と感じていたと信じています。なぜなら、柩に横たえられた母は、死が人間の顔をこれほど美しくするものとは、信じられないくらい美しかったからです。私はこれまで、母がこれほど崇高な静けさと穏やかさと、ほとんど古典的な美しさをたたえているのを、見たことがありませんでした。

この頃、一九五四年を通して、狼男はウィーンで〝真の〟精神分析治療を受ける可能性がまったくないことを嘆いていた。彼は一九五四年のクリスマスの頃に個人的な危機に直面し、ひどい抑うつ状態に陥って、多少元気になると短い散歩に出る他は、ほとんど終日ベッドで過ごしていた。夏頃に彼は〝新しい人間〟を感じて、再び絵を描き出した。秋になって、ようやく彼は一人の精神分析家と接触することができた。当時、狼男は治療の必要性を感じていなかったが、また危機に陥ったときに備えて、治療を受ける準備を整えておこうと考えた。分析家はそれに同意したが、狼男は〝待ち構える態度〟をとるのが正しいかどうか、またいつもの強迫的な疑惑を繰り返し始めた。数週間後、彼は私に次のように書いてきた。「お手紙の中で、あなたは、いつでも治療が受けられると思うと、それだけで治療が不要になることがあるだろう、と正当にも指摘しておられます。この指摘は私にとって大きな慰めであり、私が正しい決定をしたという考えを強めてくれます」。約一年後、狼男は、実際にこの分析家を探し出して、そのときから時折助言してもらうようになり、後には別の分析家の治療を規則的に受けるようになった。この治療は、投薬が主であって、本来の分析というより、いろんな問題について話し合うものだった。

狼男は、時折、むしろ抽象的な主題について小論を書いて送ってくれたが、あるとき「精神分析と自由意思」という題の文章が送られてきた。ポール・フェダーンの親切な助力を得て、私はこの小論を出版しようと試みたが、うまくいかなかった。一九五七年の初頭、狼男の七〇歳の誕生日のすぐ後に、私はウィーンを訪れたが、その際に、自分自身についてこれまでに何か書いたものがないか訊ねた。すると大層嬉しいことに、彼は数日後「ジグムント・フロイトの思い出」の原稿を届けてくれた。彼はこの小論を、一九五一年の秋、ロシア人のエピソードの数カ月後に、〝深い抑うつ状態〟にある眠れぬ夜に執筆した、ということだった。少なくとも彼は、一九五七年と一九六一年の私宛の手紙に、そう書いていた。重症の抑うつ症の人物がこのような小論を書けたとは、信じ難いが、たぶん、自己分析やフロイトについて書くことは、抑うつ状態から脱け出そうとする試みであって、一度この最初の一歩が踏み出されると、その後も引き続き試みられたのであった（狼男が何カ月もの間抑うつ状態にあった一九七〇年の春、これと似たことがあった。当時私は手紙で、本書に掲載するために、子ども時代について一章執筆してもらえないか、彼に頼んだことがあった。返事の中で、狼男は抑うつ症にもかかわらずすでにこの章を書き始めた、と書いてくれ、実際数週間後にはその原稿を郵送してよこした。その二カ月後に会ったときには、彼はもはやそれほど深い抑うつ状態ではなかった）。

一九五七年、私は狼男の「ジグムント・フロイトの思い出」の一部を、「いかにしてフロイトの分析を受けるに至ったか」という題で翻訳し、一九五七年五月のアメリカ精神分析学会の例年の大会で発表した。もちろん私は狼男に手紙でこのことを知らせてやり、少額だが謝礼金を送った。私は、この原稿はたぶんまもなく精神分析雑誌に掲載されるだろう、とも書いてやった。彼はひどく喜んで、謝意を伝えてきた。「お手紙をいただいてから、すべてのものが今までよりずっと優しい光に包まれて見えてきます。これまで行ってきたことが、必ずしも無駄でなかったと確信できるからです。あなたに感謝すべきこの成功は、私の個人的体験の記録の方が通俗的ないし思索的な文筆より遥かに広範な関心を惹き起こす、というあなたの御意見が正しいことを示しています……。しかし、成功のないところに、戦うエネルギーも、深い考えを行動に移すエネルギーも存在しません。今後はきっと変わってくるでしょう」。そして次の手紙には、「私はあなたの御成功を……とても嬉しく思っています。私の今後とるべき方向を示す運命のシグナルのようにも感じます……」。

私は狼男に、彼自身について執筆するように勧めてきたが、今や〝運命のシグナル〟に従って、彼は執筆を始めた。彼が書いた最初の章は、「回想録《メモワール》 一九一四―一九一九年」だった。一九五八年九月二十二日、彼は思ったほど早く書けない、と言ってきた。「一部は私の抑うつ症のせいですが、一部はもっと他のことに原因があります。書き始めてみると、性格や状況をさらによく理解するためには、最初考えていたよりもっと深く突っこんで書く必要がある、と思うようになりました。たとえば、姉の自殺、妻に出会ったいきさつ、私の人生で重要な役割を演じ、とても変わった性格の持ち主だったD医師のこと、など。そのため、私は常に新たな領域へと分け入らなければなりませんでした。また、ロシア革命にも、外国の軍隊によるオデッサ占領にも触れなければなりませんでした。その結果、私の「回想録《メモワール》」は、できるだけ簡潔なものにしようと思ったのですが、最初考えていたよりも長いものになってしまいました。一種の短い家族小説と呼べるようなものになったかも知れません」

最後に一九五八年十二月十日に、原稿が完成すると、彼はまた手紙を書いてよこした。「最近私は執筆活動に強い関心を持ち、しっかりした目標を心に持っているものですから、それが精神状態によい影響を及ぼし、大変に助かっております。そのことでは、あなたに心から感謝しております。ここで言及しておきたいのは、実際に経験したことの思い出は、小説とは違っており、それゆえ双方のスタイルを混同してはならないという結論に、私が最終的に到達したことです。したがって私は、詩と真実[Dichtung und Wahrheit]を混ぜ合わせず、真実を空想で飾り立てたりせずに、現実に密着し続けてきました。また私は、情緒的ないし演劇的なことよりも、むしろ〝叙事詩〟的な要素を重視してきました。その方が——私が想像するに——アングロ・サクソンの好みと、(また私自身の好みにも)一致すると思われたからです。私はD医師にも若干のスペースを割きましたが、それは私の知るかぎりでは英国人は、アメリカ人もそうだと推測しますが、乾いたユーモアが好きで、文学の中でしばしばD医師のような害のない異常者が描かれているからです。その上、彼は精神分析の徒であり、その意味でも言及するに値したわけです」

この頃から、狼男の執筆は彼の手紙の中心的な主題の一つとなり、一九六〇年から一九七〇年にかけての、私の八回のウィーン訪問の際の重要な話題ともなった。彼は繰り返し私に、執筆が彼の人生に意味と目的を与えてくれた、と語っていた。

しかし、以前から繰り返されてきたテーマも、すべて手紙や会話の中で続いていた。狼男の話は愉快で生き生きとしており、時には劇的でもあった。彼は自分や友人たちの個人的な行為の中に、いつも意味と動機を探っていた。彼はとても話上手で性格描写の才能に恵まれており、それは文章よりも会話の中ではっきり現れていたが、手紙からも十分うかがえた。一九六〇年四月四日の手紙から、特徴的な文章を引用してみよう。「以前、友人の画家についてお話したことがありました。彼は確かに教養のある才能豊かな男ですが、一風変わったパーソナリティの持ち主で、自分を高く評価しすぎている点では誇大妄想すれすれです。彼は四十五歳になりますが、これまで、教師だった母親の年金で生活してきました。彼の知人たちも、彼自身も、皆が彼の母親が死んで彼が衣食に事欠く日の来るのを予想して、恐怖に戦《おのの》いていました。しかし、不幸にもとうとうその瞬間がやってきました。二週間前は、彼の母親に重大なことが起こる徴候は、何一つありませんでした。数日経って彼の家に行って見ると、ドアにきわめて特徴的な文字で貼り紙がしてありました。「母が入院しました、私は道路の向かい側の宿屋にいます」。数日前に、母親は消化器潰瘍の穿孔と思われる病気で死亡していました。母親と息子の関係は、とても親密で愛情深く、二人はアパートに大部屋二つと小部屋二つあったのに、同じ小部屋で起居を共にしていました。ですから、誰もが息子の方が完璧に落ちこんでしまうのではないか、と予想したわけです。しかし、驚いたことに、そういった事態にはまったく立ち至りませんでした。彼は、何一つ特別なことは起こらなかったように振る舞っています。彼が自分の置かれた破滅的な経済状態を意識せず、きちんとした紳士の役を演じ続けようとしているらしいのは、特別に奇妙なことに思われます」

狼男は、この友人や他の男女の知人について、また彼らとの関係のさまざまな推移について、よく手紙に書いてくれた。彼はまた、共通の友人や、私の家族や仕事について訊ねてきて、私が返事を書き送ると、それに対して必ず思慮深い返事をよこした。一九六二年十二月六日、学校での精神科相談員としての私の仕事について、次のようなコメントを送ってくれた。「神経症や精神疾患と戦うには、それらが形成される幼児期に捕えるのが一番であることには、私は完全に同意します。二、三十年、あるいはもっと経ってから幼児神経症を再構成しようと思うと、状況証拠に依存しなければなりません。法律の実際からは、状況証拠が誤った結果に導くことがよくあることがわかりますが、これは結果から原因を推論しなければならないからです。しかし、同じ事実でもさまざまな原因に帰すことができるでしょうし、人々があまりに忘れてしまいがちなさまざまな状況から生じることだってあるでしょう。それは別としても、情緒的疾患が生まれてくるときにこれをうまく治療した方が、何十年も経って、あらゆる異常性が固まってしまって、いわば神経症者にとっての第二の天性になった後で治療するより、遥かに容易であるに違いありません」。他の手紙で、狼男は書いている。「私もまた、幼児神経症や、特に私自身の神経症に、強い関心をもっています。それは、一方ではこれらの早期の情緒障害にはわけのわからないところがたくさんあるからですし、他方これらは後年の神経症に多くの光を投げかけてくれるからです」

これらの文章を除くと、狼男の手紙には子ども時代に触れた部分はあまりないのだが、上に引用した手紙同様、私が自分について書き送った手紙に対する返事として書いてくれた、興味深い一通の手紙がある。それは、「子ども時代の思い出」の中の小さなギャップを埋めてくれるものである。

一九六三年七月六日

子どもの頃、どうやって赤ん坊が生まれてくるのか、頭をひどく悩ませたことを、よく覚えています。姉と私はその問題をしょっ中話し合い、先にこの謎を解いた方が、必ずすぐにもう一人に話す約束を交わしました。後になって姉が話してくれたところでは、姉がこのことをいとこの乳母に話したら、乳母が全部説明してくれたそうですが、姉はこの秘密を私に洩らす気になんてとてもなれない、ということでした。私はひどくがっかりしましたが、姉はどうしても話してくれませんでした。ですから私が学生仲間から聞いてこういった事柄の事実を知ったのは、ギムナジウム(原註2)に入学した後のことでした。

狼男は「回想録《メモワール》」を書き始めるまで、子ども時代のことだけでなく、妻の死以外には過去のことすべてに触れるのを避けているように見えた。姉の自殺や、彼が受けた分析や、第一次大戦の終わりにウィーンに戻ったことなど、私がすでに知っていると思われることには、彼は時折言及した。しかし、たとえば姉や妻の名前などでさえ、以前の生活についてはほとんど話さなかった。彼の話題は、大部分が現在の個人的問題や直近の過去に関してだったが、芸術や精神分析に関連のあることには常に興味を抱いていたので、個人的で具体的なことだけに限定されることはなかった。しかし、一般人の関心事であるような領域、特に政治問題や国際問題には、限られた興味しか持っていないようだった。彼の妻が死んだとき、私はこの無関心は悲しい出来事に心を奪われて、他のことに注意が向かなくなったせいだと考えた。しかし、この関心の欠如は、妻が死んだ時期に限られたものではなく、それ以前も、またそれ以降も、明らかに認められた。彼の「回想録《メモワール》 一九一四—一九一九年」には、この破滅的な時代の世界を揺るがした事件について、ごくわずかしか記載されていない。私が狼男に個人的な物語を書くように勧め、彼もそう考えていたのは確かであるが、しかし、それでも個人史を書く人で、狼男ほど民族的、世界的な出来事を無視するのは難しいだろう。この相対的な無関心は、これらの事件が彼の個人的生活に及ぼす影響にさえ及んでいた。ロシア革命や財産喪失について、何らかの不平や嘆きが記載されていないか、探して見ても無駄である。狼男がかつて話してくれたところでは、富豪から貧民への転落が彼にとっては大した問題でなかったのを知って、フロイトやその他の人々が驚いていた、ということだった。「それは、たまたま起こったことだったからですよ」と彼は説明した。「私にはそれに対して責任がなかったので、私が何か間違ったことをしたかどうか、心配する必要はなかったのです。私は罪責感を感じる必要はありませんでした。私たちロシア人は、元来そんなものです。私たちは皆、簡単に適応して、見つかった仕事は何だってやり、へこたれることはないんです」。私は、自分の知っているロシアの移民たちは、確かにその通りだ、と言って彼に同意した。狼男の世界的な事件への相対的無関心は、一九三八年の後も続いた（飢餓にだけは無関心でいられなかったが）。米ソ間の冷戦や、ハンガリー革命については、ほとんど触れることがなかったし、アフリカやその他の地の動乱については、さらに関心がなかった。しかし、この数年、変化が出てきた。彼の会話や手紙には、世界で起こっていることについての言及が増え、オーストリアや近東や、時にはベトナムに関する本まで読んで、それについてコメントしてよこすようになった。

これは、私がこの数年間に気づいた、狼男の微妙な変化の徴候の一つである。それがいつ始まったのか、興味の拡大と多少希望の増した——ないしは多少絶望の減じた——態度の他に、この変化がどこにあるか、私は言うことができない。私が彼からの手紙にこの種の変化が生じたのに気づいたのは、たぶん一九五七年以降のことであって、この年は彼が自分の著作が初めて精神分析学雑誌に掲載されたのをひどく喜んで、自分の人生が今や一つの目標を得たと感じ始めた年だった。その上、当時彼は、ほぼ一年間にわたって、少なくとも時折、ある分析家の治療を受けており、このことが助けになっていたと思われる。一九五七年以降で私が狼男に初めて会ったのは、一九六〇年の春で、そのときは彼は健康状態もよく、元気だった。しかし、この回復は持続せず、そのときから彼は何回か抑うつ状態に陥んだ。にもかかわらず、私は彼の精神状態は全体として、以前より健康になったと信じている。

一九六三年三月、私はアメリカ精神分析協会の年会のパネルで、「老年期の精神分析的考察」と題する発表をしたいと考えた。それで狼男に手紙を書いて、老化に対する態度についての質問に答えてくれないか依頼し、かつその資料の発表を許可してくれるよう頼んでやった。ここで彼の独特の回答を、言葉通りに引用してみよう。予想されたように、質問に対する彼の回答は、思いつくまま自由に書くように依頼してやったにもかかわらず、必ずしもそうではなかった。

一九六三年三月二十三日

お手紙の質問に答えて欲しいという御依頼に対しては、もちろん喜んで従いますし、この情報を使っていただければ大変嬉しく存じます……では、すぐに御質問にお答えしましょう。

第一問「夢に変化がありますか。あるとすれば、どんな種類の変化ですか」

回答 内容には何の変化もありません。多少、柔軟性が乏しくなってはいるようです。しかし、印象的なのは、以前より早く夢を忘れてしまうことです。たぶんそのために、夢を見ても、夢をまったく見ていないと思いこむのでしょう。

第二問　「あなたのリビドー生活が変化したと感じていますか、あるいはまた、あなたの願望や空想が変化したと感じていますか」

回答　リビドー的性質を持つ願望や空想は、変化していないようです。しかし、私のリビドーは、この三、四年の間に強さを失い、性的なものはすべてまったく弱くなって、もはや以前のような役割は演じなくなっています。

第三問　「あなたの衝動（性的、攻撃的）は、強くなりましたか、それとも弱くなりましたか。いつからですか」

回答　性的衝動については、前問でお答えしました。しかし、私の攻撃衝動は、性的衝動と対照的に、弱まるよりもむしろ強まっているようです。

第四問　「新しい葛藤をお持ちですか。現在もなお、古い葛藤をお持ちですか。強くなっていますか、弱くなっていますか」

回答　葛藤はあいかわらず同じですが、心気症だけは例外で、これは顕著に弱まりました（妻の死以降）。他の葛藤に関しては、以前より急激ではなくなりましたが、その代わりもっと慢性的な性格を持つようになっています。

第五問　「あなたの自己愛的傾向は、強まりましたか、弱まりましたか」

回答　肯定的な意味では、弱まっています。もはや、若い頃ほど老年を空しいと思っていないからです。外観やそういったことを、あまり気にしなくなっています。しかし、否定的な意味では自己愛は強まり、自分の人柄についての批判に以前より敏感になりました。これは老齢の徴候で、先行きが短くなったことを思い出したくない証拠ではないか、と疑っています。

第六問　「何か退行の徴候に気づきましたか」

回答　自分に退行の徴候があるのは、気づいておりません。

第七問「あなたの人生は、以前より調和的になりましたか、それとも逆ですか」

回答　明白に調和を失っています、年老いるにつれて、人生への関心は乏しくなり、まわりの世界や世界の出来事への関心も減っていきます。私たちの目標は、すべて時間によって限定されており、残された時間、ないしは望める時間は、日々短くなっていきます。私たちに望めるものは、何が残っているでしょう。幻想で自分を慰める能力も、次第に失われてきます。私については、たとえば自然の美を喜ぶ能力に関して、そう言うことができます。以前、私はよく風景に魅了されて、その風景をできるだけ早く写生したいという、ほとんど抵抗しがたい衝動を感じたものでした。しかし今は、この風景に熱狂する能力をしだいに失ってきています。それに加えて、肉体的な力の衰えがあり、自然の中を散策したり、重い絵の具箱や他の道具を運んだりするのに、すぐに疲れてしまいます。そのため、自然や芸術への喜びも少なくなってしまうのです。

第八問「あなたの人生における最も重要な内的外的変化は、何ですか」

回答　外的には、妻と母の死以降、また私の退職以降、変わった点はほとんどありません。しかし、私と同じアパートの建物に住み、妻の死後、私の家事の世話をしてくれていた家政婦が、数年前から重い変形症と左腰部の慢性炎症に罹り、その結果止むを得ず女中を雇うことになりました。しかし、ウィーンでは女中を見つけるのはほとんど不可能なので、見つけただけでも私は幸運だったと言わなければなりません。

内的な変化については、第七問で、年齢とともに人生への関心が減少することを示唆しておきました。これと関連して、若い頃や中年の頃には精神的な抑うつ症がどれほど重くても、それに伴って身体症状が起こることはありませんでした。妻の死後でさえ、感情的苦痛こそ激しいものでしたが、症状は純粋に精神的なもので、身体的なものではありませんでした。しかし、一九五一年に私は再び重い抑うつ症に罹りましたが、そのときはひどく弱って、疲れ切って一日中ベッドに寝ていることがよくありました。さらに一九五五年のきわめて重い抑うつ症のときには、身体的な極度の疲労も伴っていました。

さて、親愛なる先生《フラウ・ドクター》、お手紙で老化について私の意見や結論をさらに詳しく書くように、とのことでしたので、以下にもう少しつけ加えておきたいと思います。

人は年を取るにつれて、自分の子どもや孫たちの中に生きるようになる、という意見をよく耳にします。私は、これには大きな真理が含まれていると信じます。老年に入ると、自分自身の自我の可能性はあらゆる方向で制限されるようになり、そのため人は、この貧困化した自我を、自分の子孫を通じて拡大し強化したいと感じるようになります。もしこのような拡大、つまり子どもたちの中に生き続けることが不可能な場合には、人は特別に孤独でわびしい気持ちになります。職業についたことのない人の場合、老後のもう一つの困難として、一般人より遥かに強い余計者意識が加わりますが、これは私も退職後に経験したところです。

私はよく不思議に思いましたが、重い抑うつ症に罹ると、人は生きたくないと思いながら、それにもかかわらず死を恐れます。逆に健康な場合、人は生きたいと思いながら、死を恐れることはありません。少なくとも私はそうでしたし、年を取ることにも類似の経験をしています。人生はその魅力の多くを失い、それゆえその価値の多くは失われてしまいました。考えは死の問題の周囲を巡り、死を恐れる気持ちは、若い頃より老年になってからの方が強まっています。このことは、若者より老人の方がずっと用心深くて心配性で、冒険心が乏しいことからもわかります。しかし、老人になると死が近づいてくるので、その分死に心を奪われるのはむしろ明らかと思われます。

さらにまた、私は老化の問題は、個々人によってきわめて異なると考えています。たとえば私の母は、全財産を失って、貧しい環境の中で知らない人々に囲まれて、一介の老人として暮らしていましたが、それでも若い頃より年老いてからの方が幸せだと言っておりました。母が深く愛していた親戚の者たちは、ロシアに滞まるか、死んでしまっていました。全員がとても不幸な境遇でした。しかし、若い頃、母は私の父とのことや、彼女の家庭の多くのもめごとに、ひどく苦しめられていました。しかし、老年になってからは、彼女がずっと惹かれてきた静かな瞑想生活を送ることができるようになりました。こうして母は、自分の本性に合った哲学を自力で考え出して、若い頃や中年の頃より遥かに満足して暮らしていました。結局、若者は老人より人生に多くのものを期待するので、多くの失望を経験しなければならないのです。

興味がなくもないのは、以前母は重い心気症にひどく苦しんでいましたが、六十歳以降、それが完全に消えたことです。しかしその後、八十五歳頃に目の手術（緑内障）を受けたときに、心気症が再発しました。手術をしてくれたのは、ウィーン眼科クリニック院長のピラート教授でしたが、彼が話してくれたところでは、手術はとてもうまくいったので、学生たちにその成果をよく話して聞かせているということでした。しかし、母はこの手術の結果にきわめて不満足で、絶えずこれは失敗だったと繰り返していました。一方の目は完全に何ともなかったので、もちろん〝盲になってしまった〟ということではなかったのですが、母は手術のあとだんだん目が見えなくなっていくと苦情を言い、毎日のように〝昨日は何でもよく見えたのに、今日は何にも見えない〟と嘆き続けました。これらの心気症状の他には、母は八十八歳になるまで、精神的には完全に正常でしたが、人生の最後の年——母は八十九歳で死亡しました——にだけ、精神的な力が衰えて、たとえば私をよく他の人々と混同するようになりました。

このお手紙を終えるに当たって、私は旧暦（ユリウス暦）の一八八六年十二月二十四日生まれ、あるいは新暦（グレゴリー暦）の一八八七年一月六日生まれであることを付記しておきます。狼男は適切にもこの手紙の末尾に、いつもの律儀さで、自分の人生の最も重要な日付、すなわち誕生日の日付を記している。

子どもや孫たちの中で生き続けることによって、老年期の貧困化した自我を豊かにしたいという欲求については、狼男がよく口にしているのを聞いたものだった。彼は子どもがいたら自分の人生は大きく変わって、幸福なものになっていたはずだと確信しており、妻が子どもを産めないのをいつも残念がっていた。彼は私の子どもや孫たちの話、彼らの性格や興味について聞きながら、何度も写真が欲しいと言ってきて、私が休暇を子どもや孫たちと過ごせるのを羨ましがった。

この手紙で興味深いのは、彼の心気症が妻の死後顕著に弱まった、という文言である。妻の死は、もちろん時期を分かつ重要な出来事だが、無意識的な理由となりうるか、疑問である。おそらく狼男は、妻の自殺という悲劇的な事件に圧倒された後は、もはや心気症を必要としなくなったのだろう。彼は、その種類は何であれ、単に苦しみを必要としていただけだったのかもしれない。

彼の〝余計者〟感情は、狼男がしばしば口にしていたもう一つのテーマだった。彼は次のように書いてきたことがあった。「あなたの人生は、まわりの人々に援助と慰めをもたらす仕事で満たされています。このことは、あなたに大きな満足を与えてくれるに違いありません。私は、あらゆる神経症と抑うつ症の深い原因は、周囲の世界との関係の欠如と、それに由来する空虚感にあるはずだ、と考えております」

分析家たちは、狼男が一九一九年にオーストリアに移住して、全財産を失った後で、自分を余計者と感じないですむような仕事、知的な面でもお金の面でも満足をもたらしてくれる仕事を見つけることができなかったことに驚いた。ある分析家は、それは狼男の受動性とマゾヒズムによるものと考えた。それが当たっているかどうかは別にして、私は一九二〇年代のウィーンで、法律の勉強しかしていない一外国人が、満足のゆく仕事を見つけるのは不可能だったろうと確信する。インフレと失業がのろのろと続いていた。狼男はやがて仕事に就いて、次第に昇進したし、そこで自分の法律の知識を生かすこともできた。仕事は満足のゆくものではなかったが、それに代わる他の仕事はなかった。勤務時間外には、彼は絵を描いたり、時にはロシア語などを教えたり、たくさんの文章を書いて過ごしていた。文章や絵が売れることもあったが、哀れなほどわずかの金しか得られなかった。しかしそれらは、彼の知的で創造的な衝動を、多少とも満たしてくれるものとなっていた。

狼男は、一九五八年十二月に「回想録《メモワール》　一九一四—一九一九年」を書き終えると、その続きの執筆を考え始めた。彼が選んだテーマは、妻の自殺だった。これを書くためには、まずテレーゼに会ったいきさつを物語る必要があり、それにはさらにミュンヘンになぜ行くことになったかを述べなければならなかった。一九六一年後半の頃、彼の精神状態は、同年十二月十二日の手紙からわかるように、まだどちらかというとぼんやりしたままだった。「妻の死に関する思い出は……三つの章に分かれるでしょう、姉のアンナの死後のコーカサス旅行、サンクトペテルブルク時代、その後テレーゼと知り合って、テレーゼが自殺するまで。最初の部分と二番目の部分については、ざっと草稿を書き上げましたが——最近これを読み直してみて、サンクトペテルブルク時代にはかなり満足しました。……しかしコーカサス旅行については、読み返してみて、この部分は主要なテーマであるテレーゼと、有機的で自然な関連性を持っていない、と感じました」

六カ月後、狼男は「回想録《メモワール》 一九〇五―一九〇八年」を書き上げて、この部分にどんなタイトルをつけるか、思いつくものをいくつか書いて送ってくれた。「これは〝無意識の悲哀〟というタイトルでもよいかもしれません、姉の死後の悲しみは、テレーゼの自殺後の悲しみと完全に違っていたからです。……あるいはまた、この部分全体を、単に〝スペインの城〟という完全な著作の、第一、および第二章と考えてもよいかも知れません。……これまでに書いた回想録《メモワール》は、妻の自殺という中心的テーマの、一種の前奏曲として考えたものです」

狼男は、一九一四年から一九一九年にかけての期間について書いたが、一九一九年から一九三八年にかけての期間については何も書かなかったのは、興味深い。この期間は、ブランスウィック博士の分析を受けた短い時期を除けば、静かで劇的なことのない期間だった。受けた分析については、ブランスウィック博士が報告していることも、彼は知っていた。彼は「回想録《メモワール》 一九〇五―一九〇八年」「回想録《メモワール》 一九〇八年」(原著では二部に分かれている)「回想録《メモワール》 一九〇九―一九一四年」を、一九六一年から一九六八年七月の間に、年代順に執筆した。

狼男は、何年にもわたって、自分の描いた風景画の小さな油絵を、私にたくさん贈ってくれた。私はそれらを、時々教え子や同僚たちに見せた。一九六三年の秋、その中の誰かがそれらの絵を売って欲しいと頼んだ。私は狼男が贈ってくれたものを手放す気になれなかったので、狼男に売りたいと思っている絵がないか、訊いてやった。彼は自分の絵が売れそうだと聞いて、とても喜んだ。「親愛なる先生《フラウ・ドクター》、あなたの講義の際に、私の風景画を皆さんに見せて下さるという素晴らしいお考えに対して、何とお礼の言葉を申し上げたらよいでしょう。もちろん、合衆国で売っていただくために私の絵を送って欲しいという御提案は、喜んでお引き受けします。自分の描いた風景画を、このような形で活用できることを、私がどれほど嬉しく思っているか、容易に御想像になれると存じます」

絵を売ったささやかな収入は、狼男にとって大変歓迎すべきものだったが、もっと重要なのは、自分の絵が精神分析家たちによって評価され興味の的となっている、という感情だった。ある分析家の依頼で、彼は子ども時代に見た夢に基づいて、狼の場面の油絵を描いた。私はその絵が大変気に入ったので、私は自分にも複製を描いて欲しいと頼んでやった。Y教授(原註3)も同じことを頼んだと聞いて、私は心を動かされた。狼男からの手紙では、Y教授はこの絵を見て「恐ろしくてまったく悪夢のようだ」と言ったということだった。絵の販売は、狼男が飽きるまで続けられた。

狼男は、「回想録《メモワール》 一九〇八年」を書き出す頃には、自分自身について、以前に書いた二章より、ずっと自由に、またあからさまに書くようになっていた。この章を面白くしているのは、それだけでなく、むしろ感情が文章全体に行きわたっていることである。以前に書かれた回想録《メモワール》によって、私たちは狼男の家庭、家族、友人たち、そしてもちろん彼自身について紹介されるが、しかし、読者に彼のありのままの姿は必ずしも提示されていない。彼は自分自身について、気分や感情を細かく記載しているが、生きて感じている人間というよりは、しばしば影のような印象を与える。「スペインの城」で、狼男は生き返る。私たちは以前の著作を通して、彼のメランコリーや激しい気分の動揺には、すでに馴染んでいる。これらは「回想録《メモワール》 一九〇八年」に強く認められるが、ここには私たちに馴染みのない他の何かがある。つまり、彼の押しの強さや、エネルギーや、欲望に支えられた果断な性格がそれである。背景をなす第一次大戦前の裕福なヨーロッパ人のためのサナトリウムの描写は、十分にリアルで、なるほどと思わせられる。ただテレーゼだけがややミステリアスで、この病める社会の中をひっそりと献身的に歩き回り、狼男や他の患者たちにも実際にそう感じ取られていた。ミステリアスだが、生き生きとして美しく、かつ女性的、というように。狼男は、ここで半世紀以上前に消え失せた社会を背景にして、彼の妻となるはずの女性と、若くて熱烈な恋人である自分自身の肖像を描き出すのに成功している。

一九六八年から一九六九年の春にかけて、狼男は「回想録《メモワール》 一九三八年」の執筆に携って、テレーゼの自殺について詳しく述べ、この悲劇的なクライマックスに比べたら、それまでの人生などは前奏曲にすぎなかったと感じた。一九六九年三月三十日にウィーンで会ったとき、彼はちょうどこの章を書き上げたばかりだった。八十二歳になった狼男は、身体的にはかなり健康そうに見えたが、痩せて疲れていて、やや憂うつそうだった。――もちろん狼男自身気づいていたが――先立つ数カ月間、「回想録《メモワール》」の中の一身に関わる悲痛な章を執筆していたことが、この抑うつ状態に影響していた。妻の自殺の経緯を述べた感動的な文章を読むと、彼が執筆中にすべての苦痛な時間をもう一度生き直したに違いないことが感じ取れる。狼男とテレーゼの死後会ったときのことを思い出すと、彼が当時は回想録《メモワール》から想像されるよりずっと取り乱していた点を除けば、自分の気持ちや態度をありのままに書いていることがわかる。

三月三十日に会ったとき、私たちは狼男の執筆や絵の製作について、また彼の身体や心の健康状態や、将来の生活について、数時間話し合った。彼は年取った家政婦、回想録《メモワール》に出てくるいつも変わらぬ忠実なフロイライン・ガビーのことを心配していた。彼女は今では歩くのが困難になっていた。狼男は、彼女が遠からず老人ホームに入らなければならなくなるのを悟り、そのときは自分も施設に入所しなければならないという事実と向かい合おうとしていた。彼はこの事実が受け入れられないようで、我慢できる施設が見つからない、自由とプライヴァシーが保てて、絵が描けるようなホームなんてどこにもない、と言っていた。私は、ウィーンには彼がプライヴァシーを保てるような、居心地のよい自由なホームがたくさんあることを知っていたし、彼の本来社交的な性質から見たら、これまで慣れてきた孤独な生活より、いろんな人たちと一緒の方がうまく行くだろうと思ったので、将来の生活を考えてあちこちのホームを見学してみたらどうか、と勧めてみたが——無駄だった。

この時期の彼の抑うつ症は、重いものではなかった。精神的には以前と変わらず明敏で、執筆や絵の製作に向かうのに若干困難を感じていたが、思考力は衰えていなかった。三月三十日の日曜日、私たちは親しく話し合った後で、別れの挨拶を交わした。翌朝——ウィーンでの最後の日——彼は電話をかけてきて、前日話し合ったことについて後で思いついたことがあるので、数分間でいいから会って説明したい、と言った。三月三十一日の午後、空港に向かう直前に私たちは会って、コーヒーを飲みながら、彼の言う問題を片付けた。後になってようやく私は、この日がテレーゼの三十一回目の命日だったことに思い当たった。

数カ月後、私は狼男に、どこか老人ホームを見学してみたか、手紙で訊ねてやった。彼はどこにも行ってないと返事をよこし、次のような理由を書いてきた。「私の家政婦は、今年八十五歳になり、重い……腰の病気を患って、とても痛がっています。彼女は私の半階下のアパートに住んでいますが、家具につかまって、ようやく動いているありさまです。彼女はこの八年間家から出たことがなく、牢獄の囚人のような生活をしています。このような状況では、彼女が重い抑うつ状態に陥りがちなのも、無理はありません。ずっと前に、ラインツァー老人ホームに入った女性がいますが、フロイライン・ガビーはどうしてもうなずこうとしません。彼女は一生他人のために働いてきて、強い義務感をもっています。ですから、彼女は、もっともっと働きたいのに……私のために何もできなくなった、と言って嘆いています。それでも、彼女は何とか私の昼食を作ったり、家事を少し見てくれたりしています。毎週一回洗濯に来る女中を見つけてくれた点でも、彼女に感謝しなければなりません。このような働きを通して、腰の病気の他にはこれと言って悪いところのないフロイライン・ガビーは、少なくとも自分が今も誰かの世話をしていて、自分の人生には今も意味があるのだ、と感じることができています。もし私が老人ホームに入るようなことがあったら、彼女はとても傷つくことでしょう。ですから私は、フロイライン・ガビーが多少とも今と同じようであるかぎり、自分のアパートから移るまいと決心しています。確かにフロイライン・ガビーのような病人は、見たところ不幸そうに見えるでしょうが、このような場合にいったい何ができるでしょうか」。この手紙はさらに続き、彼がアパートを出たら生じてくる実際的な問題や、老人ホームでは絵を描くのが難しいことなどを述べている。

同じ頃に書かれた別の手紙では、老いについてさらに考察を加えている。「ようやく私の回想録《メモワール》を書き上げることができて、とても嬉しく思っています。というのも、私の年齢ではあらゆる可能性を考慮しなければならないからで、私は回想録《メモワール》を書き終えるのを妨げるようなことが、何か起こるのではないか、といつも心配でした。もちろん、私ほど高齢になりますと、突然襲ってくる老人性の病気のことや、近づいてくる終末についてしばしば考えますと、一般に死の観念に心を奪われるのは自然なことです。私が時に憂うつに思うのは、この数年二十ポンド以上体重が減ったことで、食欲がないので、以前の体重を回復できそうもありません……あなたのお手紙に、ロシア人の友人が、九十五歳になるのにそれでも元気で、彫刻家として仕事を続けている、という興味深い話が書かれていました。私の知人の、八十八歳になる……［女性］は、自分が年老いたと感じるか訊ねましたら、はっきり否定しました。老いを感じるか否かは、明らかにまったく個人的な事柄です」

一九六九年九月二十日、狼男は手紙をくれた。「親愛なる先生《フラウ・ドクター》、私の子ども時代について何か書けないかという御質問をいただきましたが、これは大変ありがたいものでした。と言いますのは、テレーゼの自殺の章を書き終えて、他にもう書くものがなくなってから、私はある種の内的空虚感に悩んでいたからです。さらにまた、子ども時代の思い出を欠いた回想録《メモワール》は不完全なものだという御指摘は、まったくその通りです。私の場合、合衆国では一九世紀末から二〇世紀初めにかけての南ロシアでの生活があまり知られていないので、あなたの御指摘は一層当たっていると思われます」

次の冬の間、抑うつ症のため狼男は、喜んで受け入れたこの仕事を始めることができなかった。一九七〇年春、私は彼の回想録《メモワール》を含む本書が、子ども時代の章の有無にかかわらず、遠からずベーシック・ブックス社から発行される予定であることを手紙で知らせてやった。そして、もし一カ月以内に子ども時代の章を送ってくれたら、本書の収録に間に合うように翻訳しましょう、と付け加えておいた。彼は本書が出版されることをひどく喜んで、次のように書いてきた。「本の出版について書いて下さったことは、すべてが私の希望と期待を遥かに越えています」。五月四日、私が手紙を書いた正確に一カ月後に、彼から手紙が来た。「四月四日にいただいたお手紙に励まされて、抑うつ症にもかかわらず、〝子ども時代の思い出〟を書く決心をしました。抑うつ症は、今はいろいろな理由から、たぶん老齢のために、特に頑固になっているのですが……四月三十日にこの章を郵送いたしました……Y教授にこの章を見せましたら、大変気に入ってくれて、この章がなかったら私の回想録《メモワール》には重大な欠陥が生じて価値が半減していただろう、と言っておりました。抑うつ症にもかかわらず、この章をこんなに早く書き上げることができて、大変嬉しく思っています」

この後まもなく私は狼男に会った。その際の彼は抑うつ症から多少立ち直っているように見えたが、不安を伴う強迫的な疑惑に苦しんでいた。彼は本書が近々出版されるのを確かに喜んでいたが、たくさんの心配事を抱えてあれこれ迷っていた。彼は前回一九六九年三月に会ったときよりも、老けて弱々しくなっていたが、精神的にはまったく明敏だった。彼は本書に関すること以外にはほとんど話さなかったが、それも出版について話し合っておくことがたくさんあったので、当然だったかもしれない。ただ、彼の話し方は、いささか強迫的で、反復的な特徴が目立った。私は、回想録《メモワール》には、一九一九年から一九三八年の間に、長い間隙があることを指摘した。狼男は、この期間について一章書き加えることに同意した。この期間は、彼の人生の比較的健康で穏やかな時期に当たるが、この時期について短い章を書き加えるのは、子ども時代の章を書くほどの苦労を強いるものではなかったと思われる（原註4）。

「子ども時代の思い出」を受け取った後になって、私は初めて、狼男が〝時間制限〟に直面したのはこれが二度目であったことに気づいた。フロイトの分析を受けた際に課された、比較できないくらい重要な〝治療期間の限定〟に対してと同じように、今回も彼は困難な事態を的確に乗り越えたのであった。

診断的印象

ミュリエル・ガーディナー

「狼男はいったいどうしたのか」と友人たちによく訊かれることがある。「彼ってどんな人？　彼は健康なの？　それとも精神病？　フロイトとルース・マック・ブランスウィックの精神分析は、どんな効果があったの？」

狼男のパーソナリティについて、真実を伝えるためには、比較的健康だった時期と、比較的健康でなかった時期の、双方の狼男について記述しなければならない。一九二七年に初めて会ったときから、一九三八年に彼の妻が死ぬまでの間、私は彼の行動や会話がおかしいと思ったことは、一度もなかった。彼はとてもきちんとした信頼できる人物といった印象で、いつもその場にふさわしい服装を心掛け、礼儀正しくて思いやりがあった。会話がとても巧みだったが、私たちは自分たちのことはあまり話さずに、芸術や文学や精神分析について語り合うことが多かった。彼は私のロシア語の良心的な教師だったが、ただ、私に少々多くのものを期待しすぎていた。私たちの共通語はドイツ語だったが、彼のドイツ語は素晴らしく、私の方はむしろ下手だった。私は、ドイツ語で何を意味しているかもまったくわからずに、

Kolonialwarengeschäft〔植民地産の食料品を扱う店〕といった単語のロシア語訳を求めて、苦労したことを思い出す。

一九三八年、妻の自殺の後で会ったとき、その折りのことは彼も私も報告しているが、彼の行動、話し方、私との関係は、一変していた。彼は自分自身と妻の死と運命の残酷さについてだけ話し続け、それ以外のことは考えることもできなかった。このときから、彼は私に助言者や友人を求めると同時に、分析家の役割もある程度期待するようになった。彼は何一つ歪曲せずに、自分の感情のすべてを私に見せてくれた、と私は考えている。しかし、狼男からの手紙には、いつも彼を襲う不運や困難ばかりが強調して書かれている。ちょうどキャンプや寄宿学校に行った子どもが、家に手紙を書くときに、面白い行事や興味深い勉強についてより、まずい食事や雨や、嫌な子や馬鹿な先生について書くように、狼男は代理の分析家に自由に手紙を書く際に、自然に陽性の側面よりも否定的な側面の方をずっと強調して書いている。

狼男は、魅力的で興味深い人物で、今は老境に入ったとはいえ、年齢よりずっと若々しく見える。健康な時期の彼は、社交的で外出を好み、自分や他の人々にも率直な興味を示し、まわりの人たちの悪意のない――あるいはそうとも言えない――奇行にも、平気で耐えていた。おそらくこれは、ロシア人の特質である（フロイトもブランスウィック博士も、この患者のロシア人的性格について言及している）。それを理解するには、W氏と深堀り井戸の事件（回想録《メモワール》 一九〇五―一九〇八年、参照）に対して、狼男一家がどんな態度をとったかを想起すれば十分である。井戸掘り計画が煙のごとく消え去るのを、誰一人気にも留めなかった。それどころか、ドストエフスキーの登場人物たちがよく見せる真に高潔な丁重さをもって、W氏を言うままに受け入れて、わずかばかりの驚きや不快を示すことさえなかった。私は狼男が憤慨して非難するのをほとんど耳にしたことがないが、彼の言うほのめかしが、一見寛大で無害なようでいて、その実かなり応えることがあった。にもかかわらず、他の人々やいろんな問題について話しているのを聞くと、彼が常に理解しようと努めているのが感じられた。彼は真の精神分析的な精神で、自分や他の人々の行動の動機と意味を探っていた。だからといって、彼が激しい気性でなかったというわけではない。女性たちとの関係の中で、激しい口論になった場面や状況を話してくれたことがあったが、それはフロイトの言った彼の〝完全に抑制を欠いた本能生活〟が、今なお現れうることを示唆している、と言えるだろう。しかし、情熱的な場面で抑制を欠くとしても、そういった状況について語るときは、彼は意外なほどの客観性を示した。これは、彼の洞察力によるだけでなく、彼の持つアンビヴァレンス（両価性）に関係しており、これが彼に問題の両側面を見るように仕向けている、と思われた。一九二六年、鼻の傷の心配でひどく具合の悪かったときでさえ、彼は、ルース・マック・ブランスウィックの話によると、〝自分の反応が異常であること〟を自覚していた。健康な時期には、彼の心は、どんな事実や考えについても、少なくとも二つの解釈に対して常に開かれていた。

このアンビヴァレンスは、狼男のあらゆる気分に見られる特徴に影響している。たとえば、可能であれば何人もの人たちから助言を求めようとする傾向がある。第一次大戦後に、財産の投資についても医師に助言を求め、常識があればそんなやり方はしないはずだと思われるような、ギャンブルの勧めに応じてしまったことは、私たちがすでに知っている通りである。フロイトとブランスウィックの症例史からは、狼男がこっちの仕立屋からあっちの仕立屋へ、後にはこっちの歯科医からあっちの歯科医へ、さらにあちこちの皮膚科医へと、右往左往していたことがわかる。いろいろな異なった意見を集めるのは難しくなかったし、狼男には、人と人を張り合わせる才能があった。少なくとも後年のある恋愛事件の際には、狼男は、「もしあの女性と結婚したら、君は自殺するだろうさ」という助言者と、「もし彼女と結婚しなかったら、君はきっと自殺するよ」という助言者を見つけることができた。このようにすれば、容易にすべての助言に欠陥があることになってしまう。私は彼の助言者の役割に引きこまれないよう、細心の注意を払わなければならなかった。

あらゆる時期を通して見られる彼のもう一つの特徴は、運命に対する態度である。若い頃、自分が幸運に恵まれた子どもだという初期の自己イメージを放棄しなければならなくなったとき、彼は自分は運命によって不幸になるように選ばれた、という反対の観念を持つに至った。彼は手紙や会話の中で、このテーマを何度となく繰り返したが、時には次のように話したり、書いてよこすこともあった。「私は運がとても悪かったのですが、とても幸福な人生でもありました」

病状が悪化した時期の狼男のパーソナリティに関しては、読者はたぶん、症例史や回想録《メモワール》や手紙から、十分に生き生きとしたイメージを得ていることと思う。主要な病像は、強迫的な疑惑、熟考、質問が優勢で、自分自身の問題に完全に心を奪われてしまって、他の人々と関係を持ったり、読書や絵を描いたりできなくなる点にあった。他方、フロイトの分析を受けてからは、完全に機能できなくなるようなことは、滅多になかった。ブランスウィック博士の最初の分析を受けたときと、妻の自殺後の数カ月間は、病状が最も悪化した時期だが、その間も彼は保険会社の仕事を続け、独力で何とか援助を得る算段をし、身体的にはかなりよい健康状態にあった。抑うつ症も彼の活動性を奪うことはなかったが、退職後は日によってはほとんど一日中、ベッドで寝て過ごすようになった。以前は抑うつ状態になっても、活動性が衰えることはめったになく、興味を覚えるときわめて活動的になることさえあった。これらの抑うつ症には、ある種の周期性が認められる。重症の抑うつ症は、概して約二年ないし四年ごとに起こっている。しかしそれらは、通例、いやたぶん常に、何らかの誘因となる事件と関連して生じている。しかもいくつかの場合には、彼自身がこの誘因を作り出すように働いている。私の考えでは、これらは精神病性の抑うつ症ではない。狼男が抑うつ症として経験したものは、あるときは現実に生じた喪失体験への反応であり、あるときは強迫的な疑惑、罪悪感、自己非難、挫折感によって引き起こされた絶望感である。フロイトは、次のように述べている。「数年にわたって観察を続けた間に、私はその強さにおいても、またそれが出現する事情についても、明白な心理的状況と不釣り合いな気分の変化はいっさい見出すことができなかった」

ルース・マック・ブランスウィックに、狼男は妄想症《パラノイド》ではないかと疑わせる症状が現れたのは、狼男がフロイトの分析を受け終わった七年後のことだった。四カ月間の分析を受けてこれらの症状が消えると、狼男はまたいつもの〝正常な〟パーソナリティを取り戻した。そのとき以来多年にわたって彼とつき合ってきたが、私は真の妄想症と思えるような特徴や症状に気づいたことはない。分析家の中には、一九五一年のロシア兵とのエピソードの後、彼がパラノイアに近い状態になった、と示唆する者もあるかもしれない。待たされている苦痛な三週間の間中、彼は自分を訊問し再び出頭するよう命じた軍当局に従うべきか否か決定できずにいたが、私に話してくれたところでは「迫害妄想が生じてきて、実際は誰もいないのに、人々が私のことを話したり、観察したりしていると考えるようになりました。でも、誰かが後をつけていると感じたことはありませんでした。あれは鼻の問題でブランスウィック博士の治療を受けたときと似ていましたが、ただ、あのときは身体の変形が怖かったのですが、今回は道徳の変形が怖かったのです」。にもかかわらず、私たちがその後初めて会った際に狼男が主として話したことは、自分の身に何が起こるかという恐怖（付言すれば、現実に根ざした恐怖）というより、むしろロシア軍地区に入って逮捕される原因を作った〝馬鹿げた行動〟に対する自己非難、なぜそんなことをしてしまったのかという心を苦しめる疑惑、自分の精神状態の心配、などが中心だった。彼は自己非難にひどく苦しんでいて、次のように言った。「私は自分をコントロールする力を失っていて、フロイトなら、現実性を失っていると解釈するような状態でした。そのために、半分正気を失った人でもしないようなことを、してしまったのです。もちろん、私が言っているのは、ロシア人である私が、ロシア軍地区に入って行って写生したことです」

ロシア兵のエピソードと、狼男がそれを私に伝えてくれた会合の間に、四年半の年月が経過したことには、不服を唱える人があるかもしれない。しかし、これは真実である。この四年半の間に、私は彼からたくさんの手紙を受け取ったが、そのどれにも精神病の徴候は認められなかった。そしてこのエピソードに直接続く三年間に、私たちの共通の友人であるアルビンが定期的に狼男と会い、狼男のあらゆる疑いや質問にさらされた。アルビンはそのことを手紙に書くほど軽率ではなかったが、このエピソードの六カ月後にスイスで会ったときに、口頭でありのままに伝えてくれた。アルビンは精神科医ではなかったが、人間性を知悉していて、些細な異常でも敏感に感じとる力を持っていた。彼はずっと前から狼男の強迫的な疑惑癖に気づいていて、ロシア兵事件への反応の中に、新たな性癖よりむしろこの症状が再び現れているのを認めた。実際にアルビンは、彼自身ロシア軍による占領という状況に直接暴されてみて、狼男の態度には迷いや自己非難を除けば何一つ非現実的なところはないと感じていた。私は、狼男の不安の長さ、持続時間の長さこそが、このエピソードの最も〝非現実的な〟特徴である、と言いたい。一九六七年になって、ようやく彼はこの事件について私が文章を公表することに同意してくれたが、そのときも不安の色が残っていた。このことは、狼男についてフロイトが言った〝固着の執拗さ〟と、

〝新しいことはすべて受け流してしまう〟性格と軌を一にしている。狼男は、強迫的な疑惑とそれに伴う不安に固着し、ロシア軍がオーストリアを撤退した十二年後になっても、以前の態勢を完全には放棄できないでいた。

一九五五年八月、狼男がザルツカンマーグートで休暇を過ごしていたとき、医学博士のフレデリック・S・ワイルが彼を訪問した。ワイルは精神分析家で、ロールシャッハ・テストの専門家だったが、狼男と過ごした二日間について、きわめて興味深い示唆的なレポートを書いている（原註1）。彼は狼男のロールシャッハ・テストを行った他は、二日間のほとんどを、もっぱら相手の話に耳を傾けて過ごした。ワイル博士の受けた印象は、一九四九年に私が狼男と会ったときの印象と似ていたが、ただ、ワイル博士相手だと狼男がほとんど自分自身のことしか語らなかった点が違っていた。彼は第一日目は抑うつ的とは見えなかったし、翌朝もやや抑うつ的かと思える程度だったというが、彼は自分が抑うつ症であることや、女性関係がとかく強迫的な性質を帯びてしまうことについて、くどくどと嘆き続けた。彼はワイル博士に、何とか立ち直る方法はないものかと、何度も訊ねたという。

狼男がこの時期、他のすべてを除外して自分だけに没頭していたのは、明らかに、前年の十二月に始まってワイル博士が訪問する一、二カ月前まで続いた抑うつ症の後遺症だった。抑うつ症の続いた期間に、私は狼男から二通の手紙を受け取っただけだったが、七月に十分回復すると、彼は私に非常に長い手紙をくれて、今回の発病の原因となったと思われる一女性との関係にまつわる苦労を、詳しく検討してよこした。ワイル博士が訪問した一カ月後、彼はとても嬉しそうな手紙をくれて、ロールシャッハ・テストを受けたことも書いてきた。「ワイル博士の話では、このテストの結果をまだ評定しなければならないのだそうです。第一印象から判断すると、私の連想結果は強迫神経症を示しているそうです。私はワイル博士と愉快なときを過ごすことができましたが、彼はとても経験豊かな分析家という印象でした」

一九五六年以後、狼男が二、三カ月ごとに一回会っていた分析家と、この数年間もっと規則的に会ってきた分析家は、二人とも彼を強迫性パーソナリティ(原註2)と診断した。この十五年、あるいはそれ以上の間、狼男は外国からの一人の分析家の訪問を受けてきたが、この分析家はほとんど毎夏ウィーンに数週間滞在して、その間毎日狼男に会っていた。この毎年繰り返された短期間の〝分析的に指向された会話〟は、狼男がブランスウィック博士による分析以降に受けた、〝規則的な〟精神分析に匹敵する治療であった。この分析家も、狼男は強迫症患者であって、過去も現在も、精神分裂病は完全に除外できる、と私に明言した。私自身も、狼男とつき合ってきた四十三年間――彼の生涯の半分以上の間――精神病の証拠は何一つ見たことがなかった。

では、彼が初めてブランスウィック博士の治療を受けた一九二六―一九二七年の症状と診断は、どう考えるべきなのか。症状については疑いえないが、この分析がすぐれた効果を挙げたことと、狼男の以前のパーソナリティが急速に回復されたことを勘案すると、症状の指し示す診断は、もう一度綿密に検討してみる必要があると思われる。ブランスウィック博士は、次のように語っている。「患者自身、傷(鼻の)がひどく目立ちすぎると言い張っていたけど、その一方で傷に対する自分の態度が異常であることに気づいていたんですよ。……鼻の傷には何もしてやれなくても、彼の精神状態に対しては、原因が現実であれ空想であれ、とにかく何かしてあげなくては、と私は考えました」。彼の症状は、妄想性精神病に典型的な、完全に訂正不可能な確固とした妄想ではない。ブランスウィック博士の言によれば、この患者の洞察力は「本症例の一つの非定型的な特徴、つまり精神病の場合には確実に存在しない、分析への究極的な接近可能性のもとを成している」。洞察と、分析への接近可能性は、ともに精神病とは相容れないものである。私はまた、自分がフロイトの〝お気に入りの息子〟であるという患者の感情を、誇大妄想と見なすこともできない。フロイトによる狼男の分析は、当時としては異常に長期にわたり、かつまた長い〝教育〟期間を含んでおり、その上フロイト自身が狼男に彼の症例史を見せたり、狼男が困窮すると経済的な援助を与えたりしたが、これらはすべて彼が自分は特別な患者だと感じるに足る、論理的な根拠となっていた。そもそもフロイトが彼をブランスウィック博士に紹介し、その際に彼女の能力を讃える言葉を述べたことは、フロイトが自分に変わらぬ関心を持ち続けていてくれる、という彼の信念を支えるもととなった。それを妄想だとか、完全な〝自己愛への退行〟だとか考えることはできない。私は、フロイト自身、自分の患者の幸福に最も深い関心を寄せていたと信じている。しかし、私の判断は、回顧的には判定しがたい当時の臨床像より、むしろフロイトの症例史から読み取れる狼男の初期のパーソナリティと、私や他の精神分析家が多年にわたって観察してきた彼の後期のパーソナリティに基づいて得られたものである。一九二六年に狼男がブランスウィック博士を受診した際の急性障害を診断するに当たっては、この初期と後期のパーソナリティを共に勘案しなければならない。彼の症状と状態に私たちが何と名付けようと、この急性障害に対して、ブランスウィック博士は深い精神分析的理解をもたらし、見事な治療を行って治したのであった。

成人してからの狼男の疾病については、フロイトの「ある幼児期神経症の病歴より」の中の見解より優れたものは見出すことができない。「この症例は、臨床精神医学がきわめて雑多で変わりやすい診断名を貼りつけてきた他のたくさんの症例と同様に、自然に終末を迎えたが、治癒後に一種の欠陥を残している強迫神経症に続く一つの状態である、と見なさるべきである」

この欠陥の現れは、狼男の分析後もなお残存していた。すなわち、抑うつ症の時期や、疑惑と動揺の時期、アンビヴァレンス、罪悪感、強い自己愛的欲求がそれである。これらは分析により変容され、軽減されたが、完全に消滅することはなかった。にもかかわらず、狼男の分析の成果は、実に印象的である。

狼男がフロイトを受診したとき、彼は「完全に無能力状態で、他の人々に依存し切っていた」。私たちが聞いた話では、彼は自分で着替えもできなかったという。勉強もすることができず、仕事と名の付くものには一切、何の準備もできていなかった。女性と満足の行く関係を持てたことはなく、男性とも女性とも本当の友情を経験したことはなかった（姉との関係を友情と見なす場合は別として）。彼は人生のきわめて重要な三つの領域において、重いハンディキャップを背負っていた。それは、仕事と、愛情と、責任を負うこと、の三領域であった。

フロイトの分析を受けた後、狼男は短期間で勉学を完了してロースクールから学位と弁護士の免許を得た。ロシアを離れて財産をすべて失ったとき、彼は保険会社に職を見つけたが、最初は従属的な地位で、これまでずっとかしづかれてきた裕福な人間には、特につらいものがあったに違いない。彼は仕事を着実にこなし、仕事が面白いと思ったことはなかったにせよ、定年までの三十年間、誠実に働き続けた。結婚もして、二十三年の間妻の世話をし、結婚生活を支えることができた。テレーゼの幼い娘に心からの関心と愛情を抱き、彼女の早すぎる死を悲しんだ。妻が自殺した後、狼男は十五年間、優しく母親の世話をやき、母親の死後は、以前は彼のために尽くしてくれ、今は病身になって人に頼るしかないフロイライン・ガビーの保護に心を配ってきた。狼男は、分析を受けた後、たくさんの関係を維持することができるようになり、他人に対する要求がましさが減り、思いやりが増した。自分の攻撃性に対するある程度の支配力も獲得した。分析は外傷体験に対する抑うつ的反応を防ぐことはなかったが、ストレスに対する抵抗力を強化した。しかも、狼男の人生におけるストレスと現実的な喪失は、多岐にわたり、かつ強大なものであった。

フロイトの分析が狼男を廃人状態から救い出し、ブランスウィック博士の再分析が重大な急性の危機を克服するのに役立ったのは、疑い得ないところである。この二つが共に働いて、狼男が概して健康だったといえる長い人生をまっとうするのを可能にしたのであった。

謝辞

本書の執筆に際して、何人もの方々に多くの御援助をいただいた。特に以下の方々には深い感謝を捧げたい。フェリックス・アウゲンフェルト氏には狼男の回想録の翻訳に御助力いただいたことに対して、アルビン・ウンターウェガー氏には校正担当者としての経験を提供していただいたことに対して、そしてわが夫ジョゼフ・バッティンガーには、終始変わらぬ励ましと助言を与えてくれたことに対して。

また、多数の出版社と雑誌社には、各種の記事や論文を再録することを許可していただいた。以下に記して、謝意を表わしたい。

狼男の回想録の何カ所かの初期版、および「狼男との出会い」の章は、*Bulletin of the Philadelphia Association for Psychoanalysis* に発表されたものである。

「ジグムント・フロイトの思い出」は、一九五八年四月に、*Journal of the American Psychoanalytic Association* に掲載されたものである。「老いゆく狼男」は、一九六四年一月に掲載された。

「ある幼児期神経症の病歴より」は、*The Standard Edition of the Complete Psychological Works of Sigmund*

Freud, Vol.XVII, pp.7–122 からの再録である。本全集は、ジェームズ・ストレイチィの総編集の下で、ドイツ語から翻訳されたものである。

ルース・マック・ブランスウィックの「フロイトの「ある幼児期神経症の病歴より」への補遺」は、*International Journal of Psychoanalysis*, IX（1928）, pp.439–476 からの再録である。

ミュリエル・ガーディナー

訳者あとがき

本書は *The Wolf-Man by The Wolf-Man: The double story of Freud's most famous case*. Edited by Muriel Gardiner, Basic Books, 1971 の翻訳である。原書にはフロイトによる「ある幼児期神経症の病歴より」が併載されている（一五三頁より二六二頁）が、日本教文社版『フロイド選集』、人文書院版『フロイト著作集』その他にすでに翻訳されているので、本書では割愛した。

本書は、長年にわたってフロイトの患者であった「狼男」（本名セルゲイ・P）による幼児期から五〇歳（一九三八年）までの「回想録」と「フロイトの思い出」、四〇歳ごろに病状が悪化したために受けたブランスウィック夫人による分析治療の記録、さらにウィーンでの医学生時代に狼男と知り合い、その後四十年以上にわたって親交のあった編者ガーディナー夫人の「思い出」と狼男からの「手紙」に基づいた詳細なレポート、の三部から成っている。

狼男の「回想録」は、フロイトの分析治療を受けた患者の幼児期と、分析治療後の生活の実際を知るうえで、きわめて興味深い資料を提供してくれる。フロイトの論文「ある幼児期神経症の病歴より」と読み比べることによって、私たちは精神分析理論の形成過程やその成果に対して、一層の臨場感をもって接近できるに違いない。

「フロイトの思い出」は、患者狼男の側からフロイトの分析過程の実際を描き出している。私たちは治療においては「分析家の中立性と受動性」を尊重し、「分析の隠れ身」（分析家の私的側面を秘すること）を重視すべきであると教えられるが、フロイトがかなり能動的に指示をしたり、息子の話をしたり、はなはだしきは経済的援助をしたりして、むしろ人間的で献身的とも思える関係を深めていたことに驚かされる。このことから、狼男が自分をフロイトの特別な患者、「分析の寵児」と思いこみ、それが治療への強い抵抗となっていたことは否定し難いと思われる。

フロイトには、狼男の他に、たくさんの症例研究がある。アンナ・Oをはじめとする『ヒステリー研究』（一八九五年）所収の五症例、「症例ドラ」（一九〇五年）、「ある五歳児の恐怖症の分析」（症例ハンス、一九〇五年）、「強迫神経症の一例に関する考察」（症例ねずみ男、一九〇九年）、「自伝的に記述されたパラノイアの一症例に関する精神分析学的考察」（症例シュレーバー、一九一八年）などがそれである。

一九一九年、症例研究の最後に発表された「症例狼男」は、これらの症例研究の中で特別な地位を占めている。「前文」でアンナ・フロイトが指摘しているように、患者が自らの成育歴を詳細に記述して分析過程の再検討のための資料を提供していること、フロイトによる分析治療の内実を、患者自身の視点から明らかにしていること、後に他の精神分析家（ブランスウィック夫人）の再分析を受け、その分析記録からフロイトによる分析後の狼男の内面と現実生活の様相が明らかとなり、フロイトの分析の成果と限界、精神力動的診断の深化と再考が可能となったこと、等々、本症例が精神分析の歴史に占める重要性は、他に抜きん出ている。

ちなみにフロイトは本症例を「自然発生的に始まり、欠陥を残したまま治癒した強迫神経症の後続状態」と見なして、一九一〇年（患者二十四歳）から約四年間、さらに一九一九年に四カ月間の精神分析治療を行った。その過程で、幼児期記憶の再構成を行って、幼児期の原光景、去勢コンプレックス、逆エディプス・コンプレックスなどの意義を明らかにし、去勢の現実を否認する自我と、それを承認する自我の分裂の機制を、防衛機制の一つとして提唱した。その約七年後の一九二六年、狼男は鼻に関する心気症的な強いこだわりから、ブランスウィック夫人による五カ月間の分析治療を受けたが、ブランスウィックは、フロイトによる期限設定の技法が患者のフロイトへの転移感情を未解決のままに押し滞めてしまい、それが後年の精神病的な病いの核となって残ってしまった、という。ブランスウィックは狼男の症状をパラノイアの心気症的タイプと診断し、パラノイアの発病機制として、フロイトの発癌に刺激されて、患者のもつ愛情（受身的同性愛傾向に基づく被愛欲求）が高まり、男性性を失う不安から、愛情を憎しみに転換し、それを投影した結果、相手から脅かされる恐怖、被害的な妄想が生じるに至った、と説明している。このような心の働きは投影性同一視と呼ばれる心的機制であり、狼男が現代的な病態水準の分類において、境界例と見なされる根拠の一つとなっている。

読者の便宜上、患者が狼男と呼ばれるようになった理由について付言すると、患者は四歳の誕生日前に次のような夢を見た（フロイトの再構成による）。

「夜ベッドに寝ていると、急に足の方の窓がひとりでに開き、窓の向こうの大きな胡桃の木に一対ずつの白い狼が座っているのが見えて、私はびっくりした。狼は六匹か七匹いて、真っ白で、狐みたいに大きな尻尾をもち、その耳は犬みたいにぴんと立っていた。私はこの狼たちに食べられるのではないかと、非常な不安に襲われて、大声で泣き出し、目が覚めた」。この不安夢の後に、恐怖症が発症したために、患者は狼男と通称されるようになったわけである。

ついでながら、フロイトはこの夢を分析して、これは患者が一歳半ごろに見た父母の原光景と、その際の父恐怖の再現であり、患者はこの体験に基づいて、父に愛されたいという受身的同性愛的欲求を抱くようになり、一方で自分が女性になって男性としての自己を失う不安が強まって、両者の間に強い葛藤が生じるに至った、と述べている。この不安が、父、つまり狼に食べられてのみこまれる不安となって夢に現われた、というわけである。

本書の「回想」に述べられているように、狼男は南ロシアにある父親の広大な領地に生まれ育ち、宮殿とも見紛う広壮な邸宅で、乳母や召使いや家庭教師に見守られて成人した。青年時代には医師やおつきの男性とともに外国を旅行し、経済的にはきわめて裕福であったが、一九一七年のロシア革命を機に無一文となり、フロイト以外ほとんど知る人もいないウィーンで無国籍の亡命者として生活せざるを得なくなる。このような生活の激変に耐え、妻テレーゼとの二人の生活をなんとか維持しつづけることができたのは、「何もかも他人に頼り切った無能者」というかつてのフロイトの評言からはほとんど信じ難いところである。患者がそのような強い精神力を持ち得たのは、フロイトによる分析治療の成果と考えるべきなのか、それとも他に理由があるのか、検討に値するだろう。

ロシア革命と、二つの大戦を越えて生きた狼男の「回想」は、社会文化史的にも興味深い記録であると思われる。狼男の「回想」は一九三九年で終わり、第二次大戦後の狼男については、編者ガーディナーによる思い出と文通の記録が「後年の狼男」として本書に付されている。

狼男は、第二次大戦後なお三十四年間、初めは老母と、後には独りでウィーンで生活し、一九七九年入院先の精神病院で孤独な死を迎えた。この間の狼男の内面と生活の実際については、『W氏との対話——フロイトの一患者の生涯』（カーリン・オプホルツァー著、馬場謙一・高砂美樹訳、みすず書房刊）に詳しい。オプホルツァーは、ウィーンに住むジャーナリストで、一九七三年、狼男の名で知られるフロイトの高名な患者の探索を思い立つ。そして苦心の末、ウィーン市内に年金生活者として隠れ住む、セルゲイ・P法学博士を発見する。セルゲイ・Pは、インタビューを重ねるうち、しだいにオプホルツァーに信頼とある種の愛情を寄せるようになり、過去の記憶の数々や、内面の秘密を打ち明けるようになる。こうして一九七四年九月から一九七六年一月まで、二、三週間ごとに毎回数時間重ねられたインタビューの記録（四〇巻の録音テープ）から編集されたのが『W氏との対話』である。この書物は、本書で触れられていない狼男の最晩年の生活と、死に至る過程を明らかにするとともに、晩年における人間関係、空想、あいも変わらぬ女性への依存性、孤独を恐れて対象にしがみつく境界例的心性などを伝えていて興味深いものがある。本書の内容を補い、狼男の全体像を理解するために、併読していただければ幸いである。

本書の翻訳中、終始適切な助言を賜り、校正にも綿密、細心の努力を傾けて下さったみすず書房編集部の田所俊介氏に心からの謝意を捧げます。

平成二十六年盛夏、富士見高原にて

訳　者

索　引

サ

タ・ナ

マ

ヤ・ラ・ワ

原　　註

（本書の原註はルース・マック・ブランスウィックによる「フロイトの「ある幼児期神経症の病歴より」への補遺」の註 1，2，4 を除き，すべて編著者ミュリエル・ガーディナーによる）

第 1 部　狼男の回想録《メモワール》

子ども時代の思い出

1　この日は，ヨーロッパの他の地域で使用されていたグレゴリー暦によれば，実際には 1887 年 1 月 6 日であった．

2　ロシアでは，12 月 24 日のクリスマス・イヴが“クリスマス”と見なされていた．そのため本書の多くの箇所では，クリスマスが狼男の誕生日として扱われている．

3　フロイトの症例史の翻訳では，ドイツ語の Fahrt の訳語として drive が用いられているが，Fahrt には各種の小旅行の意味も含まれている．

4　訳者M．ガーディナーが，狼男から直接口頭で聞いたところによる．

5　1963 年 1 月 12 日付の，狼男からの私信に，次のように書かれている．「フロイト教授が私の症例史の中で正しく述べているように，私の信仰心はこのドイツ人家庭教師が現れるとともに，完全に消えてしまいました．その結果，私は 10 歳以来，宗教的な問題に二度と関心を持ったことがありません」

6　1970 年 5 月 5 日，狼男は「回想録」の中の本章を書き終えた後に，思い出したことがあるので，お知らせしたい，という手紙をくれた．「子どもの頃の話ではないので，「子ども時代の思い出」に含めていただきたいわけではなく，それ自体興味深く思われるのでお書きする次第です…… 1906 年，私がサンクトペテルスブルク大学で勉強していたときのことですが，私は学生のパーティに参加して，たくさんの学生たちとテーブルを囲んでいました．私は自分がレールモントフと姿かたちが似ているなんて思ってもいませんでしたが，――たぶん，目の辺が少し似ていたのでしょう．私のまったく見ず知らずの学生が，じっと私を見つめて，そばの学生に言いました．「あの学生を見てみろよ．レールモントフにまるでそっくりだなんて，信じられないね．驚いたよ．顔も目も，まったく同じなんだから……」他の学生たちは沈黙し，私も何も言いませんでした．しばらくすると，この学生はまたこの“姿かたちが似ている”と言い始めましたが，あいかわらず誰も答えませんでし

た．実際そんなに似ているところはありませんでしたので，この学生は何か神秘的な方法で，レールモントフとの私の同一化を予知していたのかも知れません」．この話やレールモントフの死に場所を狼男が訪ねた話（次章参照）から，狼男が深い哀悼の気持ちを抱いた偉大な詩人，決闘で死亡した詩人は，プーシキンではなく，レールモントフであったのは明らかである．

1905–1908 年　無意識の悲哀

1　通例，12 歳で中間学校に入学する．中間学校 2 年生は，アメリカの学校のほぼ 8 年生に相当する．

2　アメリカの学校の 11 年生に相当する．

3　英語では，Learmont と綴られる．

4　ウラジカフカスは，1937 年にオルジョニキーゼと地名が変更され，1944 年にまたジャウジカウと変更された．

1909–1914 年　移り変わる決心

1　これは，ウィーンの大公園であるプラーターの一地区だった．プラーターには，娯楽パークや，運動広場や，競技場などがあった．“ウィーンのヴェニス”には，高級レストランや，劇場や，その他の高級娯楽施設があった．

2　著者はウィントについて，シュラウベ，すなわち“ひねり Acrew”と呼ばれるものと言っているが，どういうトランプゲームなのか，今のところわからない．著者は，ホイスト whist とは違うと言っている．

3　1970 年秋，当時本書はすでに刊行直前だったが，私は狼男に手紙を書いて，彼自身の立場から彼の分析を評価する文章を書いて，本書の刊行後に別冊の形で発表してくれないか，頼んでみた．分析によってどんな影響を受けたと感じているか，分析は何を可能にし，何が達成できなかったか，そういったことがわかれば興味深いだろう，と私は触れておいた．次に挙げるのは，1970 年 10 月 23 日付で狼男から来た返事の中の，該当する部分である．

「さて，私は最も難しい問題に行き当たりました．つまり，本書の出版の後で，私に別冊，いわばフロイト教授から受けた分析の記録を書けるだろうか，という問題です」

「私は，これはほとんど不可能と思います．なぜなら，私が初めてフロイト教授を訪れたとき，私にとって最も重要な問題は，私がテレーゼの許に戻ることに，彼が同意するかどうか，ということだったからです．もしフロイト教授が，それまでに診察を受けた医師たちと同様に，「否」と言っていたら，私はきっと彼の許に留まっていなかったでしょう．しかし，フロイト教授は，私がテレーゼの許に戻るこ

とに同意してくれたので――確かに，すぐにではないにしても，まもなく――，私は彼のところに留まったのです．当時私が最も関心を持っていた問題の，肯定的な意味での解決は，当然，私の精神状態の急速な改善のために大いに役立ちました．これは大変重要な因子でしたが，実際にはフロイトによる分析の領域外に属することでした」

「フロイトから受けた分析にかぎって言えば，毎回の精神分析において――フロイト教授自身がしばしば強調したことですが――父親コンプレックスの分析者への転移がきわめて重要な役割を演じていました．この点では，私がフロイト教授を訪ねたときの状況は，私にとって大変好都合なものでした．なぜなら，まず第一に私はまだ若くて，年齢が若いほど分析者に陽性転移を形成しやすいからです．第二には，私は父を失ったばかりで心に空白を抱えていたのですが，フロイトの傑出した人格がこの空白を埋めてくれたからです．こうして私はフロイト教授という人物の中に新しい父親を見出し，彼とすばらしい関係を結ぶことになりました．それにフロイト教授は，治療の間によく私に話していたように，私の個人的なことをたくさん知って理解してくれていたので，そのことは当然彼に対する私の愛着心を強めていました」

「1910年の初めにフロイト教授を訪問したとき，私の精神状態が，D医師やオデッサからウィーンに向かう旅行などの影響で，すでにかなり改善していたことにも，触れておくべきでしょう．実際に，フロイト教授は，たとえば私がマック博士を受診したときに苦しんでいたほどの，重い抑うつ状態にある私を見たことはありませんでした」

「結局，フロイト教授の分析を受けていた長い年月の間に，私に好ましい影響を及ぼした因子が二つありますが，最終的な目的を達成する上でそれらが果たした役割を判定するのは，大変難しいと思います．それゆえ，残るのは，あまり価値のない一般的な推測だけですので，別冊の文章を書くには十分ではないと思われます」

1914–1919年　分析の後

1　これは，明らかに『神経症論小論文集』の第4版に当たり，1918年に刊行され，「ある幼児期神経症の病歴より」が掲載されていた．

1938年　クライマックス

1　この会話は，1938年2月12日の，ベルヒテスガーデンにおけるシュシニックとヒットラーの会談に関連している．
2　オーストリア国営ラジオ放送の建物．
3　クルト・フォン・シュシニック首相．

4 “Storm, Storm, ringing from the tower.”

5 “世界に冠たるドイツ” Deutschland, Deutschland über alles.

6 ドイツ語は次のごとくである．daß man das Geschehen eben nicht ungeschehen machen konnte.

7 ルース・マック・ブランスウィック．

8 マリー・ボナパルト王女．

第2部　精神分析と狼男

ジグムント・フロイトの思い出

1 狼男について，フロイトは論文中で次のように書いている．「彼の知性はまったく障害されておらず，さまざまな本能的な力からいわば切り離されていた．そして本能的な諸力が，彼に残されたわずかな生活上必要な他人との関係の中の行動を支配していた」

2 「回想録《メモワール》 1919-1938年」の中で，狼男はフロイトによる4カ月の再分析の終わる1920年について，次のように書いている．「もし何人かの英国人の患者を診ていたフロイト教授が，私たちに時折英国ポンドを恵んでくれなかったら，私たちはほとんど家賃も払えないほどの状態だった」．私の質問に答えて，狼男は1970年9月14日の手紙で次のように書いてきた．「1919年の再分析は，私が要請したものではなく，フロイト教授自身が望んだものでした．治療にお払いする金がありません，と言うと，彼は，喜んで無料で分析しましょう，と言ってくれました」

3 アンナ・フロイトは，足を折ったのは末の息子ではなく，長男だったと述べている．これがこの「思い出」中に彼女が発見した唯一の事実上の誤りである．建築家であるこの末の息子について書かれた残りの部分は，すべて正しい．

4 狼男がこの原稿を書いた後，2年以上経った1954年5月6日に，精神衛生世界機構（World Organization for Mental Health）によって，入口のドアの上に記念板が取り付けられた．

フロイトの「ある幼児期神経症の病歴より」への補遺

1 *The Psychoanalytic Reader*, vol.1. ed. Robert Fliess（New York : International University Press, 1948）

2 オーストリアの疾病保険制度は，強制的健康保険の形式をとっている．

3 1926年にフロイトは，狼男に手紙を書き，“狼の夢”について質問した．狼男は1926年6月6日付で，次のような返事を出した．「私はあのときに先生にお話しし

た夢と正確に同じ“狼の夢”を見たと，完全に確信しています」．続けて彼は，“狼の夢”を見る前に，この夢と関係づけられるようなある種の要素を含むオペラ「スペードの女王」を見ていたかどうかを論じ，「スペードの女王」は姉と一緒に観た最初のオペラだが，“狼の夢”の前ではなかったと思う，と述べている．この返事の終わり近くに，狼男は次のように書いている．「この夢と関係はありませんが，最近になってごく幼い頃の記憶を二つ思い出しました．一つは馭者に聞いた，種馬の手術についてのものです．もう一つは母が話してくれた親戚の子どものことで，その子は六本趾で生まれて，生まれるとすぐに一本切り落とされたそうです．この記憶は，二つとも去勢に関係しています……この情報が先生のお役に立てれば幸いです」

1957年6月11日，狼男はこのフロイト宛の手紙を最近になって読み返して，それについて大変興味深い手紙をくれた．「私はこの手紙について，完全に忘れていました……私は今でも，「スペードの女王」を観たのは狼の夢の後だったと考えています」．彼は，5歳かそれ以前に家族が“最初の領地”を離れるまで，オペラが一夏に一度だけ短期間催される街に住んでいた，と説明している．「当時私はまだ3歳か4歳になったばかりで，そんな子どもをオペラに連れていく者がいたとは思えません．実際，私は当時，そのオペラが夏に上演されていたとは思いません」．この手紙は，鋭い観察を伴って続く．「私のフロイト教授宛の手紙が，1926年6月6日付になっているのは，興味深いことです．1926年6月には鼻に関する症状が現れて，“パラノイア”を疑われ，マック博士の治療を受けました．これは，私がフロイト教授に手紙を書いた，それほど後のことではなかったと思います．なぜなら，1926年7月1日に，妻と私は休暇に出かけ，私はすでに言いようのないほど絶望的な状態にあったからです．もしフロイト教授への返事をあと2，3日延ばしていたら，私はひどい精神状態でしたので，教授の役に立つようなことは何一つ書けなかったでしょう．もしかしたら，私の“パラノイア”の発病は，フロイト教授のした質問と，何か関係があったのでしょうか……．フロイト教授宛の私の手紙について，印象的なところがあるとすれば，それは私が去勢に触れている点ぐらいのものです．この手紙は“パラノイアの前夜”に書かれたものなので，それも当然のことです」

4　今回の分析において，新しい幼児期の素材が現れているか，新しい症状の源泉は何か，さらに治癒のメカニズムは何か，等々の興味深い議論については，「国際精神分析学雑誌」中の，J．ハーニックと私の議論を参照されたい．

J. Hárnik, Kritisches über Mack Brunswicks “Nachtrag zu Freuds ‘Geschichte einer infantilen Neurose’”, XVI (1930), 123-127.

Ruth Mack Brunswick, Entgegnung auf Hárniks Kritische Bemerkungen, XVI (1930), 128-129.

J. Hárnik, Erwiderung auf Mack Brunswicks Entgegnung, XVII (1931), 400-402.

Ruth Mack Brunswick, Schlußwort, XVII (1931), 402.

第3部　後年の狼男

狼男との再会

1 「狼男との再会」は，1967年10月27日に，フィラデルフィア精神分析協会に送付されたものである．

2 これは「回想録《メモワール》 1908年」の最初の部分に当たる．

3 この原稿を書き上げた直後，狼男から受け取った1959年12月5日付の手紙は，彼が家政婦に頼り切っていたことをさらに明瞭に示している．

「私の家政婦フロイライン・ガビーは，先頃75歳の高齢になり，しだいに健康を失ってきています．彼女は腰椎の病気を患っており，いろいろ治療を受けたりしていますが，まったく効果がありません．そのこともあって彼女はふさぎこむようになりました．彼女が病気のことや，不幸な運命についてこぼしたり，つらそうに泣いたりするのを聞いていると，もちろん私のうつ病も悪くなってしまいます．彼女を慰めようとしても，効きめがあるどころか，逆にいっそう混乱して，私のことなんか誰にもわからない，誰一人同情してくれない，と言い出す始末です．フロイライン・ガビーは，妻の死後ずっと私の世話をしてくれた正直で誠実な女性です．彼女は最も困難な状況下で，勇気を出して私を支えてきてくれました．彼女は私の母の看護婦としても立派にやってくれました．私は何年も彼女に頼ってきて，心から感謝していますし，彼女の優れた資質はほかに求めようがないと思っています．しかし，現在では，彼女は高齢と病気をくり返し訴えるようになり，もう家事を見て差し上げることはできなくなったので，私の代わりにお世話できる人を誰か見つけて下さい，と言っています．彼女に辞められたら，物質的・金銭的な不利がのしかかってくることは，言うまでもありません．誰もが知っているように，ウィーンでは，女中を見つけるのはほとんど不可能であり，もし見つけたとしても，賃金，食べ物代，社会保障費，保険などに途方もなくお金がかかります．

　このような不幸な状況にあるにもかかわらず，私はなんとか気持ちをまぎらせて，読書への興味を生き生きと保とうと努力しています」

4 彼からの要請に従って，二つの短文を削除した．

老いゆく狼男

1 1951年，ロシア軍当局とのエピソードに続いて生じた．

2 ほぼ12歳頃．

3　狼男が診察を受けていた精神分析家.

4　1970年10月, 1954年以来合衆国に住んでいる私たちの共通の友人アルビンが, ウィーンを訪れて, 狼男と会った. アルビンの話では, 16年の間にすっかり変わったために狼男にはすぐにはアルビンがわからなかったが, アルビンには狼男がすぐにわかったという. 以下はアルビンの言葉である, 「狼男はほとんど変わっていませんでしたが, 以前に比べれば痩せていました. 精神的にも肉体的にも, 私がウィーンを離れる前と同じようで, 以前と同様の感情の起伏が見られました. 彼は, 主に頭痛に悩んでいました. そして回想録《メモワール》を書き終えた今では, 自分の人生にある種の空虚感を抱いています. もし執筆が続けられたら, 彼のためにはその方がよいでしょう. 私たちは一緒に, 楽しくて興味深い夕べの一刻を過ごしました」

診断的印象

1　この報告書は出版されていないが, 1970年に原稿のかたちで私に示された.

2　二番目の分析家は, 狼男のパーソナリティは, “行動化傾向を持つ境界例” であろう, と付け加えていた.

著者略歴

(Muriel Gardiner, 1901-1985)

アメリカの精神分析家. 1922年にウェルズリー大学を卒業後, 1926年にフロイトのもとで精神分析を学ぶために訪れたウィーンで狼男と知り合い, 狼男にロシア語を習っていた. その後も親交を続け, 狼男の妻テレーゼが自殺したのちも, 狼男を友人として支え続けた.

訳者略歴

馬場謙一〈ばば・けんいち〉 1934年新潟県生まれ. 東京大学文学部独文科, 慶應義塾大学医学部卒業. 斎藤病院勤務, 群馬大学・横浜国立大学・放送大学・中部大学の教授を経て, 現在, 南八街病院, 上諏訪病院勤務. 著訳書『精神科臨床と精神療法』(弘文堂)『子どものこころの理解と援助』(監修 日本評論社) オプホルツァー『W氏との対話』(共訳 みすず書房) ブランク『精神分析的心理療法を学ぶ』(共訳 金剛出版) フロイト『フロイド精神分析入門』(共訳 日本教文社) ほか多数.

ミュリエル・ガーディナー編著
狼男による狼男
フロイトの「最も有名な症例」による回想
馬場謙一訳

2014年 8 月29日 印刷
2014年 9 月10日 発行

発行所 株式会社 みすず書房
〒113-0033 東京都文京区本郷5丁目32-21
電話 03-3814-0131(営業) 03-3815-9181(編集)
http://www.msz.co.jp

本文組版 キャップス
本文印刷所 精興社
製本所 誠製本
扉・表紙・カバー印刷所 リヒトプランニング

ISBN 978-4-622-07848-7
[おおかみおとこによるおおかみおとこ]